ISBN 978-1-333-90500-2
PIBN 10632487

1 MONTH OF
FREE
READING

at

www.ForgottenBooks.com

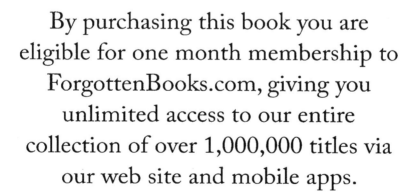

By purchasing this book you are eligible for one month membership to ForgottenBooks.com, giving you unlimited access to our entire collection of over 1,000,000 titles via our web site and mobile apps.

To claim your free month visit:

www.forgottenbooks.com/free632487

English
Français
Deutsche
Italiano
Español
Português

www.forgottenbooks.com

Mythology Photography **Fiction**
Fishing Christianity **Art** Cooking
Essays Buddhism Freemasonry
Medicine **Biology** Music **Ancient
Egypt** Evolution Carpentry Physics
Dance Geology **Mathematics** Fitness
Shakespeare **Folklore** Yoga Marketing
Confidence Immortality Biographies
Poetry **Psychology** Witchcraft
Electronics Chemistry History **Law**
Accounting **Philosophy** Anthropology
Alchemy Drama Quantum Mechanics
Atheism Sexual Health **Ancient History**
Entrepreneurship Languages Sport
Paleontology Needlework Islam
Metaphysics Investment Archaeology
Parenting Statistics Criminology
Motivational

Heath's Modern Language Series

Lichtenstein

von

Wilhelm Hauff

*ABRIDGED AND EDITED WITH INTRODUCTION
AND NOTES*

BY

FRANK VOGEL

ASSOCIATE PROFESSOR OF MODERN LANGUAGES IN THE
MASSACHUSETTS INSTITUTE OF TECHNOLOGY

BOSTON, U.S.A.
D. C. HEATH & CO., PUBLISHERS
1901

INTRODUCTION

THE desire to make available for class use one of the most charming historical novels of German literature must be the editor's apology for presenting an abridged edition of *Lichtenstein*. The method pursued has left all the essentials of this fascinating story in the author's own words, without additions or changes other than the insertion of a conjunction in several places and the alteration of the arrangement of words in a few sentences.

WILHELM HAUFF, the author of *Lichtenstein*, was born in Stuttgart, November 29, 1802. His father, who was a private secretary in the government service, was arrested and put into prison on suspicion of opposing the government by being too strongly in favor of upholding the rights that had formerly been granted to the people. When the dukedom of Württemberg was raised to the dignity of a kingdom in 1806, the father was released, reinstated, and transferred to a secretaryship at Tübingen. In 1808 he was recalled to Stuttgart, but died the next year, leaving a widow with two sons and two daughters. The mother returned to Tübingen with her four children, and here Wilhelm first attended school.

He and his elder brother Hermann, who lived with

the maternal grandfather, a prominent judge in Tübingen, attended the *schola anatolica* together, where
Hermann gained a reputation for scholarship, while
Wilhelm seemed to distinguish himself in nothing but
declamation. Reading was the prevailing passion of
his boyhood. With this good habit and a large store
of books accessible in the library of his grandfather,
he widened the horizon of his information, without
distinguishing himself in his studies. As Wilhelm
was to prepare for the ministry, he was sent to the
cloister school at Blaubeuren, where association with
his equals in age aroused his zeal for study and con-
tributed much to his physical development. His first
attempts at poetry were made at this time. In 1820
he went to the University at Tübingen to study theol-
ogy and philology. Here, his enthusiasm for student-
life and its high ideals called forth a number of poems,
such as *Das Burschentum, Turnerlust,* and *An die
Freiheit.* He also became distinguished among his
associates for his humor and his power as a story-
teller. At the close of his university studies in 1824,
he received the degree of Doctor of Philosophy.

At this time it was customary with young theolo-
gians to teach in the early part of their career, and it
was Hauff's good fortune to receive an appointment
as private tutor in the family of Baron von Hügel,
General and President of the Council of War, and
later Minister of War. While holding this position
he laid the foundation for his literary reputation. He
wrote his *Märchen* in 1825 for his pupils and published
them in the *Märchenalmanach* for 1826, 1827, 1828.
The first volume of *Memoiren des Satan* was finished

in 1825, as also *Der Mann im Mond,* which was out-
lined in 1823, while Hauff was still at the university.
Othello, Die Sängerin, Die Kontroverspredigt, and
Lichtenstein were all completed in 1826.

While in the family of Baron von Hügel, Hauff
gained a wider acquaintance with the world, and his
ambition was so aroused for greater knowledge that
he resigned his position in 1826 to make a tour of
the literary centers of Germany, where he gained many
firm friends and received new and varied impressions.
Throughout his tour he continued to write, finishing
several works on his return home, such as the second
part of the *Memoiren des Satan,* the third *Märchenalmanach,* and the *Phantasien im Bremer Ratskeller.*
He had also planned an opera, and another historical
novel, which was to treat of the struggle for independence by the Tyrolese in 1809.

Selected by the famous publisher, Cotta, as editor
for the *Morgenblatt,* a literary paper, he now felt himself well established in life, and married his cousin
in February, 1827. Though his work as editor of the
Morgenblatt occupied him closely, in August he made
a journey to Tyrol in order to study the scene of his
new historical novel. While there, he contracted a
cold, which developed on his return into a severe and
sudden attack of typhoid fever, and he died November
18, 1827, after an illness of only eight days, eleven
days before he completed his twenty-fifth year. The
news of his death spread a deep gloom of sorrow and
grief over the whole of Germany.

Hauff's entire literary career is included within the
short period of three years. His poetic attempts are

few. We need mention only two lyrics which are known wherever the German tongue is heard and which will still keep Hauff's memory green, when all the rest may be forgotten, namely: *Reiters Morgengesang* and *Steh' ich in finsterer Mitternacht,* which are in the style of the old German folk-song and have actually been accepted as folk-songs by the Germans.

All his narrative works have a great deal of local color, as well as a natural flowing style, that never appears tiresome or artificial. Youthful vigor and effervescence abound, and a vein of humor and satire adds zest to his works. Among his novelettes, or short stories, *Das Bild des Kaisers* is the best, while for its local importance *Jud Süss* is a very strong production. Perhaps the most popular of his short stories is *Die Bettlerin vom Pont des Arts,* while *Othello, Die Sängerin,* and *Die letzten Ritter von Marienburg,* which latter is a satire on the literary productions of the day, are of minor importance. *Die Phantasien im Bremer Ratskeller* are in the nature of sketches.

Hauff's reputation, however, is based upon the two lyrics mentioned above and upon *Lichtenstein,* also upon his *Märchen,* which, though not possessing the mystic charm of mythology, as do those of the Grimms, notwithstanding inspire and hold the attention of their readers almost as successfully.

Lichtenstein is Hauff's most distinguished work. From one of his letters we learn that he was occupied with it about two years. We also learn from the author himself that Scott's historic romantic novels furnished the inspiration for his undertaking. *Lichtenstein* makes the impression of a well-rounded, thought-

ful, and carefully executed work. The attention is
captivated and held by the grand and humane char-
acter of the whole. Its vigor and action attract readers
of every age, while its pure and wholesome tone
charms and inspires the youth of Germany as much
as *Ivanhoe* does the English-speaking youth. In a
few cases the historical facts are treated with considerable liberty, but Ulrich von Württemberg was
undoubtedly even more interesting than he has been
painted.*

We cannot read the life of Hauff without being
attracted by his pure and simple manliness, nor without a good deal of admiration for the amount of work
which he accomplished — on the whole so well — in
the remarkably short period of three years, nor indeed
without lamenting the early death of one promising
so much.

ULRICH VON WÜRTTEMBERG. — In 1498, at the age
of eleven, Ulrich came to the throne of Württemberg
under a regency, as successor to his deposed uncle
Eberhard II., under whose cousin and immediate pred-
ecessor, Duke Eberhard I. (*im Bart*), Württemberg
was raised to a dukedom by Emperor Maximilian in
1495. At sixteen, Ulrich was declared of age by the
Emperor, and at twenty-two was married for political
reasons to the Emperor's niece, Sabina of Bavaria.
Ulrich had promised well, and had gained considerable
reputation in the war for the Bavarian succession; but
he had lacked proper training in youth, was wild and

* L. F. Heyd, *Ulrich Herzog zu Württemberg*, 3 vols., Tubingen,
1841–44.

extravagant as well as tyrannical. His extravagances led to the peasant uprising, called " *Der arme Konrad*," in 1514, which Ulrich succeeded in suppressing by the " Tübingen Compact," and this gave the people more rights than they had ever before possessed. However, Ulrich's domestic affairs were very unhappy, and were brought to a climax in 1515, when, in a fit of jealousy he basely murdered the handsome and talented young knight, Hans von Hutten, while hunting. Hutten belonged to one of the noblest families, and this open act of violence aroused the nobility against Ulrich. His wife Sabina fled, with the assistance of Dietrich von Spät, to her brothers, the Dukes of Bavaria, while Ulrich himself was outlawed by the Emperor. From this ban of outlawry, however, he was freed by the " Compact of Blaubeuren," in October, 1516; but, continuing his violent methods, he was outlawed a second time. He had refused to remain a member of the Suabian League in 1514, and now, when two citizens of Reutlingen, a free imperial city that belonged to the League, killed his castellan of Achalm, he flew into a rage, surprised the city and made it subject to himself. This action roused the Suabian League, and it immediately gathered its forces against him in the spring of 1519. Within two months Ulrich was driven out of his dukedom, but in the autumn he made an attempt to regain his domain, which utterly failed. His ancestral castle was reduced to ashes, and he had to flee, while his dukedom was confiscated by Austria.

Within a few years the great Peasant War broke out and during 1524-25 raged especially in Württemberg.

The reformatory ideas of Luther and Zwingli inspired the people to strive for greater religious liberties, and the oppression of the nobles roused them to demand greater political liberties. Ulrich, in his exile in Switzerland and in his earldom of Montbéliard (Möm-pelgard) in France, which had belonged to Württem-berg since 1408, had embraced Protestantism. The time now seemed to him ripe to regain his dukedom, and therefore he made another attempt in 1525, but this too was brought to naught through the defeat of the peasants by George, Lord High Steward von Waldburg.

The people had gradually wearied of the severe Austrian rule, and were ready to welcome Ulrich back, when, through the intervention and with the assistance of Landgrave Philipp von Hessen, he was restored by the Battle of Lauffen in 1534. During the remaining sixteen years of his life he ruled very acceptably and instituted reforms which prepared the country for the greater and more sweeping reforms under the excellent reign of his son Christoph, who succeeded to the throne on the death of Ulrich in 1550.

FRANK VOGEL.

AUGUST 17, 1901.

Das Schloß Lichtenstein

Lichtenstein

Nach den ersten trüben Tagen des März 1519 war endlich am zwölften ein recht freundlicher Morgen über der Reichsstadt Ulm[1] aufgegangen. Die große Herdbruckergasse[2] — sie führt von dem Donauthor an das Rathaus — stand an diesem Morgen gedrängt voll[3] Menschen, die sich wie eine Mauer an den beiden Seiten der Häuser hinzogen. Noch dichter aber war das Gedränge da, wo die Herdbruckergasse auf den Platz vor dem Rathaus einbiegt. Dort hatten sich die Zünfte aufgestellt. Sie alle waren im Sonntagswams und wohlbewaffnet zahlreich dort versammelt.

Das anmutigste Bild gewährte wohl[4] ein Erkerfenster im Hause des Herrn Hans von Besserer. Dort standen zwei Mädchen, so verschieden an Gesicht, Gestalt und Kleidung, und doch beide von so ausgezeichneter

Schönheit, daß, wer sie von der Straße betrachtete, eine
Weile zweifelhaft war, welcher er wohl[1] den Vorzug
geben möchte.

Beide schienen nicht über achtzehn Jahre alt zu sein.
Die eine, größere, war zart gebaut, reiches, braunes Haar
zog sich um eine freie Stirne, die gewölbten Bogen ihrer
dunkeln Brauen, das ruhige blaue Auge,[2] der fein ge=
schnittene Mund, die zarten Farben der Wangen — sie
gaben ein Bild, das unter unsern heutigen Damen für
sehr anziehend gelten würde. Die andere, kleiner als
ihre Nachbarin, war eines jener unbesorgten, immer
heiteren Wesen, welche wohl wissen, daß sie gefallen. Ihr
hellblondes Haar war nach damaliger Sitte der Ulmer[3]
Damen in viele Löckchen und Zöpfchen geschlungen und
zum Teil unter ein weißes Häubchen voll kleiner künst=
licher Fältchen gesteckt. Das runde frische Gesichtchen war
in immerwährender Bewegung. Hinter den beiden Mäd=
chen stand ein großer bejahrter Mann, dessen[4] ganz
schwarzer Anzug wunderlich gegen die reichen bunten
Farben um ihn her abstach.

Es ging schon stark auf Mittag.[5] Die Menge wogte
immer ungeduldiger, da tönten drei Stückschüsse[6] von der
Schanze auf dem Lug=ins=Land[7] herüber, und die Glocken
des Münsters begannen tiefe, volle Accorde über die Stadt
hinzurollen.

„Sie kommen, Marie, sie kommen!" rief die Blonde im
Erkerfenster, indem sie sich weiter zum Fenster hinaus=
beugte. Von dem Erker konnte man hinab, beinahe bis
an das Donauthor, und hinüber bis in die Fenster des
Rathauses sehen, und die Mädchen hatten also ihren
Standpunkt trefflich gewählt, um das Schauspiel, dessen
sie harrten,[8] ganz zu genießen.

Jetzt hörte man den dumpfen Schall der Pauken, ver=
mischt mit den hohen Klängen der Zinken und Trom=
peten, und durch das Thor herein bewegte sich ein langer,
glänzender Zug von Reitern.

Auf einem großen starkknochigen Rosse nahte ein Mann,
dessen kräftige Haltung, dessen heiteres, frisches Ansehen
in sonderbarem Kontrast stand mit der tiefgefurchten
Stirne und dem schon ins Graue spielenden Haar und
Bart. Der einzige Schmuck dieses Mannes war eine lange
goldene Kette von dicken Ringen fünfmal um den Hals
gelegt, an welcher ein Ehrenpfennig[1] von gleichem Metall
auf die Brust herabhing.

„Sagt geschwind, Oheim, wer ist der stattliche Mann,
der so jung und alt aussieht?" rief die Blonde, indem
sie das Köpfchen ein wenig nach dem schwarzen[2] Herrn,
der hinter ihr stand, zurückbeugte.

„Das kann ich dir sagen, Bertha," antwortete dieser.
„Es ist Georg von Frondsberg,[3] oberster Feldhauptmann
des bündischen[4] Fußvolkes, ein wackerer Mann, wenn er
einer besseren Sache diente!"

„Behaltet Eure Bemerkungen für Euch, Herr Württem=
berger," entgegnete ihm die Kleine, indem sie lächelnd mit
dem Finger drohte, „Ihr wißt, daß die Ulmer Mädchen
gut bündisch[5] sind!"

Der Oheim aber, ohne sich irre machen zu lassen,[6] fuhr
fort: „Jener dort auf dem Schimmel ist Truchseß Wald=
burg,[7] der Feldleutnant, dem auch etwas von unserem
Württemberg wohl anstünde.[8] Dort hinter ihm kommen
die Bundesobersten."

„Pfui! verwitterte Gestalten!" bemerkte Bertha, „ob es
wohl auch der Mühe wert war,[9] Bäschen Marie, daß wir
uns so putzten? Aber siehe da, wer ist der junge, schwarze

Reiter auf dem Braunen? Sieh nur[1] das bleiche Gesicht und die feurigen schwarzen Augen! Auf seinem Schilde steht: Ich hab's gewagt."[2]

„Das ist der Ritter Ulrich von Hutten,"[3] erwiderte der 5 Alte. „Kinder! das ist ein gelehrter, frommer Herr. Er ist zwar des Herzogs bitterster Feind, aber ich sage so.

Denn was wahr ist, muß wahr bleiben! Und siehe, da
sind Sickingens Farben,[1] wahrhaftig, da ist er selbst.
Schaut hin, Mädchen, das ist Franz von Sickingen. Sie
sagen, er führe tausend Reiter in das Feld. Der ist's
mit dem blanken Harnisch und der roten Feder."

„Aber sagt mir, Oheim," fragte Bertha weiter, „welches
ist denn Götz von Berlichingen,[2] von dem uns Vetter Kraft
so viel erzählt. Er ist ein gewaltiger Mann und hat eine
Faust von Eisen. Reitet er nicht mit den Städten?"[3]

„Götz und die Städtler[4] nenne nie in e i n e m Atem,"
sprach der Alte mit Ernst. „Er hält zu Württemberg."

Ein großer Teil des Zuges war während dieses Gespräches vorübergezogen, und mit Verwunderung hatte
Bertha bemerkt, wie gleichgültig und teilnahmlos ihre
Base Marie hinabschaue.[5] Sie wollte sie eben zur Rede
stellen,[6] als ein Geräusch von der Straße her ihre Aufmerksamkeit auf sich zog. Ein mächtiges Roß bäumte
sich in der Mitte der Straße unter ihrem Fenster. Sein
hoch zurückgeworfener Kopf verdeckte den Reiter, so daß
nur die wehenden Federn des Baretts sichtbar waren;
aber die Gewandtheit und Kraft, mit welcher er das Pferd
herunterriß und zum Stehen brachte, ließen einen jungen
mutigen Reiter ahnen. Das lange, hellbraune Haar war
ihm von der Anstrengung über das Gesicht herabgefallen.
Als er es zurückschlug, traf sein Blick das Erkerfenster.

„Nun, dies ist doch einmal[7] ein hübscher Herr," flüsterte
die Blonde ihrer Nachbarin zu, so heimlich, so leise, als
fürchte sie, von dem schönen Reiter gehört zu werden, „und
wie er artig und höflich ist! Sieh nur, er hat uns gegrüßt,
ohne uns zu kennen!"

Aber das stille Bäschen Marie schien der Kleinen nicht
viel Aufmerksamkeit zu schenken. Ein glühendes Rot zog

über die zarten Wangen, als sie durch ein leichtes Neigen
des Hauptes den Gruß des jungen Reiters erwiderte.

Der kleinen Schwätzerin war unsere flüchtige Bemerkung über dem Anblick des schönen Mannes völlig
5 entgangen. „Nur schnell, Oheim!" rief sie und zog den
alten Herrn am Mantel, „wer ist dieser in der hellblauen
Binde mit Silber? Nun?"

„Ja, liebes Kind!" antwortete der Oheim, „den habe
ich in meinem Leben nicht gesehen. Seinen Farben nach
10 steht er in keinem besondern Dienst."

„Mit Euch ist doch nichts anzufangen,"[1] sagte die Kleine
und wandte sich unmutig ab. „Die alten und gelehrten
Herren kennet Ihr alle auf hundert Schritte und weiter.
Wenn man aber einmal nach einem hübschen, höflichen
15 Junker fragt, wißt Ihr nichts. Du bist auch so, Marie,
machtest Augen auf den Zug hinunter, als ob es eine
Prozession am Fronleichnam[2] wäre; ich wette, du hast das
Schönste von allem nicht gesehen und hattest noch den
alten Frondsberg im Kopfe, als ganz andere Leute vorbei-
20 ritten!"

Der Zug hatte sich während dieser Strafrede Berthas
vor dem Rathause aufgestellt, und da die bündische
Reiterei, die noch vorüberzog, wenig Interesse mehr für
die beiden Mädchen hatte, so zogen sie sich vom Fenster
25 zurück.

Bertha schien nicht ganz zufrieden zu sein. Ihre Neu-
gier war nur halb befriedigt. Sie hütete sich übrigens
wohl, vor dem alten, ernsten Oheim etwas merken zu
lassen. Als aber dieser das Gemach verließ, wandte sie
30 sich an ihre Base, die noch immer träumend am Fenster
stand:

„Nein,[3] wie einen doch so etwas[4] peinigen kann! Ich

wollte viel darum geben, wenn ich wüßte, wie er heißt.
Daß du aber auch gar keine Augen hast, Marie! Ich stieß
dich doch[1] an, als er grüßte. Siehe, hellbraune Haare,
recht lang und glatt, freundliche, dunkle Augen, das ganze
Gesicht ein wenig bräunlich, aber hübsch, sehr hübsch.
Ein Bärtchen über dem Mund, nein! ich sage dir — wie du
jetzt nur wieder gleich rot werden kannst!" fuhr die
Blonde in ihrem Eifer fort, „als ob zwei Mädchen, wenn
sie allein sind, nicht von einem schönen jungen Herrn
sprechen dürften. Dies geschieht oft bei uns. Aber freilich, bei deiner seligen Fran Muhme in Tübingen und bei
deinem ernsten Vater in Lichtenstein kamen solche Sachen
nicht zur Sprache, und ich sehe schon, Bäschen Marie
träumt wieder, und ich muß mir ein Ulmer Stadtkind
suchen, wenn ich auch nur ein klein wenig schwatzen will."

Marie antwortete nur durch ein Lächeln, das wir vielleicht etwas schelmisch gefunden hätten. Bertha aber nahm
den großen Schlüsselbund vom Haken an der Thür, fang
sich ein Liedchen und ging, um noch einiges zum Mittagsessen zu rüsten.

2.

Der festliche Aufzug galt[2] den Häuptern und Obersten
des schwäbischen Bundes,[3] der an diesem Tage, auf seinem
Marsch von Augsburg, in Ulm einzog. Herzog Ulrich[4]
von Württemberg hatte durch die Unbeugsamkeit, mit
welcher er trotzte, durch die allzuheftigen Ausbrüche seines
Zornes und seiner Rache, zuletzt noch durch die plötzliche
Einnahme der Reichsstadt Reutlingen den bittersten Haß

des Bundes auf sich gezogen. Der Krieg war unver=
meidlich.

Der Herzog von Bayern, um seiner Schwester Sabina
Genugthuung zu verschaffen; die Schar der Huttischen,[1]
5 um ihren Stammesvetter zu rächen; Dietrich von Spät[2]
und seine Gesellen, um ihre Schmach in Württembergs
Unglück abzuwaschen; die Städte[3] und Städtchen, um
Reutlingen wieder gut bündisch zu machen, — sie alle
hatten ihre Banner entrollt und sich mit blutigen Ge=
10 danken nach gewisser Beute eingestellt.

Bei weitem friedlicher und fröhlicher waren bei diesem
Einzug die Gesinnungen Georgs von Sturm=
feder, jenes „artigen Reiters," der Berthas Neugierde
in so hohem Grade erweckt,[4] dessen unerwartete Erschei=
15 nung Mariens[5] Wangen mit so tiefem Rot gefärbt hatte.
Aus einem armen, aber angesehenen Stamme Frankens[6]
entsprossen, war er, früh verwaist, von einem Bruder
seines Vaters erzogen worden. Schon damals hatte man
angefangen, gelehrte Bildung[7] als einen Schmuck des
20 Adels zu schätzen. Daher wählte sein Oheim für ihn diese
Laufbahn. Die Sage erzählt nicht, ob er auf der hohen
Schule in Tübingen,[8] die damals in ihrem ersten Er=
blühen war, in Wissenschaften viel gethan. Es kam nur
die Nachricht bis auf uns, daß er einem Fräulein von
25 Lichtenstein, die bei einer Muhme in jener Musenstadt
lebte, wärmere Teilnahme schenkte als den Lehrstühlen
der berühmtesten Doktoren. Man erzählte sich auch, daß
das Fräulein mit ernstem, beinahe männlichem Geiste
alle Künste, womit andere ihr Herz bestürmten, gering
30 geachtet habe. Nur einem gelang[9] es, dieses Herz für
sich zu gewinnen, und dieser eine war Georg. Sie haben
zwar, wie es stille Liebe zu thun pflegt, niemand gesagt,

wann und wo ihnen der erste Strahl des Verständnisses
aufging, und wir sind weit entfernt, uns in dieses süße
Geheimnis der ersten Liebe eindrängen zu wollen, oder
gar Dinge zu erzählen, die wir geschichtlich nicht belegen
können. Doch können wir mit Grund annehmen, daß sie 5
schon bis zu jenem Grab der Liebe gediehen waren, wo
man, gedrängt von äußeren Verhältnissen, gleichsam als
Trost für das Scheiden, ewige Treue schwört. Denn als
die Muhme in Tübingen das Zeitliche[1] gesegnet, und Herr
von Lichtenstein sein Töchterlein zu sich holen ließ, um 10
sie nach Ulm, wo ihm eine Schwester verheiratet war, zu
weiterer Ausbildung zu schicken, da merkte Rose, Mariens
alte Zofe, daß so heiße Thränen und die Sehnsucht, mit
welcher Marie noch einmal und immer wieder aus der
Sänfte zurücksah, nicht den bergichten Straßen, denen 15
sie Valet[2] sagen mußte, a l l e i n gelte.[3]
Bald darauf langte auch ein Sendschreiben an Georg
an, worin ihm sein Oheim die Frage beibrachte, ob er
jetzt, nach vier Jahren, noch nicht gelehrt genug sei? Dieser
Ruf kam ihm erwünscht. Seit Mariens Abreise waren 20
ihm die Lehrstühle der gelehrten Doktoren, die finstere
Hügelstadt, ja selbst das liebliche Thal des Neckars[4] ver=
haßt geworden. Mit neuer Kraft erfrischte ihn die kalte
Luft, die ihm von den Bergen entgegenströmte, als er
an einem schönen Morgen aus den Thoren Tübingens 25
seiner Heimat entgegenritt. Wie die Sehnen seiner Arme
in dem frischen Morgen sich straffer anzogen, wie die
Muskeln seiner Faust kräftiger in den Zügel faßten, so
erhob sich auch seine Seele zu jenem frischen heiteren Mute,
der diesem Alter so eigen ist, wenn die Gewißheit eines 30
süßen Glückes im Herzen lebt, und vor dem Auge, das
Erfahrung noch nicht geschärft, Unglück noch nicht getrübt

hat, die Zukunft heiter und freundlich sich ausbreitet.
Man glaubt[1] im Kopf und Arm Kraft genug zu tragen,
um dem Glück seine Gunst abzuringen, und dies Vertrauen
auf sich selbst giebt bei weitem mutigere Zuversicht als
die mächtigste Hilfe von außen.

So war die Stimmung Georgs von Sturmfeder, als
er durch den Schönbuchwald[2] seiner Heimat zuzog. Zwar
brachte ihn dieser Weg dem Liebchen nicht näher. Aber
er wußte, daß dem festen Willen hundert Wege offen
stehen, um zum Ziel zu gelangen, und der alte Spruch
des Römers: Fortes fortuna juvat,[3] hatte ihm noch nie
gelogen.

Wirklich schienen auch seine Wünsche nach einer thätigen
Laufbahn bald in Erfüllung zu gehen.

Der Herzog von Württemberg hatte Reutlingen, das
ihn beleidigt hatte, aus einer Reichsstadt zur Land=
stadt[4] gemacht, und es war kein Zweifel mehr an einem
Krieg.

Wo alles[5] um ihn her Partei nahm, glaubte[6] Georg
nicht müßig bleiben zu dürfen. Ein Krieg war ihm
erwünscht. Es war eine Laufbahn, die ihn seinem Ziele,
um Marie würdig freien zu können, bald nahe bringen
konnte.

Zwar zog ihn sein Herz weder zu der einen, noch zu
der andern Partei. Vom Herzog sprach man im Lande
schlecht, des Bundes Absichten schienen nicht die reinsten.
Als aber achtzehn Grafen und Herren, deren Besitzungen
an sein Gütchen grenzten, auf einmal dem Herzog ihre
Dienste aufsagten, da schien es ihn zum Bunde zu ziehen.
Den Ausschlag gab die Nachricht, daß der alte Lichten=
stein mit seiner Tochter in Ulm sich befinde. Auf jener
Seite, wo Marie war, durfte er nicht fehlen.

Herzog Ulrich war bei Blaubeuren, der äußersten Stadt
seines Landes gegen Ulm und Bayern hin,[1] gelagert. In
Ulm sollte jetzt noch einmal im großen Kriegsrat der Feld=
zug besprochen werden, und dann hoffte man in kurzer
Zeit die Württemberger zur entscheidenden Schlacht zu
nötigen. An friedliche Unterhandlungen wurde, da man
so weit gegangen war, nicht mehr gedacht, Krieg war die
Losung und Sieg der Gedanke des Heeres.

Wohl schlug auch Georgs Herz höher bei dem Gedanken
an seine erste Waffenprobe. Alle Zweifel, die er früher
tief in die Brust zurückgedrängt hatte, kamen schwerer
als je über ihn. „Ist der Vater auf feindlicher Seite, kann
Marie möglicherweise noch in jenen Mauern sein? Hat sie
auch die Treue noch bewahrt, die sie geschworen?" —

Doch der letzte Gedanke machte bald einer freudigeren
Gewißheit Raum; denn wenn sich auch[2] alles Unglück gegen
ihn verschwor, Mariens Treue, er wußte es, war un=
wandelbar. Mutig drückte er die Schärpe, die sie ihm
gegeben, an seine Brust, und seine alte Freudigkeit kehrte
wieder; stolzer hob er sich im Sattel; kühner rückte er das
Barett in die Stirn, und als der Zug in die festlich ge=
schmückten Straßen einbog, musterte sein scharfes Auge
alle Fenster der hohen Häuser, um sie zu erspähen.

Da gewahrte[3] er sie, wie sie ernst und sinnend auf das
fröhliche Gewühl hinabsah; schnell drückte er seinem
Pferde die Sporen in die Seiten, daß es sich hoch auf=
bäumte und das Pflaster von seinem Hufschlag ertönte.
Aber als sie sich zu ihm herabwandte, als Auge dem
Auge begegnete, als ihr freudiges Erröten dem Glück=
lichen sagte, daß er erkannt und noch immer geliebt sei,
da war es um die Besinnung des guten Georg geschehen;[4]
willenlos folgte er dem Zuge vor das Rathaus, und es

hätte nicht viel gefehlt,[1] so hätte ihn seine Sehnsucht alle
Rücksichten vergessen lassen und ihn unwiderstehlich zu dem
Eckhaus mit dem Erker hingezogen.

Schon hatte er die ersten Schritte nach jener Seite ge=
than, als er sich von kräftiger Hand am Arm angefaßt
fühlte.

„Was treibt Ihr, Junker?" rief ihm eine tiefe, wohl=
bekannte Stimme ins Ohr. „Dort hinauf geht es die
Rathaustreppe. Freundchen, kommt."

Er wußte dem alten Herrn von Breitenstein, seinem
nächsten Grenznachbar in Franken, Dank,[2] daß er ihn
aus seinen Träumen aufgeschüttelt und von einem über=
eilten Schritte zurückgehalten hatte.

Er nahm daher freundlich den Arm des alten Herrn und
folgte mit ihm den übrigen Rittern und Herren, die sich
von dem scharfen Morgenritte an der guten Mittagskost,
die ihnen die freie Reichsstadt aufgesetzt hatte, wieder
erholen wollten.

<hr />

3.

Der Saal des Rathauses, wohin die Angekommenen
geführt wurden, bildete ein großes, längliches Viereck.
Die Wände und die zu der Größe des Saales unverhält=
nismäßig niedere Decke[3] waren mit einem Getäfel von
braunem Holz ausgelegt, unzählige Fenster mit runden
Scheiben, worauf die Wappen der edlen Geschlechter von
Ulm mit brennenden[4] Farben gemalt waren, zogen sich
an der einen Seite hin, die gegenüberstehende Wand füllten
Gemälde berühmter Bürgermeister und Ratsherren der
Stadt, die beinahe alle in der gleichen Stellung, ernst

und feierlich auf die Gäste ihrer Enkel herabsahen. Der
Rat und die Patrizier, die heute im Namen der Stadt
die Honneurs[1] machen sollten, stachen in ihren zierlichen
Festkleidern mit den steifen schneeweißen Halskrausen
wunderlich ab gegen[2] ihre bestaubten Gäste, die, in Leder-
werk und Eisenblech gehüllt, oft gar unsanft an die
seidenen Mäntelein und samtenen Gewänder streiften.
Als die Trompeter das ersehnte Zeichen gaben, drängte
sich alles ungestüm zur Tafel.

Breitenstein hatte Georg auf einen Sitz niedergezogen,
den er ihm als einen ganz vorzüglichen anpries. „Ich
hätte Euch," sagte der alte Herr, „zu den Gewaltigen da
oben, zu Frondsberg, Sickingen, Hutten und Waldburg
setzen können, aber in solcher Gesellschaft kann man den
Hunger nicht mit gehöriger Ruhe stillen. Schauet Euch
hier um, ob dies nicht ein trefflicher Platz ist? Die Gesichter umher kennen wir nicht, also braucht man nicht viel
zu schwatzen. Rechts haben wir den geräucherten Schweins-
kopf mit der Zitrone im Maul, links eine prachtvolle
Forelle, die sich vor Vergnügen in den Schwanz beißt,
und vor uns diesen Rehziemer, so fett und zart, wie auf
der ganzen Tafel keiner mehr zu finden ist."

Georg dankte ihm, daß er mit so viel Umsicht für ihn gesorgt habe, und betrachtete zugleich flüchtig seine Umgebung.
Sein Nachbar rechts war ein junger, zierlicher Herr von
etwa fünfundzwanzig bis dreißig Jahren. Das frisch-
gekämmte Haar, duftend von wohlriechenden Salben, der
kleine Bart, der erst vor einer Stunde mit warmen Zäng-
lein gekräuselt sein mochte, ließen Georg, noch ehe ihn die
Mundart davon überzeugte, einen Ulmer Herrn erraten.
Der junge Herr, als er sah, daß er von seinem Nachbar
bemerkt wurde, bewies sich sehr zuvorkommend, indem er

Georgs Becher aus einer großen silbernen Kanne füllte,[1]
auf glückliche Ankunft und gute Nachbarschaft mit ihm
anstieß und auch die besten Bissen von den unzähligen
Rehen, Hasen, Schweinen, Fasanen und wilden Enten,
5 die auf silbernen Platten umherstanden, dem Fremdling
auf den Teller legte.

Doch diesen konnte weder seines Nachbars zuvor=
kommende Gefälligkeit, noch Breitensteins ungemeiner
Appetit zum Essen reizen. Er war noch zu sehr beschäftigt
10 mit dem geliebten Bilde, das sich ihm beim Einzug gezeigt
hatte, als daß[2] er die Ermunterungen seiner Nachbarn
befolgt hätte. Gedankenvoll sah er in den Becher, den
er noch immer in der Hand hielt, und glaubte das Bild
der Geliebten aus dem goldenen Boden des Bechers auf=
15 tauchen zu sehen. Es war kein Wunder, daß der gesellige
Herr zu seiner Rechten, als er sah, wie sein Gast, den
Becher in der Hand,[3] jede Speise verschmähe, ihn für einen
unverbesserlichen Zechbruder hielt. Er schenkte sich seinen
Becher wieder voll und begann: „Nicht wahr, Herr Nach=
20 bar, das Weinchen hat Feuer und einen feinen Ge=
schmack?"

Verwundert setzte Georg den Becher nieder und ant=
wortete mit einem kurzen „Ja, ja! —" der Nachbar ließ
aber den einmal aufgenommenen Faden nicht so bald
25 wieder fallen. „Es scheint," fuhr er fort, „als munde er
Euch doch nicht ganz; aber da weiß ich Rat.[4] Heda! gebt
eine Kanne Uhlbacher[5] hieher! — Versuchet einmal diesen,
der[6] wächst zunächst an des Württembergers Schloß."

Georg, dem dieses Gespräch nicht recht zusagte, suchte
30 seinen Nachbar auf einen andern Weg zu bringen, der ihn
zu anziehenderen Nachrichten führen konnte. „Ihr habt,"
sprach er, „schöne Mädchen hier in Ulm, wenigstens bei

unserem Einzng glaubte ich deren[1] viele zu bemerken. —
Sagt mir, wer wohnt dort in dem Eckhaus mit dem Erker;
wenn ich nicht irre, schauten dort zwei feine Jungfrauen
heraus, als wir einritten."

„Habt Ihr diese auch schon bemerkt?" lachte jener.
„Wahrhaftig, Ihr habt ein scharfes Auge und seid ein
Kenner. Das sind meine lieben Basen mütterlicherseits,
die kleine Blonde ist eine Besserer, die andere ein Fräu=
lein von Lichtenstein, eine Württembergerin, die auf Be=
such dort ist."

Georg dankte im stillen dem Himmel, der ihn gleich mit
einem so nahen Verwandten Mariens zusammenführte.
Er beschloß, den Zufall zu benützen, und wandte sich, so
freundlich er nur konnte, zu seinem Nachbar: „Ihr habt
ein Paar hübsche Mühmchen, Herr von Besserer . . ."

„Dietrich von Kraft nenne ich mich," fiel er ein, „Schrei=
ber des großen Rates."

„Ein Paar schöne Kinder, Herr von Kraft; und Ihr
besuchet sie wohl recht oft?"

„Jawohl," antwortete der Schreiber des großen Rates,
„besonders seit die Lichtenstein im Hause ist. Wenn Ihr
wüßtet, wie sie sich beide um mich reißen. — Zwar — die
Lichtenstein hat eine verdammte Art, freundlich zu sein;
sie thut so vornehm und ernst, daß man nicht recht wagt,
in ihrer Gegenwart Spaß zu machen, noch weniger läßt
sie ein wenig mit sich schäfern wie Bertha; aber gerade
das kommt mir so wunderhübsch vor, daß ich elfmal
wieder komme, wenn sie mich auch zehnmal fortgeschickt hat.
Das macht aber," murmelte er nachdenklicher vor sich hin,
„weil der gestrenge Herr Vater da ist, vor dem scheut sie
sich; laßt nur den ciumal über der Ulmer Markung sein, so
soll sie schon kirre werden."

Georg wollte sich nach dem Vater noch weiter erkundigen, als sonderbare Stimmen ihn unterbrachen. Schon vorher hatte er mitten durch das Geräusch der Speisenden diese Stimmen zu hören geglaubt, ohne zu verstehen, was es
5 war. Jetzt hörte er dieselben Stimmen ganz in der Nähe, und bald bemerkte er, welchen[1] Inhaltes ihre eintönigen Sätze waren. Es gehörte nämlich[2] in den guten alten Zeiten, besonders in Reichsstädten, zum Ton, daß der Hausvater und seine Frau, wenn sie Gäste geladen[3]
10 hatten, gegen die Mitte der Tafel aufstanden und bei jedem einzelnen umhergingen, mit einem herkömmlichen Sprüch= lein zum Essen und Trinken zu nötigen.

Diese Sitte war in Ulm so stehend geworden, daß der hohe Rat beschloß, auch an diesem Mahl keine Ausnahme
15 zu machen, sondern ex officio[4] einen Hausvater samt Hausfrau aufzustellen, um diese Pflicht zu üben. Die Wahl fiel auf den Bürgermeister und den ältesten Ratsherrn.

Sie hatten schon zwei Seiten der Tafel „nötigend" um= gangen, kein Wunder, daß ihre Stimmen durch die große
20 Anstrengung endlich rauh und heiser geworden waren und ihre freundschaftliche Aufmunterung wie Drohung klang. Eine rauhe Stimme tönte in Georgs Ohr: „Warum esset Ihr denn nicht, warum trinket Ihr denn nicht?" Er= schrocken wandte sich der Gefragte um und sah einen starken
25 großen Mann mit rotem Gesicht; ehe er noch auf die schreck= lichen Töne antworten konnte, begann an seiner andern Seite ein kleiner Mann mit einer hohen dünnen Stimme:

„So esset doch[5] und trinket satt,
Was der Magistrat Euch vorgesetzt hat."

30 So war es nun[6] in den „guten alten Zeiten!" Man konnte sich wenigstens nicht beklagen, nur zu einem Schau=

essen geladen worden zu sein. Bald aber bekam die Tafel
eine ganz andere Gestalt. Die großen Schüsseln und
Platten wurden abgetragen und geräumigere Humpen,
größere Kannen, gefüllt mit edlem Wein, aufgesetzt. Das
Zutrinken[1] begann, und nicht lange, so[2] äußerte auch der 5
Wein seine Wirkungen. Dietrich Spät und seine Gesellen
sangen Spottlieder auf Herzog Ulrich. Die fränkischen
Ritter würfelten um die Güter des Herzogs und tranken
einander[3] das Tübinger Schloß im Weine ab. Ulrich von
Hutten und einige seiner Freunde hielten in lateinischer 10
Sprache eine laute Kontrovers mit einigen Italienern
wegen des Angriffes auf den römischen Stuhl, den kurz
zuvor ein unberühmter Mönch[4] in Wittenberg unter=
nommen hatte; die Nürnberger, Augsburger und einige
Ulmer Herren waren über den Glanz ihrer Republiken in 15
Streit geraten,[5] und so füllte Gelächter, Gesang, Zanken
und der dumpfe Klang der silbernen und zinnernen Becher
den Saal.

Nur am oberen Ende der Tafel herrschte anständigere,
ruhigere Fröhlichkeit. Dort saß Georg von Frondsberg, 20
der alte Ludwig von Hutten, Waldburg Truchseß, Franz
von Sickingen und noch andere ältliche, gesetzte Herren.

Dorthin wandte jetzt auch der Bundeshauptmann Hans
von Breitenstein, nachdem er sich genugsam gesättiget hatte,
seine Blicke und sprach zu Georg: „Das Lärmen um uns 25
her will[6] mir gar nicht behagen; wie wäre es, wenn ich
Euch jetzt dem Frondsberg vorstellte?"

Georg, dessen Wunsch schon lange war, dem Kriegs=
obersten bekannt zu werden, stand freudig auf, um dem
alten Freunde zu folgen. Wir werden ihn nicht tadeln, 30
daß sein Herz bei diesem Gange ängstlicher pochte, seine
Wangen sich höher färbten, seine Schritte, je näher er kam,

ungewiſſer und zögernder wurden. Georg von Frondsberg galt ſchon damals für einen der berühmteſten Feldherrn ſeiner Zeit. Zu ihm führte Breitenstein den Jüngling.

5   „Wen bringt Ihr uns da, Hans?“ rief Georg von
Frondsberg, indem er den hochgewachſenen, ſchönen jungen
Mann mit Teilnahme betrachtete.

„Seht ihn Euch¹ einmal recht an, werter Herr,“ antwortete Breitenstein, „ob Euch nicht beifällt, in welches
10 Haus er gehören mag?“

Aufmerkſamer betrachtete ihn der Feldhauptmann, auch
der alte Truchſeß von Waldburg wandte prüfend ſein
Auge herüber. Georg war ſchüchtern und blöde vor dieſe
Männer getreten, ſah ihnen aber entſchloſſen und mutig
15 ins Geſicht.

„Jetzt, an dieſem Blick erkenne ich dich,“ ſagte Frondsberg und bot ihm die Hand, „du biſt ein Sturmfeder?“

„Georg Sturmfeder,“ antwortete der junge Mann,
„mein Vater war Burkhard Sturmfeder, er fiel, wie man
20 mir ſagte, in Italien an Eurer Seite.“

„Er war ein tapferer Mann,“ ſprach der Feldhauptmann, deſſen Auge immer noch ſinnend auf Georgs Zügen
ruhte, „an manchem warmen Schlachttag hat er treu zu
mir gehalten; wahrlich, ſie haben ihn allzufrühe einge-
25 ſcharrt! Und du,“ ſetzte er freundlich hinzu, „du haſt
dich eingeſtellt, um ſeiner Spur zu folgen? Was treibt
dich ſchon ſo frühe aus dem Neſte, und biſt kaum flügge?“

„Ich weiß ſchon,“ unterbrach ihn Waldburg mit rauher,
unangenehmer Stimme; „das Vöglein will ſich ein paar
30 Flöckchen Wolle ſuchen, um das alte Neſt zu flicken!“

Dieſe rohe Anſpielung auf die verfallene Burg ſeiner
Ahnen jagte eine hohe Glut auf die Wangen des Jüng-

lings. Er hatte sich nie seiner Dürftigkeit geschämt, aber
dieses Wort klang so höhnend, daß er sich zum erstenmal
dem reichen Spötter gegenüber recht arm fühlte. Da fiel
sein Blick über Truchseß Waldburg hin durch die Scheiben
auf jenes wohlbekannte Erkerfenster; er glaubte Mariens
Gestalt zu erblicken, und sein alter Mut kehrte wieder.
„Ein jeder Kampf hat seinen Preis, Herr Ritter," sagte er,
„ich habe dem Buub Kopf und Arm angetragen; was
mich dazu treibt, kann Euch gleichgültig sein."

„Nun, nun!" erwiderte jener, „wie es mit dem Arm aus=
sieht, werden wir sehen, im Kopfe muß es aber nicht so
ganz hell sein, da Ihr aus Spaß gleich Ernst macht."

Der gereizte Jüngling wollte wieder etwas darauf er=
widern, Frondsberg aber nahm ihn freundlich bei der
Hand: „Ganz wie dein Vater, lieber Junge; nun, du willst
zeitlich zu einer Nessel werden.¹ Und wir werden Leute
brauchen, denen das Herz am rechten Flecke sitzt. Daß du
dann nicht der Letzte bist,² darfst du gewiß sein."

Diese wenigen Worte aus dem Munde eines durch
Tapferkeit und Kriegskunst unter seinen Zeitgenossen hoch=
berühmten Mannes übten so besänftigende Gewalt über
Georg, daß er die Antwort, die ihm auf der Zunge
schwebte, zurückdrängte und sich schweigend von der Tafel
in ein Fenster zurückzog, teils um die Obersten nicht
weiter zu stören, teils um sich genauer zu überzeugen, ob
die flüchtige Erscheinung, die er vorhin gesehen, wirklich
Marie gewesen sei.

Als Georg die Tafel verlassen hatte, wandte sich Fronds=
berg zu Waldburg: „Das ist nicht die Art, Herr Truchseß,
wie man tüchtige Gesellen für unsere Sache gewinnt; ich
wette, er ging nicht mit halb so viel Eifer für die Sache
von uns, als er zu uns brachte."

„Müßt Ihr dem jungen Laffen auch noch das Wort reden?"[1] fuhr jener auf. „Er soll einen Spaß von seinem Obern ertragen lernen."[2]

„Mit Verlaub," fiel ihm Breitenstein ins Wort, „das
5 ist kein Spaß, sich über unverschuldete Armut lustig zu machen; ich weiß aber wohl, Ihr seid seinem Vater auch nie grün gewesen."[3]

„Und," fuhr Frondsberg fort, „sein Oberer seid Ihr ganz und gar[4] noch nicht. Er hat dem Bunde noch keinen
10 Eid geleistet, also kann er noch immer hinreiten, wohin er will; und wenn er auch unter Euren eigenen Fahnen diente, so möchte ich Euch doch nicht raten, ihn zu hän= seln, er sieht mir nicht darnach[5] aus, als ob er sich viel gefallen ließe!"

15 Sprachlos vor Zorn über den Widerspruch, den er in seinem Leben nie ertragen konnte, blickte Truchseß den einen und den anderu an, mit so wutvollen Blicken, daß sich Ludwig von Hutten schnell ins Mittel schlug,[6] um noch ärgeren Streit zu verhüten: „Laßt doch die alten
20 Geschichten!" rief er. „überhaupt wäre es gut, wir heben die Tafel auf.[7] Es dunkelt draußen schon stark, und der Wein wird zu mächtig." Frondsberg und Sickingen stimmten ihm bei, sie standen auf, und als die Nächsten um sie her ihrem Beispiel folgten, war der Aufbruch all=
25 gemein.

4.

Georg hatte in dem Fenster, wohin er sich zurückgezogen, nicht so entfernt gestanden, daß[8] er nicht jedes Wort der Streitenden gehört hätte. Er freute sich der warmen Teil=

nahme, mit welcher Fronbsberg sich des unberühmten, ver=
waiſten Jünglings angenommen hatte, zugleich aber konnte
er es ſich nicht verbergen, daß ſein erſter Schritt in die
kriegeriſche Laufbahn ihm einen mächtigen, erbitterten
Feind zugezogen hatte. Ein leichter Schlag auf ſeine
Schulter unterbrach ſeine Gedanken, und er ſah, als er ſich
umwandte, ſeinen freundlichen Nebenſitzer, den Schreiber
des großen Rates, vor ſich.

„Ich wette, Ihr habt Euch noch nach keinem Quartier
umgeſehen,“ ſprach Dietrich von Kraft, „und es möchte
Euch auch jetzt etwas ſchwer werden, denn es iſt bereits
dunkel, und die Stadt iſt überfüllt.“

Georg geſtand, daß er noch nicht daran gedacht habe,[1]
er hoffe aber, in einer der öffentlichen Herbergen noch ein
Plätzchen zu bekommen.

„Darauf möchte ich doch nicht ſo ſicher bauen,“[2] entgegnete
jener, „wenn Euch aber meine Wohnung nicht zu gering
ſcheint, ſo ſteht ſie Euch mit Freuden offen.“

Der gute Ratsſchreiber ſprach mit ſo viel Herzlichkeit,
daß Georg nicht Anſtand nahm,[3] ſein Anerbieten anzu=
nehmen. Jener aber ſchien über die Bereitwilligkeit ſeines
Gaſtes hoch erfreut; er nahm mit einem herzlichen Hand=
ſchlag ſeinen Arm und führte ihn aus dem Saal.

Der Platz vor dem Rathaus bot indes einen ganz
eigenen Anblick dar. Die Tage waren noch kurz, und die
Abenddämmerung war während der Tafel unbemerkt
hereingebrochen; man hatte daher Fackeln und Windlichter[4]
angezündet; ihr dunkelroter Schein erhellte den großen
Raum nur ſparſam und ſpielte in zitternden Reflexen an
den Fenſtern der gegenüberſtehenden Häuſer und auf den
blanken Helmen und Bruſtharniſchen der Ritter. Wildes
Rufen nach Pferden und Knechten ſcholl aus der Halle des

Rathauses, das Klirren der nachschleppenden Schwerter, das Hin-[1] und Herrennen der vielen Menschen mischte sich in das Gebell der Hunde, in das Wiehern und Stampfen der ungeduldigen Rosse, eine Scene, die mehr einem in der Nacht vom Feinde überfallenen Posten als dem Aufbruch von einem friedlichen Mahle glich.

Überrascht blieb Georg unter der Halle[2] stehen. Unwillkürlich streifte sein Auge nach jener Seite hin, wo er seinen Kampfpreis wußte. Er sah dort viele Leute an den Fenstern stehen, aber der schwärzliche Rauch der Fackeln, der wie eine Wolke über den Platz hinzog, verhüllte die Gegenstände wie mit einem Schleier und ließ sie nur wie ungewisse Schatten sehen; unbefriedigt wandte er sein Auge ab. „So ist auch meine Zukunft," sagte er zu sich: „das Jetzt ist hell, aber wie dunkel, wie ungewiß das Ziel!"

Sein freundlicher Wirt riß ihn aus diesem düstern Sinnen mit der Frage, wo seine Knechte mit seinen Pferden seien? „Ein junger Kriegsmann," antwortete er schnell gefaßt,[3] „muß sich so viel wie möglich selbst zu helfen wissen, daher habe ich keinen Diener bei mir; mein Pferd aber habe ich Breitensteins Knechten übergeben."

Der Ratsschreiber lobte im Weiterschreiten[4] die Strenge des jungen Mannes gegen sich selbst, gestand aber, daß er, wenn er einmal zu Feld ziehe, den Dienst nicht so strenge lernen werde. Ein Blick auf sein zierlich geordnetes Haar und den fein gekräuselten Bart überzeugte Georg, daß sein Begleiter aus voller Seele spreche, und die zierliche bequeme Wohnung, in welcher sie bald darauf anlangten, widersprach diesem Glauben nicht.

Herr Dietrich hatte ein großes Haus, nicht weit vom Münster, und einen schönen Garten am Michelsberg.

Seine einzigen Hausgenossen waren ein alter, grauer
Diener, zwei große Katzen und eine unförmlich dicke Amme.
Diese vier Geschöpfe starrten den Gast mit großen, bedenk=
lichen Augen an. Die Amme fragte, ob sie für zwei Per=
sonen das Abendessen zurichten solle? Als sie ihre Frage   5
bestätigen hörte, verließ sie mit ihrem Schlüsselbund
rasselnd das Gemach.

Mit dem Schlage der achten Stunde führte Dietrich
seinen Gast zum Abendbrot, das die Amme trefflich bereitet
hatte, denn sie wollte der Ehre des Kraftischen Hauses   10
nichts vergeben.[1] Der Ratsschreiber suchte seinem Gaste
das Mahl durch Gespräch zu würzen. Aber umsonst
spähete dieser, ob er nicht von seinen schönen Mühmchen
reden werde.

Nach aufgehobener Tafel führte ihn der Hausherr in   15
sein Schlafgemach und schied von ihm mit einem herz=
lichen Glückwunsch für seine Ruhe. Georg sah sich das
Gemach näher an. Frische, schneeweiße Linnen blinkten
ihm einladend aus dem Bette entgegen; der Ofen ver=
breitete eine angenehme Wärme, eine Nachtlampe war an   20
der Decke aufgehängt, und selbst der Schlaftrunk, ein
Becher wohlgewürzten, warmen Weines, war nicht ver=
gessen. Er zog die Gardinen vor und ließ die Bilder des
vergangenen Tages an seiner Seele vorüberziehen. In
buntem Gedränge führten sie seine Seele in das Reich der   25
Träume, und nur e i n teures Bild ging ihm heller auf,
—es war das Bild der Geliebten.

5.

Georg wurde am anderen Morgen durch ein bescheidenes
Pochen an seiner Thür erweckt. Sein freundlicher Wirt,
schon völlig im Putz,¹ trat ein. Nach den ersten Erkundi=
gungen, wie sein Gast geschlafen habe, kam Herr Dietrich
5 gleich auf die Ursache seines frühen Besuches. Der große
Rat hatte gestern abend noch beschlossen, die Ankunft der
Bundesgenossen auch durch einen Tanz zu feiern, der am
heutigen Abend auf dem Rathause abgehalten werden
sollte. Ihm,² als dem Ratsschreiber, kam es zu, alles an=
10 zuordnen, was zu dieser Festlichkeit gehörte: er mußte die
Stadtpfeifer bestellen, die ersten Familien feierlich und im
Namen des Rates dazu einladen, er mußte vor allem zu
seinen lieben Mühmchen eilen, um ihnen dieses seltene
Glück zu verkündigen.

15 Georg durfte hoffen, Marien zu sehen und zu sprechen,
und darum hätte er gerne Herrn Dietrich für seine gute
Botschaft an das freudig pochende Herz gedrückt.

„Ich sehe es Euch an," sagte dieser, „die Nachricht macht
Euch Freude, und die Tanzlust leuchtet Euch schon aus den
20 Augen. Doch Ihr sollt ein paar Tänzerinnen haben, wie
Ihr sie nur³ wünschen könnt; mit meinen Bäschen sollt
Ihr mir⁴ tanzen, denn ich bin ihr Führer bei solchen Ge=
legenheiten und werde es schon zu machen wissen, daß Ihr
und kein anderer zuerst sie aufziehen sollet; und wie werden
25 sie sich freuen, wenn ich ihnen einen so flinken Tänzer
verspreche!" Damit wünschte er seinem Gast einen guten
Morgen und ermahnte ihn, wenn er ausgehe, sein Haus zu
merken und das Mittagsessen nicht zu versäumen.

Herr Dietrich hatte, als sehr naher Verwandter, schon
so früh am Tage Zutritt im Hause des Herrn von Besserer.
Er fand die Mädchen noch beim Frühstück. Wenn es
wahr ist, daß natürliche Anmut und Würde auch im geringsten Kleide sich dem Auge nicht verhüllen, so dürfen 5
wir schon mit mehr Mut gestehen, daß Marie und die
fröhliche Bertha an jenem Morgen ein Biersüppchen ver-
speisten.

„Ich sehe es dir an, Vetter," begann Bertha, „du
möchtest gar zu gern von unserer Suppe kosten. Du hast 10
aber Strafe verdient und mußt fasten —"

„Ach, wie wir so sehnlich auf Euch gewartet haben,"
unterbrach sie Marie.

„Jawohl," fiel ihr Bertha in die Rede, „aber bilde dir
nur nicht ein, daß wir eigentlich dich erwarteten; nein, ganz 15
allein deine Neuigkeiten." Sie stellte sich mit komischem
Ernst vor ihn hin und fuhr fort: „Dietrich von Kraft,
Schreiber eines wohledlen[1] Rates, habt Ihr unter den
Bündischen keinen jungen, überaus höflichen Herrn gesehen,
mit langem, hellbraunem Haar, einem Gesicht, nicht so 20
milchweiß wie das Eure, aber doch nicht minder hübsch,
kleinem Bart, nicht so zierlich wie der Eure, aber dennoch
schöner, hellblauer Schärpe mit Silber . . ."

„Ach, das ist kein anderer als mein Gast!" rief Herr
Dietrich. „Er ritt einen großen Braunen, trug ein blaues 25
Wams, an den Schultern geschlitzt und mit Hellblau aus-
gelegt?"

„Ja, ja, nur weiter!" rief Bertha. „Wir haben unsere
eigenen Ursachen, uns nach ihm zu erkundigen."

Marie stand auf und suchte ihr Nähzeug in dem Kasten, 30
indem sie den beiden den Rücken zukehrte; aber die Röte, die
alle Augenblicke auf ihren Wangen wechselte, ließ ahnen,

daß sie kein Wort von Herrn Dietrichs Erzählung
verlor.

„Nun, das ist Georg von Sturmfeder," fuhr der Rats=
schreiber fort; „ein schöner, lieber Junge. Sonderbar, auch
Ihr seid ihm gleich beim Einzug aufgefallen" — und nun
erzählte er, wie ihm der hohe Wuchs, das Gebietende und
Anziehende in des Jünglings Mienen gleich anfangs auf=
gefallen, wie ihn der Zufall zu seinem Nachbar gemacht,
wie er ihn immer lieber gewonnen und endlich in sein
Haus geführt habe.

„Nun, das ist schön von dir, Vetter," sagte Bertha, als
er geendet hatte, und reichte ihm freundlich die Hand.

Marie hatte indes schweigend das Gemach verlassen, und
Bertha ergriff mit Freuden diese Gelegenheit, ein anderes
Gespräch einzuleiten.

„Da geht sie nun wieder," sagte sie und sah Marien
nach, „und ich wollte darauf wetten, sie geht in ihre Kam=
mer und weint. Ach, sie hat gestern wieder so heftig
geweint, daß ich auch ganz traurig geworden bin."

„Was hat sie nur?" fragte Dietrich teilnehmend.

„Ich habe so wenig wie früher die Ursache ihrer Thränen
erfahren," fuhr Bertha fort. „Ich habe gefragt und immer
wieder gefragt, aber sie schüttelt dann nur den Kopf, als
wenn ihr nicht zu helfen wäre. ‚Der unselige Krieg!' war
alles, was sie mir zur Antwort gab."

„So ist der Alte noch immer entschlossen, mit ihr nach
Lichtenstein zurückzugehen?"

„Jawohl," war Berthas Antwort. „Du hättest nur hö=
ren sollen, wie der alte Manu gestern beim Einzug auf die
Bündischen schimpfte. Nun — er ist einmal seinem Herzog
mit Leib und Seele ergeben, darum mag es ihm hingehen.[1]
Aber sobald der Krieg erklärt ist, will er mit ihr abreisen."

Herr Dietrich schien sehr nachdenklich zu werden. Er stützte den Kopf auf die Hand und hörte seiner Muhme schweigend zu.

„Und denke," fuhr diese fort, „da hat sie nun gestern nach dem Eintritte der Bündischen so heftig geweint. Du weißt, sie war zwar vorher schon immer ernst und düster, und ich habe sie an manchem Morgen in Thränen gefunden. Ich glaube Ulm liegt ihr nicht so sehr am Herzen, aber ich vermute," setzte sie geheimnisvoll hinzu, „sie hat eine heimliche Liebe im Herzen."

„Ach freilich, ich habe es ja schon lange gemerkt," seufzte Herr Dietrich, „aber was kann ich denn davor?"

„Du? Was du davor kannst?" lachte Bertha, auf deren Gesicht bei diesen Worten alle Trauer verschwunden war. „Nein! Du bist nicht schuld an ihrem Schmerz. Sie war schon so, ehe du sie nur mit einem Auge gesehen hast!"

Der ehrliche Ratsschreiber war sehr beschämt durch diese Versicherung. Bertha aber ließ nicht ab, ihn mit seiner thörichten Vermutung zu höhnen, bis ihm auf einmal der Zweck seines Besuches wieder einfiel, den er während des Gespräches ganz aus den Augen verloren hatte. Sie sprang mit einem Schrei der Freude auf, als ihr der Vetter die Nachricht von dem Abendtanz mitteilte.

„Marie, Marie!" rief sie in hellen Tönen, daß die Gerufene, bestürzt und irgend ein Unglück ahnend, herbeieilte. „Marie, ein Abendtanz auf dem Rathaus!" rief ihr die beglückte Bertha schon unter der Thür[1] entgegen.

Auch diese schien freudig überrascht von dieser Nachricht. „Wann? Kommen auch die Fremden dazu?" waren ihre schnellen Fragen, indem ein hohes Rot ihre Wangen färbte und aus dem ernsten Auge, das die kaum geweinten

Thränen nicht verbergen konnte, ein Strahl der Freude
drang.

Bertha und der Vetter waren erstaunt über den schnellen
Wechsel von Schmerz und Freude, und der letztere konnte
die Bemerkung nicht unterdrücken, daß Marie eine leiden=
schaftliche Tänzerin sein müsse. Doch wir glauben, er
habe sich hierin nicht weniger geirrt, als wenn er Georg
für einen Weinkenner hielt.

Als der Ratsschreiber sah, daß er jetzt, wo die Mädchen
sich in eine wichtige Beratung über ihren Anzug ver=
wickelten, eine überflüssige Rolle spiele, empfahl er sich,
um seinen wichtigeren Geschäften nachzugehen. Er be=
eilte sich, seine Anordnungen zu treffen und die hohen
Gäste und die angesehensten Häuser zu laden.[1]

Doch nicht seine Anordnungen allein waren dem Rats=
schreiber[2] gelungen, er hatte nebenbei auch manche geheime
Nachricht erspäht, die bis jetzt nur der engere Ausschuß
des Rats mit den Bundesobersten teilte.

Zufrieden mit dem Erfolg seiner vielen Geschäfte, kam
er gegen Mittag nach Hause, und sein erster Gang war,
nach seinem Gaste zu sehen. Er traf ihn in sonderbarer
Arbeit. Georg hatte lange in einem schöngeschriebenen
Chronikbuch, das er in seinem Zimmer gefunden hatte,
geblättert. Die reinlich gemalten Bilder, womit die An=
fangsbuchstaben der Kapitel unterlegt waren, die Triumph=
züge und Schlachtenstücke, welche, mit kühnen Zügen ent=
worfen, mit besonderem Fleiße ausgemalt, hin und wieder
den Text unterbrachen, unterhielten ihn geraume Zeit.
Dann fing er an, erfüllt von den kriegerischen Bildern,
die er angeschaut hatte, seinen Helm und Harnisch und das
vom Vater ererbte Schwert zu reinigen und blank zu machen,
indem er bald lustige, bald ernstere Weisen dazu sang.

So traf ihn sein Gastfreund. Schon unten an der Treppe hatte er die angenehme Stimme des Singenden vernommen. Er konnte sich nicht enthalten, noch einige Zeit an der Thür zu lauschen, ehe er den Gesang unterbrach.

Es war eine jener ernsten, beinahe wehmütig tönenden Weisen, wie sie noch heute in dem Munde der Schwaben leben.

Der Sänger begann von neuem:

„Kaum gedacht,[1]
War der Lust ein End' gemacht;
Gestern noch auf stolzen Rossen,
Heute durch die Brust geschossen,
Morgen in das kühle Grab.

„Doch was ist
Aller Erden Freud' und Lüst'!
Prangst[2] du gleich mit deinen Wangen,
Die wie Milch und Purpur prangen,
Sieh, die Rosen welken all'.

„Darum still
Geb' ich mich, wie Gott es will.
Und wird die Trompete blasen,
Und muß ich mein Leben lassen,
Stirbt ein braver Reitersmann."

„Wahrlich, Ihr habt eine schöne Stimme," sagte Herr von Kraft, als er in das Gemach eintrat. „Aber warum singt Ihr so traurige Lieder? Ich kann mich zwar nicht mit Euch messen, aber was ich singe, muß fröhlich sein, wie es einem jungen Mann von achtundzwanzig geziemt."

Georg legte sein Schwert auf die Seite und bot seinem Gastfreund die Hand. „Ihr mögt recht haben," sagte er, „was Euch betrifft. Aber wenn man zu Feld reitet, wie

wir, da hat ein solches Lied große Gewalt und Trost,
denn es giebt auch dem Tode eine milde Seite."

„Nun, das ist ja gerade, was ich meine," entgegnete der
Schreiber des großen Rates. „Wozn soll man das auch
5 noch in schöuen Verslein besingen, was leider nur zu gewiß
nicht ausbleibt? Man soll den Teufel nicht an die Wand
malen, sonst kommt er, sagt ein Sprichwort. übrigens
hat es damit keine Not, wie jetzt die Sachen stchen."

„Wie? Ist der Krieg nicht entschieden?" fragte Georg
10 neugierig. „Hat der Württemberger Bedingungen ange=
nommen?"

„D e m macht man gar keine mehr," antwortete Dietrich
mit wegwerfender Miene. „Er ist die längste Zeit[1] Her=
zog gewesen, jetzt kommt das Regieren auch ciumal an
15 uns. Ich will Euch etwas sagen," sctzte er wichtig und
geheimnisvoll hinzu, „aber bis jetzt bleibt es noch unter
uns. Die Hand darauf. Ihr meint, der Herzog habe
14,000 Schweizer? Sie sind wie weggeblasen. Der Bote,
den wir nach Zürich und Bern geschickt haben, ist zurück.
20 Was von Schweizern bei Blaubeuren und auf der Alp[2]
liegt — muß nach Haus."

„Nach Haus zurück?" rief Georg erstaunt. „Haben die
Schweizer selbst Krieg?"

„Nein," war die Antwort, „sie haben tiefen Frieden,
25 aber kein Geld. Glaubt mir, ehe acht Tage ins Land
kommen, sind schon Boten da, die das gauze Heer nach
Haus zurückrufen."

„Und werden sie gehen?" unterbrach ihn der Jüngling,
„sie sind auf ihre eigene Faust dem Herzog zu Hilfe ge=
30 zogen, wer kann ihnen gebieten, seine Fahne zu verlassen?"

„Das weiß man schon zu machen. Glaubt Ihr denn,
wenn an die Schweizer der Ruf kommt, bei[3] Verlust ihrer

Güter und bei Leib= und Lebensstrafe nach Haus zu eilen,
sie werden bleiben? Ulrich hat zu wenig Geld, um sie zu
halten, denn auf Versprechungen dienen sie nicht."

„Aber ist dies auch ehrlich gehandelt?" bemerkte Georg,
„heißt[1] das nicht, dem Feinde, der in ehrlicher Fehde mit
uns lebt, die Waffen stehlen und ihn dann überfallen?"

„In der Politika, wie wir es nennen," gab der Rats=
schreiber zur Antwort und schien sich dem unerfahrenen
Kriegsmann gegenüber kein geringes Ansehen geben zu
wollen; „in der Politika wird die Ehrlichkeit höchstens
zum Schein angewandt. So werden die Schweizer z. B.[2]
dem Herzog erklären, daß sie sich ein Gewissen daraus
machen, ihre Leute gegen die freien Städte dienen zu
lassen. Aber die Wahrheit ist, daß wir dem großen
Bären[3] mehr Goldgülden in die Tatze drückten als der
Herzog."

„Nun, und wenn die Schweizer auch abziehen," sagte
Georg, „so hat doch Württemberg noch Leute genug, um
keinen Huud über die Alp zu lassen."

„Auch dafür wird gesorgt," fuhr der Schreiber in seiner
Erläuterung fort, „wir schicken einen Brief an die Stände
von Württemberg und ermahnen sie, das unleidliche Regi=
ment ihres Herzogs zu bedenken, demselben keinen Bei=
stand zu thun, sondern dem Bunde zuzuziehen."

„Wie?" rief Georg mit Entsetzen, „das hieße[4] ja den
Herzog um sein Land betrügen. Wollt ihr ihn denn
zwingen, der Regierung zu entsagen und sein schönes
Württemberg mit dem Rücken anzusehen?"

„Und Ihr habt bisher geglaubt, man wolle nichts weiter,
als etwa Reutlingen wieder zur Reichsstadt machen? Wo=
von soll denn Hutten seine zweiundvierzig Gesellen und
ihre Diener besolden? Wovon denn Sickingen seine tau=

send Reiter und zwölftausend zu Fuß, wenn er nicht ein
hübsches Stückchen Land damit erkämpft? Und meint Ihr,
der Herzog von Bayern wolle nicht auch sein Teil? Und
wir? Unsre Markung grenzt zunächst an Württem-
5 berg —"

„Aber die Fürsten Deutschlands," unterbrach ihn Georg
ungeduldig; „meint Ihr, sie werden es ruhig mit ansehen,[1] daß Ihr ein schönes Land in kleine Fetzen reißet?
Der Kaiser, wird er es dulden, daß Ihr einen Herzog aus
10 dem Lande jagt?"

Auch dafür wußte Herr Dietrich Rat. „Es ist kein
Zweifel, daß Karl seinem Vater als Kaiser folgt. Ihm
selbst bieten wir das Land zur Obervormundschaft an,
und wenn Österreich seinen Mantel darauf deckt, wer kann
15 dagegen sein? Doch, sehet nicht so düster aus. Wenn
Euch nach Krieg gelüstet, dazu kann Rat werden.[2] Der
Adel hält noch zum Herzog, und an seinen Schlössern
wird sich noch mancher die Zähne einbrechen." Damit verließ der Schreiber des großen Rates von Ulm so stolzen
20 Schrittes,[3] als wäre er schon selbst Obervormund von
Württemberg, das Zimmer seines Gastes.

Georg sandte ihm nicht die freundlichsten Blicke nach.
Zürnend schob er seinen Helm, den er noch vor einer
Stunde mit so freudigem Mute zu seinem ersten Kampf
25 geschmückt hatte, in die Ecke. Mit Wehmut betrachtete er
sein altes Schwert, diesen treuen Stahl, den sein Vater in
manchem guten Streite geführt, den er sterbend seinem
verwaisten Knaben als einziges Erbe vom Schlachtfeld
gesendet hatte. „Ficht[4] ehrlich!" war das Symbolum, das
30 der Waffenschmied in die schöne Klinge eingegraben hatte,
und er sollte sie für eine Sache führen, die ihre Unge-
rechtigkeit an der Stirne trug?

Mit milderen Gedanken aber kam er zu seinem Gast=
freund, als man ihn zu Tische rief. Ja, die ganze Ansicht
der Dinge wurde ihm nach einigen Stunden bei weitem
erträglicher, als er sich erinnerte, daß ja auch Mariens
Vater dieser Partei folge. Es war ihm, als möchte die
Sache doch nicht so schwarz sein, welcher Männer wie
Frondsberg ihre Dienste geliehen.

Wie die düsteren Falten des Unmuts auf einer jugend=
lichen Stirne sich schneller glätten, wie selbst schmerzliche
Eindrücke in des Jünglings Seele von freundlichen Bildern
leicht verdrängt werden, so erhellte auch Georgs Seele der
freudige Gedanke an den Abend.

6.

Es war Abendtanz zu Ulm. Man blies schon längst
zum ersten auf,[1] als Georg von Sturmfeder in den Rat=
haussaal eintrat. Seine Blicke schweiften durch die Reihen
der Tanzenden, und endlich trafen sie Marien. Sie
tanzte mit einem jungen, fränkischen Ritter seiner Be=
kanntschaft, schien aber der eifrigen Rede, die er an sie
richtete, nicht Gehör zu geben. Ihr Auge suchte den
Boden, ihre Miene konnte Ernst, beinahe Trauer aus=
drücken.

Herr Dietrich Kraft hatte seinen Gastfreund bemerkt und
kam, ihn, wie er versprochen, zu seinen Muhmen zu führen.
Er flüsterte ihm zu, daß er selbst schon für den nächsten
Tanz mit Bäschen Bertha versagt sei, doch habe er soeben
um Mariens Hand für seinen Gast geworben.

Beide Mädchen waren auf die Erscheinung des ihnen
so interessanten Fremden vorbereitet gewesen, und den=
noch bedeckte die Erinnerung dessen, was sie über ihn ge=
sprochen, Berthas angenehme Züge mit hoher Glut, und
5 die Verwirrung, in welche sie sein Anblick versetzte, ließ
sie nicht bemerken, welches Entzücken ihm aus Mariens
Auge entgegenstrahlte, wie sie bebte, wie sie mühsam nach
Atem suchte, wie ihr selbst die Sprache ihre Dienste zu
versagen schien.

10 „Da bringe ich euch Herrn Georg von Sturmfeder,
meinen lieben Gast," begann der Ratsschreiber, „der um
die Gunst bittet, mit euch zu tanzen."

„Wenn ich nicht schon diesen Tanz an meinen Vetter
zugesagt hätte," antwortete Bertha, schneller gefaßt als
15 ihre Base, „so solltet Ihr ihn haben, aber Marie ist noch
frei, die wird mit Euch tanzen."

„So seid Ihr noch nicht versagt, Fräulein von Lichten=
stein?" fragte Georg, indem er sich zu der Geliebten
wandte.

20 „Ich bin an Euch versagt," antwortete Marie. So
hörte er denn zum erstenmal wieder diese Stimme, die ihn
so oft mit den süßesten Namen genannt hatte; er sah in
diese treuen Augen, die ihn noch immer so hold anblickten
wie vormals.

25 Die Trompeten schmetterten in den Saal; der Ober=
feldleutnant Waldburg Truchseß schritt mit seiner Tänze=
rin vor, die Fackelträger folgten; die Paare ordneten sich,
und auch Georg ergriff Mariens Hand und schloß sich an.
Jetzt suchten ihre Blicke nicht mehr den Boden, sie hingen
30 an denen des Geliebten; und dennoch wollte[1] es ihm
scheinen, als mache sie dieses Wiedersehen nicht so glück=
lich wie ihn, denn noch immer lag eine düstere Wolke von

Schwermut oder Trauer um ihre Stirne. Sie sah sich
um, ob Dietrich und Bertha, das nächste Paar nach ihnen,
nicht allzunahe seien. — Sie waren ferne.

„Ach, Georg," begann sie, „welch unglücklicher Stern hat
5 dich in dieses Heer geführt?"

„Du warst dieser Stern, Marie," sagte er; „dich habe
ich auf dieser Seite geahnet, und wie glücklich bin ich, daß
ich dich fand! Kannst du mich tadeln, daß ich die gelehrten
Bücher beiseite legte und Kriegsdienste nahm? Ich habe
10 ja kein Erbe als[1] das Schwert meines Vaters; aber mit
diesem Gut will ich wuchern, daß der deinige sehen soll,
daß seine Tochter keinen Unwürdigen liebt."

„Ach Gott! Du hast doch dem Bunde noch nicht zu=
gesagt?" unterbrach sie ihn.

15 „Ängstige dich doch nicht so, mein Liebchen, ich habe
noch nicht völlig zugesagt; aber es muß nächster Tage ge=
schehen. Willst du denn deinem Georg nicht auch ein wenig
Kriegsruhm gönnen? Warum magst du um mich so bange
haben? Dein Vater ist alt und zieht ja doch auch mit aus."

20 „Ach, mein Vater, mein Vater!" klagte Marie, „er ist
ja — höre und sei standhaft — mein Vater ist nicht
bündisch!"

„Jesus Maria![2] was sagst du?" rief der Jüngling und
beugte sich, als habe er das Wort des Unglücks nicht ge=
25 hört, herab zu Marien; „o sage, ist denn dein Vater nicht
hier in Ulm?"

Sie hatte sich stärker geglaubt; sie konnte nicht mehr
sprechen; bei dem ersten Laut wären ihre Thränen unauf=
haltsam geflossen; sie antwortete nur durch einen Druck der
30 Hand und ging, mit gesenktem Haupt neben Georg her.
Endlich siegte der starke Geist dieses Mädchens über die
Schwäche ihrer Natur, die einem so großen tiefen Kummer

beinahe erlegen wäre. „Mein Vater,” flüſterte ſie, „iſt Her=
zog Ulrichs wärmſter Freund, und ſobald der Krieg ent=
ſchieden iſt, führt er mich heim auf den Lichtenſtein!”

Betäubend wirbelten jetzt die Trommeln, in volleren
Tönen ſchmetterten die Trompeten, ſie begrüßten den
Truchſeß, der eben an dem Muſikchor vorüberzog; er warf
ihnen, wie es Sitte war, einige Silberſtücke zu, und von
neuem erhob ſich ihr betäubender Jubel.

Das leiſe Geſpräch der Liebenden verſtummte vor
der rauhen Gewalt dieſer Töne, aber ihr Auge hatte
ſich in dieſem Schiffbruch ihrer Liebe um ſo mehr zu
ſagen, und ſie bemerkten nicht einmal, wie ein Geflüſter
über ſie im Saal erging, das ſie als das ſchönſte Paar
pries.

Aber nur zu wohl hatte Bertha dieſe Bemerkungen der
Menge gehört. Ihr Intereſſe an dem ſchönen jungen
Manne wuchs; noch nie war ihr der gute Vetter Kraft
ſo läſtig geworden als in dieſen Augenblicken. Sie war
froh, als endlich der Tanz ſich endigte. Denn ſie durfte
hoffen, daß der nächſte an des jungen Ritters Seite deſto
angenehmer für ſie ſein werde.

Sie täuſchte ſich nicht in ihrer Hoffnung; Georg kam,
ſie um den nächſten Tanz zu bitten, der auch ſogleich be=
gann, und ſie hüpfte fröhlich an ſeiner Seite in die Reihen.
Aber es war nicht mehr derſelbe, der vorhin mit Marien[1]
ſo freundlich geſprochen hatte. Verſtört, einſilbig, in tiefe
Gedanken verſunken, war der junge Mann an ihrer Seite,
und es war nur zu ſichtbar, daß er ſich immer wieder erſt
ſammeln mußte, wenn er eine ihrer Fragen beantworten
ſollte.

War dies jener „höfliche Ritter,”[2] welcher ſie, ohne daß
ſie ſich je geſehen hatten, ſo freundlich grüßte? Derſelbe,

der mit Marien so eifrig sich unterredet hatte? Oder sollte diese —? Ja, es war klar. Marie hatte ihm besser ge= fallen, ach! vielleicht weil sie die erste war, die mit ihm tanzte. Sie setzte mit ihrer heiteren Geschwätzigkeit das
5 Gespräch über den bevorstehenden Krieg fort und fragte: „Nun, und der wievielte Feldzug ist es denn, Herr von Sturmfeder, dem Ihr jetzt beiwohnt?"

„Es ist mein erster," antwortete dieser kurz abgebrochen, denn er war unmutig darüber, daß jene ihn noch immer
10 im Gespräch halte, da er mit Marie so gern gesprochen hätte.

„Euer erster?" entgegnete Bertha verwundert. „Ihr wollt mir etwas weismachen, da habt Ihr ja schon eine mächtige Narbe auf der Stirne."

15 „Die bekam ich auf der hohen Schule,"[1] antwortete Georg.

„Wie? Ihr seid ein Gelehrter?" fragte jene eifrig weiter. „Nun, und da seid Ihr gewiß recht weit weg gewesen; etwa in Padua oder Bologna, oder gar bei den Ketzern in Wittenberg."[2]

20 „Nicht so weit, als Ihr meint," entgegnete er, indem er sich zu Marien wandte; „ich war in Tübingen."

„In Tübingen!" rief Bertha voll Verwunderung. Wie ein Blitz erhellte dies einzige Wort alles, was ihr bisher dunkel war, und ein Blick auf Marien, die mit nieder=
25 geschlagenen Augen, mit der Röte der Scham auf den Wan= gen vor ihm stand, überzeugte sie, daß die lange Reihe von Schlüssen, die sich an jenes Wort anschlossen, ihren nur zu sicheren Grund haben. Jetzt war ihr auf einmal klar, warum sie der artige Ritter begrüßt,[3] und warum Marie
30 geweint. Es war keine Frage, sie kannten sich, sie mußten sich längst gekannt haben.

Beschämung war das erste Gefühl, das bei dieser Ent=

deckung Berthas Herz bestürmte; sie errötete vor sich selbst,
wenn sie sich gestand, nach der Aufmerksamkeit eines
Mannes gestrebt zu haben, dessen Seele ein ganz anderer
Gegenstand beschäftigte. Unmut über Mariens Heimlichkeit
verfinsterte ihre Züge. Sie hat an diesem Abend den
unglücklichen jungen Mann keines Blickes mehr gewürdigt,
was ihm übrigens über dem großen Schmerz, der seine
Seele beschäftigte, völlig entging. Sein Unglück wollte es
auch, daß er nie mehr Gelegenheit fand, Marien wieder
allein und ungestört zu sprechen; der Abendtanz ging zu
Ende, ohne daß er über Mariens Schicksal und über die
Gesinnungen ihres Vaters gewisser wurde, und Marie fand
kaum noch auf der Treppe Gelegenheit, ihm zuzuflüstern,
er möchte morgen in der Stadt bleiben, weil sie vielleicht
irgend eine Gelegenheit finden würde, ihn zu sprechen.

Verstimmt kamen die beiden Schönen nach Hause.
Bertha hatte auf alle Fragen Mariens kurze Antwort ge=
geben, und auch diese, sei es,[1] daß sie ahnete, was in ihrer
Freundin vorgehe, sei es, weil sie selbst ein großer Schmerz
beschäftigte, war nach und nach immer düsterer, einsilbiger
geworden.

Aber auf beiden lastete die Störung ihres bisherigen
freundschaftlichen Verhältnisses erst recht schwer,[2] als sie
ernst und schweigend in ihr Gemach traten.

„Du bist recht hart, Bertha," sagte Marie, „du bist böse
auf mich und sagst mir nicht einmal, warum."

„So? Du willst[3] also nicht wissen, daß du mich be=
trogen hast? Nicht wissen, wie mich deine Heimlichkeiten
dem Spott und der Beschämung aussetzen? Ich hätte nie
geglaubt, daß du so schlecht, so falsch an mir handeln
würdest!"

„Bertha! Du schiltst meine Heimlichkeit. Ich sehe, du

haſt erraten, was ich nie von ſelbſt ſagen konnte. Ach,
du ſelbſt, ſo heiter und offen du biſt, du ſelbſt hätteſt mir
dein Geheimnis nicht vertrauen können. Aber jetzt iſt es
ja aus. Du weißt, was meine Lippen auszuſprechen ſich
5 ſcheuten. Ich liebe ihn, ja ich werde geliebt, und nicht
erſt von geſtern her. Willſt du mich hören? Darf ich dir
alles ſagen?"

Bertha antwortete nicht auf jene Fragen, aber Marie
hub[1] an zu erzählen, wie ſie Georg im Hauſe der ſeligen
10 Muhme kennen gelernt habe; wie ſie ihm gut geweſen,
lange ehe er ihr ſeine Liebe geſtanden. „Jetzt," fuhr ſie mit
wehmütigem Lächeln fort, „jetzt hat ihn dieſer unglückliche
Krieg auf dieſe Seite geführt. Er hört, wir ſcien hier in
Ulm, er glaubt nicht anders, als mein Vater ſei dem
15 Bunde beigetreten, er hofft, mich durch ſein Schwert zu ver=
dienen, denn er iſt arm, recht arm! O Bertha, du kennſt
meinen Vater. Er iſt ſo gut, aber auch ſo ſtrenge, wenn
etwas ſeiner Meinung widerſpricht. Wird er einem Manne
ſeine Tochter geben, der ſein Schwert gegen Württemberg
20 gezogen hat? Siche, das waren meine Thränen! Kannſt
du mir noch zürnen? Muß ich mit dem Geliebten auch
die Freundin verlieren?"

Mariens Thränen floſſen, und Bertha fühlte den eigenen
Schmerz von dem größeren Kummer der Freundin beſiegt.
25 Sie umarmte Marien ſchweigend und weinte mit ihr.

„In den nächſten Tagen,"[2] fuhr dieſe fort, „will mein
Vater Ulm verlaſſen, und ich muß ihm folgen. Aber noch
ciumal muß ich Georg ſprechen, nur ein Viertelſtündchen.
Bertha, du kannſt gewiß Gelegenheit geben. Nur ein ganz
30 kleines Viertelſtündchen!"

„Du willſt ihn doch[3] nicht der guten Sache abwendig
machen?" fragte Bertha.

„Was nennst du die gute Sache?" antwortete Marie.
„Des Herzogs Sache ist vielleicht nicht minder gut als die
eure. Du sprichst so, weil ihr bündisch seid. Ich bin eine
Württembergerin, und mein Vater ist seinem Herzoge treu.
Doch sollen wir Mädchen über den Krieg entscheiden? Laß
uns lieber auf Mittel sinnen, ihn noch einmal zu
sehen."

Bertha hatte über der Teilnahme, mit welcher sie der
Geschichte ihrer Base zugehört hatte, ganz vergessen, daß
sie ihr jemals gram gewesen war. Sie war überdies
für alles Geheimnisvolle eingenommen, daher kamen ihr
diese Mitteilungen erwünscht.

„Ich hab's gefunden," rief sie endlich aus, „wir laden
ihn geradezu in den Garten."

„In den Garten?" fragte Marie schüchtern und un=
gläubig, „und durch wen?"

„Sein Wirt, der gute Vetter Dietrich, muß ihn selbst
bringen;" antwortete sie, „das ist herrlich, und dieser darf
auch kein Wörtchen davon merken, laß mich nur dafür
sorgen."

Marie, entschlossen und stark bei großen Dingen, zitterte
doch bei diesem gewagten Schritte. Aber ihre mutige, fröh=
liche Base wußte[1] ihr alle Bedenklichkeiten auszureden, und
mit zurückgekehrter Hoffnung und befreit von der Last des
Geheimnisses, umarmten sich die Mädchen, ehe sie sich zur
Ruhe legten.

————————

7.

Sinnend und traurig saß Georg am Mittag nach dem
festlichen Abend in seinem Gemach. Er hatte Breitenstein

besucht und wenig Tröstliches für seine Hoffnungen er=
fahren. Der Kriegsrat hatte sich an diesem Morgen ver=
sammelt, und unwiderruflich war der Krieg beschlossen
worden. Auf den Straßen rief man einander fröhlich diese
5 Nachricht zu, und die Freude, daß es jetzt endlich ins Feld
gehen werde, stand deutlich auf allen Gesichtern geschrieben.
Nur e i n e n traf diese Kunde wie das schreckliche Macht=
wort seines Schicksals. Ein blutiges Schlachtfeld dehnte
sich zwischen ihm und seiner Liebe aus, sie war ihm auf
10 lange, vielleicht auf ewig verloren.

Eilige Tritte, welche die Treppe heraufstürmten, weckten
ihn aus seinem Brüten. Der Ratsschreiber steckte den Kopf
in die Thür. „Glück auf, Junker!" rief er, „jetzt hebt
der Tanz erst¹ recht an. Aber Ihr wißt es vielleicht noch
15 gar nicht? Der Krieg ist angekündigt."

„Ich weiß es," antwortete sein finsterer Gast.

„Nun, und hüpft Euch das Herz nicht freier? Habt Ihr
auch gehört — nein, das könnt Ihr nicht wissen," fuhr
Dietrich fort, indem er zutraulich näher zu ihm trat, „daß
20 die Schweizer bereits abziehen?"

„Wie, sie ziehen?" unterbrach ihn Georg. „Also hat der
Krieg schon ein Ende?"

„Das möchte ich nicht gerade behaupten," fuhr der Rats=
schreiber bedenklich fort, „der Herzog von Württemberg ist
25 noch ein junger, mutiger Herr und hat noch Ritter und
Dienstleute genug. Zwar wird er wohl keine offene Feld=
schlacht mehr wagen, aber er hat feste Städte und Burgen.
Da ist Asperg, da ist vor allem Tübingen, das er tüchtig
befestigt hat. Es wird noch mancher ins Gras beißen,²
30 bis ihr eure Rosse im Neckar tränket."

„Nun, nun!" fuhr er fort, als er sah, daß seine Nach=
richten die finstere Stirne seines schweigenden Gastes nicht

aufheitern konnten, „wenn Ihr diese kriegerischen Bot=
schaften nicht freundlich aufnehmet, so schenkt Ihr vielleicht
einem friedlicheren Auftrag ein geneigtes Ohr. Sagt ein=
mal, habt Ihr nicht irgendwo eine Base?"

„Base? Ja, warum fragt Ihr?"

„Nun sehet, jetzt erst[1] verstehe ich die verwirrten Reden,
die vorhin Bertha vorbrachte. Als ich aus dem Rathause
kam, winkte sie mir hinauf und befahl mir, meinen Gast
heute nachmittag in ihren Garten an der Donau zu führen,
Marie habe Euch etwas sehr Wichtiges an Eure Base, die 10
sie sehr gut kenne, aufzutragen. Ihr müßt mir schon[2] den
Gefallen thun, mitzugehen. Solche Geheimnisse und
Aufträge sind zwar gewöhnlich nicht weit her,[3] — doch,
wenn Ihr gestern an dem Mädchen Gefallen gefunden
habt, gehet Ihr wohl selbst gerne mit." 15

Mitten in den schmerzlichen Gedanken an die Scheide=
stunde mußte Georg über die List der Mädchen lachen.
Freundlich bot er dem guten Boten die Hand und schickte
sich an, ihn in den Garten zu begleiten.

Dieser lag an der Donau, ungefähr zweitausend Schritte 20
unter der Brücke. Er war nicht groß, zeugte aber von
Sorgfalt und Fleiß. Dort, auf dem breiten, bequemen
Steinsitze, wo die Lücken der Laube eine freie Aussicht die
Donau hinauf und hinab gewährten, hatten die Mädchen
unter mancherlei Gesprächen der jungen Männer geharrt. 25

Marie saß traurig in sich gekehrt. Bertha schien ihre
rosigste Laune hervorgeholt zu haben, um ihre Base zu
trösten oder doch ihren großen Schmerz zu zerstreuen. Sie
erzählte und schwatzte. Endlich ergriff sie, als gar nichts
mehr helfen wollte,[4] ihre Laute, die in der Ecke stand. 30
Marie besaß auf diesem Instrument große Fertigkeit, und
Bertha hätte sich sonst nicht so leicht bewegen lassen, vor

der Meisterin zu spielen. Doch heute hoffte sie durch ihr Geklimper wenigstens ein Lächeln ihrer Base zu entlocken.

„Ich muß dir ein Liedchen des alten Herrn Walther[1] singen," sagte sie und setzte sich mit großem Ernste nieder und begann:

> „Ich weiß nicht, wie es damit geschah,
> Meinem Auge ist's noch nie geschehen,
> Seit ich sie in meinem Herzen sah,
> Kann ich sie auch ohne Augen sehen.
> Da ist doch ein Wunder mit geschehen,
> Denn wer gab es, daß es[2] ohne Augen
> Sie zu aller Zeit mag sehen?
>
> Wollt ihr wissen, was die Augen sein,[3]
> Womit ich sie sehe durch alle Land'?
> Es sind die Gedanken des Herzens mein,[4]
> Damit schau' ich durch Mauer und Wand,
> Und hüten diese sie noch so gut,
> Es schauen sie mit vollen Augen
> Das Herz, der Wille und mein Mut."

Marie lobte das Lied des Herrn Walther von der Vogelweide als einen guten Trost beim Scheiden. Bertha bestätigte es. „Ich weiß noch einen Reim," sagte sie lächelnd und sang:

> „Und zog sie auch weit in das Schwabenland,
> Seine Augen schauen durch Mauer und Wand,
> Seine Blicke bohren durch Fels und Stein,
> Er schaut durch die Alp nach dem Lichtenstein!"

Als Bertha noch im Nachspiel zu ihrem Liedchen begriffen war, ging die Gartenpforte. Männertritte tönten den Gang herauf, und die Mädchen standen auf, die Erwarteten zu empfangen.

„Herr von Sturmfeder," begann Bertha nach den ersten
Begrüßungen, „verzeihet doch, daß ich es wagte, Euch in
meines Vaters Garten einzuladen. Aber meine Base
Marie wünscht Euch Aufträge an eine Freundin zu geben.
— Nun, und daß wir andern nicht zu kurz kommen,"[1] setzte
sie zu Herrn Kraft gewandt hinzu, „so wollen wir plau=
dern und den Abendtanz von gestern mustern." Damit
ergriff sie ihres Vetters Hand und zog ihn mit sich den
Gang hinab.

Georg hatte sich zu Marie auf die Bank gesetzt. Sie
lehnte sich an seine Brust und weinte heftig. Die süßesten
Worte, die er ihr zuflüsterte, vermochten nicht, ihre
Thränen zu stillen. „Marie," sagte er, „du warst ja sonst
so stark, wie kannst du nun gerade jetzt allen Glauben an
ein besseres Geschick, alle Hoffnung aufgeben?"

„Hoffnung?" fragte sie wehmütig, „mit unserer Hoff=
nung, mit unserem Glück ist es für ewig aus."

„Sich," antwortete Georg, „eben dies kann ich nicht
glauben, ich trage die Gewißheit unserer Liebe in mir so
innig, so tief, und ich sollte jemals glauben, daß sie unter=
gehen könnte?"

„Du hoffst noch? So höre mich ganz an. Ich muß dir
ein tiefes Geheimnis sagen, an dem das Leben meines
Vaters hängt. Mein Vater ist so sehr ein bitterer Feind des
Bundes, als er ein Freund des Herzogs ist. Er ist nicht
nur deswegen hier, um sein Kind heimzuholen; nein, er
sucht die Pläne des Bundes zu erforschen und mit Geld
und Rede zu verwirren. Und glaubst du, ein so bitterer
Gegner des Bundes werde seine einzige Tochter einem
Jüngling geben, der durch unser Verderben sich empor=
zuschwingen sucht; einem, der sich an Menschen anschließt,
die kein Recht, sondern nur Raub suchen?"

„Dein Eifer führt dich zu weit, Marie," unterbrach sie
der Jüngling. „Du mußt wissen, daß mancher Ehren=
mann in diesem Heere dient!"

„Und wenn dies wäre," fuhr jene eifrig fort, „so sind
5 sie betrogen und verführt, wie auch du betrogen bist."

„Wer sagt dir dies so gewiß?" entgegnete Georg, welcher
errötete, die Partei, die er ergriffen, von einem Mädchen so
erniedrigt zu sehen, obgleich er ahnete, daß sie so unrecht
nicht habe. „Kann nicht dein Vater auch verblendet und
10 betrogen sein? Wie mag er nur mit so vielem Eifer die
Sache dieses stolzen, herrschsüchtigen Mannes führen, der
seine Edlen ermordet, der seine Bürger in den Staub tritt,
der an seiner Tafel das Mark des Landes verpraßt und
seine Bauern verschmachten läßt?"

15 „Ja, so schildern ihn seine Feinde," antwortete Marie,
„so spricht man von ihm in diesem Heere; aber frage dort
unten an den Ufern des Neckars, ob sie ihren angestammten
Fürsten nicht lieben, wenngleich seine Hand zuweilen schwer
auf ihnen ruht. Frage jene Männer, die mit ihm aus=
20 gezogen sind, ob sie nicht freudig ihr Blut für den Enkel
Eberhards[1] geben, ehe sie diesem stolzen Herzog von
Bayern, diesen räuberischen Edlen, diesen Städtlern ihr
Land abtreten. Ich will nicht alles verteidigen, was er
that; aber man soll nur auch bedenken, daß ein junger
25 Herr, wie der Herzog, von schlechten Räten umgeben, nicht
immer weise handeln kann. Aber er ist gewiß gut, und
wenn du wüßtest, wie mild, wie leutselig er sein kann!"

„Es fehlt nur noch, daß du ihn auch den schönen Her=
zog nennst," sagte Georg, bitter lächelnd. „Du wirst reichen
30 Ersatz finden für den armen Georg, wenn er es der Mühe
wert hält, mein Bild aus deinem Herzen zu verdrängen."

„Wahrlich, dieser kleinlichen Eifersucht habe ich dich nicht

fähig gehalten," antwortete Marie, indem sie sich mit
Thränen des Unmuts, im Gefühl gekränkter Würde ab=
wandte. „Glaubst du denn, das Herz eines Mädchens
köne nicht auch warm für die Sache ihres Vaterlandes
schlagen?"

„Sei mir nicht böse," bat Georg, der mit Reue und Be=
schämung einsah, wie ungerecht er sei, „gewiß, es war
nur Scherz!"

„Und kaunst du scherzen, wo es unser gauzes Lebens=
glück gilt?"[1] entgegnete Marie. „Morgen will der Vater
Ulm verlassen, weil der Krieg entschieden ist! Wir sehen
uns vielleicht lange, lange nicht mehr, und du magst
scherzen? Ach, wenn du gesehen hättest, wie ich so manche
Nacht mit heißen Thränen zu Gott flehte, er möge dein
Herz hinüber auf unsere Seite lenken, er möge uns vor dem
Unglück bewahren, auf ewig getrennt zu sein, gewiß! du
könntest nicht so grausam scherzen!"

„Er hat es nicht zum Heil gelenkt," antwortete Georg,
düster vor sich hinblickend.

„Und sollte es nicht noch möglich sein?" sprach Marie,
indem sie seine Hand faßte und mit dem Ausdruck bittender
Zärtlichkeit, mit der gewinnenden Sanftmut eines Engels
ihm ins Auge sah. „Komm mit uns, Georg, wie gerne
wird der Vater einen jungen Streiter seinem Herzog zu=
führen! Ein Schwert wiegt viel in solchen Zeiten, sagte
er oft, er wird es dir hoch anschlagen, wenn du ihm folgst,
an seiner Seite wirst du kämpfen, mein Herz wird dann
nicht zerrissen, nicht geteilt sein zwischen jenseits und dies=
seits; mein Gebet, wenn es um Glück und Sieg fleht,
wird nicht zitternd zwischen beiden Heeren irren!"

„Halt ein!" rief der Jüngling und bedeckte seine
Augen, denn der Sieg der überzeugung strahlte aus ihren

Blicken, die Gewalt der Wahrheit hatte sich auf ihren
Lippen gelagert. „Willst du mich bereden, ein Überläufer
zu werden? Gestern zog ich mit dem Heere ein, heute
wird der Krieg erklärt, und morgen soll ich zu dem Herzog
5 hinüberreiten? Kann dir meine Ehre so gleichgültig sein?"

„Die Ehre?" fragte Marie, und Thränen entstürzten
ihrem Auge. „Sie ist dir also teurer als deine Liebe?
Wie anders klang es, als mir Georg ewige Treue schwur!
Wohlan. Sei glücklicher mit ihr als mit mir! Aber möge
10 dir, wenn dich der Herzog von Bayern auf dem Schlacht=
feld zum Ritter schlägt, weil du in unsern Fluren am
schrecklichsten gewütet, wenn er dir ein Ehrenkettlein um=
hängt, weil du Württembergs Burgen am tapfersten ge=
brochen, möge dir der Gedanke deine Freude nicht trüben,
15 daß du ein Herz brachst, das dich so treu, so zärtlich
liebte!"

„Geliebte!" antwortete Georg, dessen Brust wider=
streitende Gefühle zerrissen, „dein Schmerz läßt dich nicht
sehen, wie ungerecht du bist. Doch es sei! daß du siehest,
20 daß ich den Ruhm, der mir so freundlich winkte, der Liebe
zum Opfer zu bringen weiß,¹ so höre mich: Hinüber zu
euch darf ich nicht, aber ablassen will ich von dem Bunde,
möge kämpfen und siegen wer da will — mein Kampf und
Sieg war ein Traum, er ist zu Ende!"

25 Marie sandte einen Blick des Dankes zum Himmel und
belohnte die Worte des jungen Mannes mit süßem Lohne.
„O! glaube mir," sagte sie, „ich fühle, wieviel dich² dieses
Opfer kosten muß; aber sieh mir³ nicht so traurig an dein
Schwert hinunter: wer frühe entsagt, der erntet schön, sagt
30 mein Vater; es muß uns doch auch einmal die Sonne des
Glückes scheinen. Jetzt kann ich getrost von dir scheiden;
denn wie auch der Krieg sich enden mag, du kannst ja

frei vor meinen Vater treten, und wie wird er sich freuen,
wenn ich ihm sage, welch[1] schweres Opfer du gebracht
hast!"

Berthas helle Stimme, die der Freundin ein Zeichen
gab, daß der Ratsschreiber nicht mehr zurückzuhalten sei,[2]
schreckte die Liebenden auf. Schnell trocknete Marie die
Spuren ihrer Thränen und trat mit Georg aus der Laube.

"Vetter Kraft will aufbrechen," sagte Bertha, "er fragt,
ob der Junker ihn begleiten wolle?"

"Ich muß wohl, wenn ich den Weg nach Hause nicht
verfehlen soll," antwortete Georg. So teuer ihm die letzten
Augenblicke vor einer langen Trennung von Marie ge=
wesen wären, so konnte er doch nicht ohne den Vetter als
Landfremder bei den Mädchen bleiben.

Schweigend gingen sie den Garten hinab, nur Herr
Dietrich führte das Wort, indem er in wohlgesetzten
Worten seinen Jammer beschrieb, daß seine Base morgen
schon Ulm verlassen werde. Aber Bertha mochte in Georgs
Augen gelesen haben, daß ihm noch etwas zu wünschen
übrig bleibe, wobei der uneingeweihte Zeuge überflüssig
war. Sie zog den Vetter an ihre Seite und befragte ihn
so eifrig über eine Pflanze, die gerade zu seinen Füßen
mit ihren ersten Blättern aus der Erde sproßte, daß er
nicht Zeit hatte, zu beobachten, was hinter seinem Rücken
vorgehe.

Schnell benützte Georg diesen Augenblick, Marien noch
einmal an sein Herz zu ziehen, aber das Rauschen von
Mariens schwerem seidenem Gewande, Georgs klirrendes
Schwert weckten den Ratsschreiber aus seinen botanischen
Betrachtungen. Er sah sich um, und o Wunder! er erblickte
die ernste, züchtige Base in den Armen seines Gastes.

"Das war wohl[3] ein Gruß an die liebe Base in Fran=

ten?" fragte er, nachdem er sich von seinem Erstaunen erholt hatte.

„Nein, Herr Ratsschreiber," antwortete Georg, „es war ein
Gruß an mich selbst, und zwar von der, die ich einst heim-
5　zuführen gedenke. Ihr habt doch nichts dagegen, Vetter?"

„Gott bewahre![1] Ich gratuliere von Herzen," antwortete Herr Dietrich, der von dem ernsten Blick des
jungen Kriegsmannes und von Mariens Thränen etwas
eingeschüchtert wurde. „Aber der Tausend,[2] das heiß ich
10　veni, vidi, vici.[3] Ich scherwenzte schon ein Vierteljahr um
die Schöne, und habe mich kaum eines Blickes erfreuen
können, und heute muß ich nun gar den Marder selbst
herausführen, der mir das Täubchen vor dem Mund[4] weg-
stiehlt."

15　„Verzeihe den Scherz, Vetter, den wir uns mit dir
machten," fiel ihm Bertha ins Wort, „sei vernünftig und
laß dir die Sache erklären." Sie sagte ihm, was er zu
wissen brauchte, um gegen Mariens Vater zu schweigen.
Durch die freundlichen Blicke Berthas besänftigt, versprach
20　er zu schweigen; unter der Bedingung, setzte er schalkhaft
hinzu, daß sie etwa auch einen solchen Gruß an ihn bestelle.

Bertha verwies ihm, wiewohl nicht allzu strenge, seine
unartige Forderung, und fragte ihn neckend an der Garten-
thür noch einmal um die Naturgeschichte des ersten Veil-
25　chens, das die Sonne hervorgelockt hatte. Er war gutmütig genug, eine lange und gelehrte Erklärung darüber
zu geben, ohne weder durch Mariens leises Weinen, noch
durch Georgs klirrendes Schwert sich unterbrechen zu
lassen. Ein dankender Blick Mariens, ein freundlicher
30　Handschlag von Bertha belohnte ihn dafür beim Scheiden,
und noch lange wehten die Schleier der schönen Bäschen
über den Gartenzaun hin, den Scheidenden nach.

8.

Ulm glich in den nächsten Tagen einem großen Lager.
Noch lebhafter war dies kriegerische Bild vor den Thoren
der Stadt; auf einem Anger an der Donau übte Sickingen
seine Reiterei, auf einem großen Blachfelde gegen Söflin=
gen hin pflegte Frondsberg sein Fußvolk zu tummeln.

An einem schönen Morgen, etwa drei bis vier Tage nach=
dem Marie von Lichtenstein mit ihrem Vater Ulm ver=
lassen hatte, sah man eine ungeheure Menge Menschen aus
allen Ständen auf jener Wiese versammelt, um diesen
Übungen Frondsbergs zuzusehen. Sie betrachteten diesen
Mann, dem ein so großer Ruf vorangegangen war, viel=
leicht mit nicht geringerem Interesse als wir, wenn wir
die kaiserlichen oder königlichen Söhne des Mars die
Dienste eines Feldherrn verrichten sehen. Der Feldhaupt=
mann schien an diesem Morgen noch freundlicher und
fröhlicher zu sein als sonst. Er blickte so freundlich auf
die Menge hin, daß jeder glaubte, von ihm besonders
beachtet und begrüßt zu werden, und der Ausruf: „Ein
wackerer Herr, ein braver Ritter!" jedem seiner Schritte
folgte.

Besonders freundlich schien er immer an einer Stelle zu
sein; wenn er vorübersprengte, so durfte man gewiß sein,
daß er dort mit dem Schwert oder der Haub herüber
grüßte und traulich nickte.

Die Hintersten stellten sich auf die Zehen, um den Gegen=
stand seiner freundlichen Winke zu sehen. Als Fronds=
berg wieder vorübersprengte und die Zeichen seiner Gnade
wiederholte, gaben wohl hundert Augen recht genau acht,

und es fand sich,[1] daß die Grüße einem großen, schlanken, jungen Manne gelten mußten, der in der vordersten Reihe der Zuschauer stand.

Der Jüngling schien aber zum Ärgerniß der guten Spießbürger[2] nicht sehr erfreut über die hohe Gnade, die ihm vor ihren Augen zu teil ward.[3] überdies errötete er bei jedem Gruß des Feldhauptmanns, dankte nur durch ein leichtes Neigen und sah ihm mit so düsteren Blicken nach, als gälte[4] es ein langes Scheiden und dieser Gruß wäre der letzte eines lieben Freundes gewesen.

„Ein sonderbarer Kauz der Junker dort," sagte der Obermeister[5] aller Ulmer Weber zu seinem Nachbar, einem wackeren Waffenschmied; „ich gäbe[6] mein Sonntagswams um einen solchen Gruß von dem Frondsberger, und dieser da muckt nicht darüber." „Ja," antwortete der Waffen= schmied, „ich wollt' dem Junker den Kopf beugen lernen,[7] wenn ich Herr wäre; aber glaubt mir, der da beugt seinen Nacken nicht, und wenn der Kaiser selbst käme. Er muß auch etwas Rechtes sein, denn der Ratsschreiber, mein Nach= bar, hat ihn in seiner Behausung."

„Der Kraft?" fragte der Weber verwundert. „Ei, ei! Aber halt, dahinter steckt ein Geheimniß. Das ist gewiß so ein junger Potentat[8] oder gar des Bürgermeisters von Köln sein Sohn,[9] der auch unter dem Heer mitreiten soll.[10] Steht nicht dort des Kraften alter Johann?"

„Weiß Gott,[11] er ist's," fiel der Waffenschmied ein, den die Vermutungen des Webers neugierig gemacht hatten; „er ist's, und ich will ihn beichten lassen."

Der Weber erwischte den alten Johann und zog ihn zu dem Schmied. Doch auch der alte Johann konnte wenig Bescheid geben, er wußte nichts, als daß sein Gast ein Herr von Sturmfeder sei.

Die Übungen des Fußvolkes waren indeß zu Ende ge=
gangen, das Volk verlief sich, und auch den jungen Mann
sah man seine Schritte der Stadt zuwenden; sein Gang
war langsam, sein Gesicht schien bleicher als sonst, seine
Blicke suchten noch immer den Boden oder schweiften mit   5
dem Ausdruck von Sehnsucht oder stillem Gram nach den
fernen blauen Bergen.

Noch nie hatte sich Georg von Sturmfeder so unglück=
lich gefühlt als in diesen Stunden. Marie war mit
ihrem Vater abgereist; sie hatte ihn noch einmal beschwören   10
lassen, seinem Versprechen treu zu sein, und wie unglücklich
machte ihn dieses Versprechen! Er hatte sich unter trüben
Gedanken langsam dem Thore der Stadt genähert, als er
sich plötzlich am Arm ergriffen fühlte; er sah sich um, ein
Mann, dem Anschein nach ein Bauer, stand vor ihm.   15

„Was willst du?“ fragte Georg, etwas unwillig, in
seinen Gedanken unterbrochen zu werden.

„Es kommt darauf an, ob Ihr auch der rechte seid,“
antwortete der Mann. „Sagt einmal, was gehört zu
L i c h t und S t u r m?“   20

Georg wunderte sich ob[1] der sonderbaren Frage und be=
trachtete jenen genauer. Er war nicht groß, aber kräftig;
seine Brust war breit, seine Gestalt gedrungen. Das Ge=
sicht, von der Sonne braun gefärbt, wäre flach und un=
bedeutend gewesen, wenn nicht ein eigener Zug von List   25
und Schlauheit um den Mund und aus den grauen Augen
Mut und Verwegenheit geleuchtet hätten. Sein Haar
und Bart war dunkelgelb und gerollt; er trug einen
langen Dolch im ledernen Gurt, in der einen Hand hielt
er eine Axt, in der andern eine runde, niedere Mütze von   30
Leder, wie man sie noch heute bei dem schwäbischen Land=
volk sieht.

Während Georg diese flüchtigen Bemerkungen machte, wurden auch seine Züge lauernd beobachtet.

„Ihr habt mich vielleicht nicht recht verstanden, Herr Ritter," fuhr jener nach kurzem Stillschweigen fort; „was paßt zu Licht und Sturm, daß es zwei gute Namen giebt?"

„Feder und Stein!" antwortete der junge Mann, dem es auf einmal klar wurde, was unter jener Frage verstanden sei;[1] „was willst du damit?"

„So seid Ihr Georg von Sturmfeder," sagte jener, „und ich komme von Marien von —"

„Um Gottes willen sei still, Freund, und nenne keinen Namen," fiel Georg ein, „sage schnell, was du mir bringst."

„Ein Brieflein, Junker!" sprach der Bauer, indem er die breiten, schwarzen Kniegürtel, womit er seine ledernen Beinkleider umwunden hatte, auflöste und einen Streifen Pergament hervorzog.

Mit hastiger Freude nahm Georg das Pergament; es waren wenige Worte, mit glänzend schwarzer Tinte geschrieben; den Zügen der Schrift sah man aber an, daß sie einige Mühe gekostet haben mochten, denn die Mädchen von 1519 waren nicht so flink mit der Feder, um ihre zärtlichen Gefühle auszudrücken, als die in unsern Tagen, wo jede Dorfschöne ihrem Geliebten zum Regiment eine Epistel, so lang als die dritte St. Johannis,[2] schreiben kann. Die Chronik, woraus wir diese Historie genommen, hat uns jene Worte aufbewahrt, welche Georgs gierige Blicke aus den verworrenen Zügen des Pergaments entzifferten:

„Bedenk' deinen Eid, — Flieh bei Zeit.
Gott dein Geleit. — Marie dein in Ewigkeit."

Ein freudiger, glänzender Blick, nach den fernen blauen Bergen hin, dankte der Geliebten für ihren tröstenden

Spruch; und wahrlich, er war auch zu keiner andern Zeit
nötiger gewesen als gerade jetzt, um den gesunkenen Mut
des jungen Mannes zu erheben. Der Schluß jener Zeilen
erhob sein Herz zur alten Freudigkeit, er bot dem guten
Boten die Hand, dankte ihm herzlich und fragte, wie er 5
zu diesen Zeilen gekommen sei.

„Dacht' ich's doch,"[1] antwortete dieser, „daß das Blätt=
chen keinen bösen Zauberspruch enthalten müsse; denn das
Fräulein lächelle so gar freundlich, als sie es mir in die
rauhe Hand drückte. Es war vergangenen Mittwoch, als 10

ich nach Blaubeuren kam, wo unſer Kriegsvolk ſtand. Es
iſt dort in der Kloſterkirche ein prächtiger Hochaltar,
worauf die Geſchichte meines Patrons, des Täufers Jo-
hannes, vorgeſtellt iſt. Vor ſieben Jahren, als ich in
großer Not und einem ſchmählichen Ende nahe war, gelobte ich alle Jahre um dieſe Zeit eine Wallfahrt dahin. So
hielt ich es alle Jahre ſeit der Zeit, da mich der Heilige
durch ein Wunder von Henkers Hand errettet hat. Wie ich
vom Gebet aufſtand, kommt mir ein feines Weibsbild[1] im
Schleier mit Brevier und Roſenkranz entgegen und ſpricht:
‚Ei, Hans, woher des Wegs?‘“[2]

„Woher kennt Euch denn das Fräulein?“ unterbrach ihn
Georg.

„Meine Schweſter iſt ihre Amme und —“

„Wie, die alte Roſe iſt Eure Schweſter?“ rief der junge
Mann.

„Habt Ihr ſie auch gekannt?“ ſagte der Bote. „Ei, ſeh’
doch einer![3] Aber daß ich weiter ſage: Ich hatte eine große
Freude, ſie wieder zu ſehen, denn ich beſuchte meine
Schweſter häufig in Lichtenſtein und habe das Fräulein
gekannt. Aber ich hätte ſie kaum wieder erkannt, ſo groß
war ſie geworden, und die roten Wangen ſind auch weg
wie der Schnee am erſten Mai. Ich weiß nicht, wie es
ging, aber mich dauerte ihr Anblick in der Seele, und ich
mußte fragen, was ihr fehle, und ob ich ihr nicht etwas[4]
helfen könne? Sie beſann ſich eine Weile, und ſagte dann:
‚Ja, wenn du verſchwiegen wäreſt, Hans, könnteſt du mir
wohl einen großen Dienſt leiſten!‘ Ich ſagte zu, und ſie
beſtellte mich bis nach der Veſper.“

„Aber wie kommt ſie nur in das Kloſter?“ fragte Georg.
„Sonſt darf ja doch kein Weiberſchuh über die Schwelle.“

„Der Abt iſt mit ihrem Vater befreundet, und da ſo

viel Volk in Blaubeuren liegt, so ist sie dort besser auf=
gehoben als im Städtchen, wo es toll genug zugeht. Nach
der Vesper, als alles still war, kam sie ganz leise in den
Kreuzgang. Ich sprach ihr Mut zu, wie es eben unser=
eins[1] versteht, da gab sie mir dies Blättchen und bat mich,
Euch aufzusuchen."

„Ich danke dir herzlich, guter Hans," sagte der Jüng=
ling. „Aber hat sie dir sonst nichts an mich aufgetragen?"

„Ja," antwortete der Bote, „mündlich hat sie mir noch
etwas aufgetragen; Ihr sollt Euch hüten, man habe etwas
mit Euch vor."

„Mit mir?" rief Georg, „das hast du nicht recht gehört,
wer und was soll man mit mir vorhaben?"

„Da fragt Ihr mich zu viel," entgegnete jener; „aber
wenn ich es sagen darf, so glaube ich, die Bündischen. Das
Fräulein setzte noch hinzu, ihr Vater habe davon ge=
sprochen, und hat nicht der Frondsberg Euch heute zu=
gewinkt und Euch geehrt wie des Kaisers Sohn, daß sich
jedermann darob verwunderte? Glaubt nur, es hat allemal
etwas zu bedeuten, wenn solch ein Herr so freundlich ist."

Georg war überrascht von der richtigen Bemerkung des
schlichten Bauers; er entsann sich auch, daß Mariens Vater
tief in die Geheimnisse der Bundesobersten eingedrungen
sei und vielleicht etwas erfahren habe, was sich zunächst
auf ihn bezöge. Aber er mochte sinnen, wie er wollte, so
konnte er doch nichts finden, was zu dieser geheimnisvollen
Warnung Mariens gepaßt hätte. Mit Mühe riß er sich
aus diesem Gewebe von Vermutungen, indem er den Boten
fragte, wie er ihn so schnell gefunden habe?

„Dies wäre ohne Frondsberg so bald nicht geschehen,"
antwortete er; „ich sollte Euch bei Herrn Dietrich von
Kraft aufsuchen. Wie ich aber die Straße hereinging, da

sah man viel Volk auf den Wiesen. Ich dachte, eine halbe
Stunde mache nichts aus, und stellte mich auch hin, um
das Fußvolk zu betrachten. Wahrlich, der Frondsberg hat
es weit gebracht. — Nun, da war mir's, als hörte ich nahe
bei mir Euren Namen nennen; ich sah mich um, es waren
drei alte Männer, die sprachen von Euch und deuteten auf
Euch hin, ich aber merkte mir Eure Gestalt und folgte
Euren Schritten, und weil ich meiner Sache doch nicht
ganz gewiß war, so gab ich Euch das Rätsel von Sturm
und Licht auf."

   „Das hast du klug gemacht," sagte Georg lächelnd;
„aber dennoch komm in mein Haus, daß man dir etwas
zu essen reiche. Wann kehrst du wieder heim?"

   Hans bedachte sich eine Weile; endlich aber sagte er,
indem ein schlaues Lächeln um seinen Mund zog: „Nichts
für ungut, Junker; aber ich habe dem Fräulein versprechen
müssen, nicht eher von Euch zu weichen, als bis Ihr dem
bündischen Heere Valet gesagt habt."

   „Und dann?" fragte Georg.

   „Und dann gehe ich stracks nach Lichtenstein und bringe
ihr die gute Nachricht von Euch; wie wird sie sich sehnen!
Alle Tage steht sie wohl im Gärtchen auf dem Felsen
und sieht ins Thal hinab, ob der alte Hans noch nicht
kommt!"

   „Die Freude soll ihr bald werden," antwortete Georg,
„vielleicht reite ich schon morgen, und dann schreibe ich vor=
her noch ein Brieflein."

   „Aber greifet es doch klug an," sagte der Bote, „das
Pergament darf nicht breiter sein als jenes, das ich brachte;
denn ich muß es wieder im Kniegürtel verstecken. Man
weiß nicht, was einem in so unruhiger Zeit begegnen
kann, und dort sucht es niemand."

„Es sei so," antwortete Georg, indem er aufstand. „Für
jetzt lebe wohl; um Mittag komme zu Herrn von Kraft,
nicht weit vom Münster. Gieb dich für meinen Landsmann aus Franken aus, denn die Ulmer sind den Württembergern nicht grün."[1]

„Sorgt nicht, Ihr sollt zufrieden sein," rief Hans dem
Scheidenden zu.

9.

Georg war anfangs bange, wie sich sein neuer Be-
kannter in dem Kraftischen Hause benehmen werde. Er
fürchtete nicht ohne Grund, jener möchte sich durch seine
Mundart, durch unbedachte Äußerungen verraten, was
ihm höchst unangenehm gewesen wäre; denn je fester er
bei sich beschlossen hatte, das Bundesheer in den nächsten
Tagen zu verlassen, um so weniger mochte er in den Ver-
dacht geraten, in Verbindung mit Württemberg zu stehen.

Und doch, wenn er sich das kühne Auge, die kluge, ver-
schlagene Miene des Mannes ins Gedächtnis rief, glaubte
er hoffen zu dürfen, daß Marie, obgleich ihr keine große
Wahl übrig blieb, keinem unsicheren Mann diese Botschaft
anvertraut haben könnte.

Und wirklich traute er seinem Auge, seinem Ohr kaum,
als ihm um Mittag ein Landsmann aus Franken gemeldet
und sein Liebesbote hereingeführt ward. Welche Gewalt
mußte dieser Mensch über sich haben! Es war derselbe,
und doch schien er ein ganz anderer. Er ging gebückt, die
Arme hingen schlaff an dem Körper herab, selten schlug er
die Augen auf, sein Gesicht hatte einen Ausdruck von
Blödigkeit, der Georg ein unwillkürliches Lächeln ab-

nötigte. Und als er dann zu sprechen anfing, als er ihn
in fränkischer Mundart begrüßte und mit der geläufigen
Zunge eines gebornen Franken dem Herrn von Kraft auf
seine mancherlei Fragen antwortete, da kam er in Ver-
5 suchung, an übernatürliche Dinge zu glauben. Als er mit
dem Boten auf seinem Zimmer allein war, und ihn der
gute Schwabe von seiner Persönlichkeit versicherte, da
konnte er ihm seine Bewunderung nicht versagen über die
Rolle, die er so gut gespielt.

10   „Glaubt deshalb nicht minder an meine Ehrlichkeit,“
antwortete der Bauer; „man wird oft genötigt, von
Jugend auf durch solche Künste sich fortzuhelfen, sie schaden
keinem, und thun doch dem gut, der sie kann.“

Georg versicherte, ihm nicht minder zu trauen als vor-
15 her, der Bote aber bat bringend, er möchte doch jetzt auch
auf seine Abreise denken, er möchte bedenken, wie sehr sich
das Fräulein nach dieser Nachricht sehne, daß er nicht früher
heimkehren dürfe, als bis er diese Gewißheit bringen köune.

Georg antwortete ihm, daß er nur noch den Abmarsch
20 des Bundesheeres abwarten wolle, um in seine Heimat zu-
rückzukehren.

„O, da braucht Ihr nicht mehr lange zu warten,“ antwortete der Bote; „wenn sie morgen nicht aufbrechen, so ist
es übermorgen, denn das Land ist offen bis ins Herz
25 hinein. Ich darf Euch trauen, Junker, darum sag’ ich
Euch dies.“

„Ist es denn wahr, daß die Schweizer abgezogen sind,“
fragte Georg, „und daß der Herzog keine Feldschlacht mehr
liefern kann?“

30   Der Bote warf einen lauernden Blick im Zimmer umher, öffnete behutsam die Thür, und als er sah, daß kein
Lauscher in der Nähe sei, begann er:

„Herr! Schon unterwegs waren mir auf der Alp große
Scharen der heimziehenden Schweizer begegnet; ihre Räte
und Landammänner hatten sie heimgerufen; bei Blau=
beuren standen aber noch über achttausend Mann, jedoch
lauter¹ gute Württemberger und nichts anderes drunter." 5

„Und der Herzog," unterbrach ihn Georg, „wo war denn
dieser?"

„Der Herzog hatte in Kirchheim zum letzenmal mit den
Schweizern unterhandelt, aber sie zogen ab, weil er sie nicht
bezahlen konnte. Da kam er gen Blaubeuren, wo sich sein 10
Landvolk gelagert hatte. Gestern morgen wurde durch
Trommelschlag bekannt gemacht, daß sich bis neun Uhr
alles Volk auf den Klosterwiesen einstellen solle. Es waren
viele Männer, die dort versammelt waren, aber jeder dachte
ein und dasselbe. Seht, Junker! der Herzog Ulrich ist ein 15
gestrenger Herr und weiß den Bauer nicht für sich zu
gewinnen. Aber wenn ein solcher Herr im Unglück ist, da
ist es gleich ein anderes Ding. Jetzt fiel uns allen nur
ein, daß er ein tapferer Mann und unser unglücklicher
Herzog sei, dem man das Land mit Gewalt entreißen 20
wolle. Es ging ein Gemurmel unter uns, der Herzog
wolle eine Schlacht liefern, und jeder drückte das Schwert
fester in der Hand, grimmig schüttelten sie ihre Speere und
riefen den Bündlern Verwünschungen zu. Da kam der
Herzog —" 25

„Du sahst den Herzog, du kennst ihn?" rief Georg neu=
gierig. „O sprich, wie sieht er aus?"

„Ob ich ihn kenne?" sagte der Bote mit sonderbarem
Lächeln. „Wahrhaftig, ich sah ihn, als es ihm nicht wohl
war, mich zu sehen. Der Herr ist noch ein junger Mann, 30
wenn es viel ist, ist er zweiunddreißig Jahre.² Er ist
stattlich und kräftig, und man sieht ihm an, daß er die

Waffen zu führen weiß. Augen hat er wie Feuer, und es
lebt keiner, der ihm lange hineinſchaute. — Der Herzog trat
in den Kreis, den das bewaffnete Volk geſchloſſen hatte,
und es war Totenſtille unter den vielen Menſchen. Mit
5 vernehmlicher Stimme ſprach er, daß er ſich, alſo verlaſſen,
nimmer zu helfen wüßte. Diejenigen, worauf er gehofft,
ſeien ihm benommen, ſeinen Feinden ſei er ein Spott; denn
ohne die Schweizer könne er keine Schlacht wagen. Da
trat ein alter, eisgrauer Mann hervor, der ſprach: ‚Herr
10 Herzog! Habt Ihr unſern Arm ſchon verſucht, daß Ihr die
Hoffnung aufgebt? Schaut, dieſe alle wollen für Euch
blnten; ich habe Euch auch meine vier Buben mitgebracht, hat jeder¹ einen Spieß und ein Meſſer, und ſo
ſind hier viele Tauſend; ſeid Ihr des Landes ſo müde,
15 daß Ihr uns verſchmäht?‘ Da brach dem Ulrich das Herz;
er wiſchte ſich Thränen aus dem Auge und bot dem Alten
ſeine Hand. ‚Ich zweifle nicht an eurem Mut,‘ ſprach er
mit lauter Stimme; ‚aber wir ſind unſerer² zu wenig, ſo
daß wir nur ſterben können, aber nicht ſiegen. Geht nach
20 Haus, ihr guten Leute, und bleibet mir treu. Ich muß
mein Land verlaſſen und im bittern Elend ſein. Aber mit
Gottes Hilfe hoffe ich auch wieder hereinzukommen.‘ So
ſprach der Herzog, unſere Leute aber weinten und knirſchten
mit den Zähnen und zogen ab in Trauer und Unmut.“

25   „Und der Herzog?“ fragte Georg.

„Von Blaubeuren iſt er weggeritten, wohin, weiß man
nicht. In den Schlöſſern aber liegt die Ritterſchaft, ſie
zu verteidigen, bis der Herzog vielleicht andere Hilfe bekommt.“ —

30   Der alte Johann unterbrach hier den Boten und meldete,
daß der Junker auf zwei Uhr in den Kriegsrat beſchieden
ſei, der in Frondsbergs Quartier gehalten werde. Georg

war nicht wenig erstaunt über diese Nachricht; was konnte
man von ihm im Kriegsrat wollen? Sollte Frondsberg
schon ein Mittel gefunden haben, ihn zu empfehlen?

„Nehmt Euch in acht, Junker," sprach der Bote, als der
alte Johann das Gemach verlassen hatte, „und bedenkt das
Versprechen, das Ihr dem Fräulein gegeben; vor allem
erinnert Euch, was sie Euch sagen ließ: Ihr sollt Euch
hüten, weil man etwas mit Euch vorhabe. Mir aber erlaubt, als Euer Diener in diesem Haus zu bleiben; ich kann
Euer Pferd besorgen und bin zu jedem Dienst erbötig."

Georg nahm das Anerbieten des treuen Mannes mit
Dank an, und Hans trat auch sogleich in seinen Dienst, und
bat ihn noch unter der Thür, seines Schwures und jener
Warnung eingedenk zu sein.

Dem unbegreiflichen Ruf in den Kriegsrat und der sonderbar zutreffenden Warnung Mariens nachsinnend, ging
Georg dem bezeichneten Hause zu; man wies ihn dort eine
breite Wendeltreppe hinan, wo er in dem ersten Zimmer
rechts die Kriegsobersten versammelt finden sollte. Aber
der Eingang in dieses Heiligtum ward ihm nicht so bald
verstattet; ein alter bärtiger Kriegsmann gab ihm den
schlechten Trost, es könne höchstens noch eine halbe Stunde
dauern, bis er vorgelassen werde. Wer je in besorgter
Erwartung einsam und allein auf der Marterbank eines
Vorzimmers saß, der kennt die Qual, die Georg aus-
zustehen hatte.

„Georg von Frondsberg läßt Euch seinen Gruß vermelden," sprach der alte Kriegsmann, der nach langer Zeit
wieder zu Georg kam, „es könne vielleicht noch eine Weile
dauern; doch sei dies ungewiß, darum sollet Ihr hier
bleiben. Er schickt Euch hier einen Krug Wein zum
Vespern."

Der Diener setzte den Wein auf den breiten Fenstersims des Zimmers, und verließ das Gemach. Georg sah ihm staunend nach; er hätte dies nicht für möglich gehalten; über eine Stunde war schon verschwunden, und noch nicht? Er griff zu dem Wein, er war nicht übel, aber wie konnte ihm in seiner traurigen Einsamkeit das Glas munden?

Es ist ein gewöhnlicher Fehler junger Leute in Georgs Jahren, daß sie sich für wichtiger halten, als es ihre Stellung in der Welt eigentlich mit sich bringt. Der gereiftere Mann wird eine Beeinträchtigung seiner Würde eher verschmerzen oder wenigstens sein Mißfallen zurückhalten, während der Jüngling, empfindlicher über den Punkt der Ehre, leichter und schneller aufbraust. Kein Wunder daher, daß Georg, als er nach zwei tötlich langen Stunden in den Kriegsrat abgeholt wurde, nicht in der besten Laune war. Er folgte schweigend dem ergrauten Führer, der ihn hieher geleitet hatte.

An der Thür wandte sich jener um und sagte freundlich: „Verschmäht den Rat eines alten Mannes nicht, Junker, und legt die trotzige, finstere Miene ab; es thut nicht gut bei den gestrengen Herren da drinnen."

Georg dankte ihm, ergriff dann rasch die gewaltige eiserne Thürklinke, und die schwere eichene Zimmerthür drehte sich ächzend auf.

Um einen großen, schwerfälligen Tisch saßen acht ältliche Männer, die den Kriegsrat des Bundes bildeten. Einige davon kannte Georg. Jörg[1] Truchseß, Freiherr von Waldburg, nahm als Oberst-Feldleutnant den obersten Platz an dem Tische ein, zu beiden Seiten von ihm saßen Frondsberg und Franz von Sickingen, von den übrigen kannte er keinen als den alten Ludwig von Hutten.

Georg war an der Thür stehen geblieben, Frondsberg

aber winkte ihm freundlich näher zu kommen. Er trat bis
an den Tisch und überschaute nun mit dem freien, kühnen
Blick, der ihm so eigen war, die Versammlung. Aber auch
er wurde von den Versammelten beobachtet, und es schien,
als fänden[1] sie Gefallen an dem schönen, hochgewachsenen
Jüngling, denn mancher Blick ruhte mit Wohlwollen auf
ihm, einige nickten ihm sogar freundlich zu.

Der Truchseß von Waldburg hob endlich an: „Georg
von Sturmfeder, wir haben uns sagen lassen, Ihr seiet
auf der Hochschule in Tübingen gewesen, ist dem[2] also?“

„Ja, Herr Ritter,“ antwortete Georg.

„Seid Ihr in der Gegend von Tübingen genau be=
kannt?“ fuhr jener fort.

Georg errötete bei dieser Frage; er dachte an die Geliebte,
die ja nur wenige Stunden von jener Stadt entfernt auf
ihrem Lichtenstein war; doch er faßte sich bald und sagte:
„Sie ist mir im allgemeinen bekannt.“

„Wir haben beschlossen,“ fuhr Truchseß fort, „einen
sicheren Mann in jene Gegend zu schicken, auszukund=
schaften, was der Herzog von Württemberg bei unserem
Anzug thun wird. Es soll auch über die Befestigung des
Schlosses Tübingen, über die Stimmung des Landvolkes
in jener Gegend genaue Nachricht eingezogen werden; ein
solcher Mann kann dem Württemberger durch Klugheit
und List mehr Abbruch thun als hundert Reiter, und wir
haben — Euch dazu ausersehen.“

„Mich?“ rief Georg voll Schrecken.

„Euch, Georg von Sturmfeder; zwar gehört Übung und
Erfahrung zu einem solchen Geschäft, aber was Euch daran
abgeht, möge Euer Kopf ersetzen.“

Man sah dem Jüngling an, daß er einen heftigen Kampf
mit sich kämpfte. Die Warnung Mariens war ihm jetzt

auf einmal klar; aber wie feſt er auch[1] bei ſich beſchloß, den
Antrag auszuſchlagen, wie erwünſcht beinahe dieſe Ge=
legenheit erſchien, um dem Bunde zu entſagen, ſo kam
ihm die Entſcheidung doch zu überraſchend, er ſcheute ſich,
vor den berühmten Männern ſeinen Entſchluß auszu=
ſprechen.

Der Truchſeß rückte ungebulbig auf ſeinem Stuhl hin
und her, als der junge Mann ſo lange mit ſeiner Antwort
zögerte: „Nun, wird's bald? Warum beſinnet Ihr Euch ſo
lange?" rief er ihm zu.

„Verſchonet mich mit dieſem Auftrag," ſagte Georg nicht
ohne Zagen; „ich kann, ich darf nicht."

Die alten Männer ſahen ſich erſtaunt an, als trauten
ſie ihren Ohren nicht. „Ihr dürft nicht, Ihr könnt nicht?"
wiederholte Truchſeß langſam, und eine dunkle Röte, der
Vorbote ſeines aufſteigenden Zornes, lagerte ſich auf ſeine
Stiru und um ſeine Augen.

Georg ſah, daß er ſich in ſeinen Ausbrücken übereilt
habe; er ſammelte ſich und ſprach mit freierem Mute: „Ich
habe Euch meine Dienſte angeboten, um ehrlich zu fechten,
nicht aber, um mich in Feindesland zu ſchleichen und hinter=
rücks nach ſeinen Gedanken zu ſpähen. Es iſt wahr, ich
bin jung und unerfahren, aber ſo viel weiß ich doch, um
mir von meinen Schritten Rechenſchaft geben zu können;
und wer von Euch, der Vater eines Sohnes iſt, möchte
ihm zu ſeiner erſten Waffenthat raten, den Kundſchafter zu
machen?"

Der Truchſeß zog die dunkeln, buſchigen Augenbrauen
zuſammen und ſchoß einen durchbringenden Blick auf den
Jüngling, der ſo kühn war, anderer Meinung zu ſein als
er. „Was fällt Euch ein, Junker!" rief er. „Eure Reden
helfen Euch jetzt nicht, es handelt ſich nicht darum, ob es

sich mit Eurem kindischen Gewissen verträgt, was wir Euch
auftragen; es handelt sich um Gehorsam, wir wollen es,
und Ihr müßt!"

„Und ich will nicht!" entgegnete ihm Georg mit fester
Stimme. Er fühlte, daß mit dem Zorn über Wald= 5
burgs beleidigenden Ton sein Mut von Minute zu Minute
wachse, und jetzt glaubte er sich jeder Entscheidung ge=
wachsen.

„Ja freilich, freilich!" lachte Waldburg in bitterem
Grimm, „das Ding hat Gefahr, so allein in Feindesland 10
herumzureiten. Ha! Ha! Da kommen die Junker von
Habenichts und Binnichts, und bieten mit großen Worten
und erhabenen Gesichtern ihren Kopf und ihren tapfern
Arm an, und wenn es drauf und dran kommt, wenn man
etwas von ihnen haben will, so fehlt es an Herz. Doch Art 15
läßt nicht von Art, der Apfel fällt nicht weit vom Stamm
— und wo nichts ist, da hat der Kaiser das Recht verloren.[1]
Was braucht es da das lange Schwatzen? Ich will wissen,
Junkerlein, ob Ihr morgen Euer Pferd satteln und Euch
nach unseren Befehlen richten wollt oder nicht!" 20

„Herr Truchseß," antwortete Georg mit mehr Ruhe, als
er sich selbst zugetraut hatte, „Ihr habt durch Eure scharfen
Reden nichts gezeigt, als daß Ihr wenig wisset, wie man
mit einem Edelmann, der dem Bunde seine Dienste anbot,
wie man mit dem Sohn meines tapfern Vaters reden 25
müsse. Ihr habt aber als Oberster dieses Rates im Namen
des Bundes zu mir gesprochen und mich so tief beleidigt,
als ob ich Euer ärgster Feind wäre, darum kann ich nichts
thun als, wie Ihr selbst befehlet, mein Roß satteln, aber
gewiß nicht zu Eurem Dienst. Es ist mir nicht länger 30
Ehre, diesen Fahnen zu folgen, nein, ich sage mich los und
ledig von Euch für immer; gehabt Euch wohl!"

Der junge Mann hatte mit Nachdruck und Festigkeit ge=
sprochen und wandte sich, zu gehen.

„Georg," rief Frondsberg, indem er aufsprang, „Sohn
meines Freundes! —"

5 „Nicht so rasch, Junker!" riefen die übrigen und warfen
mißbilligende Blicke auf Waldburg; aber Georg war, ohne
sich umzusehen, aus dem Gemach geschritten, die eiserne
Klinke schlug klirrend ins Schloß, und die gewaltigen
Flügel der eichenen Pforte lagerten sich zwischen ihm und
10 dem wohlmeinenden Nachruf der besser gesinnten Männer;
sie schieden Georg von Sturmfeder auf ewig von dem
schwäbischen Bunde.

10.

Georg fühlte sich leichter, als er auf seinem Zimmer
über das Vorgefallene nachdachte. Jetzt war ja entschieden,
15 was zu e n t s c h e i d e n er so lange gezögert hatte, ent=
schieden auf eine Weise, wie er sie besser nicht hätte wün=
schen können. So hatte er jetzt einen guten Grund, das
Heer sogleich zu verlassen, und der Oberst=Feldleutnant
mußte die Schuld sich selbst beimessen.

20 Jene Heiterkeit, die, seit er wußte, wie furchtbar sich das
Geschick zwischen ihn und die Geliebte stellte, einem trüben
Ernst gewichen war, kehrte wieder auf seine Stirne, um
seinen Mund zurück; er sang sich ein frohes Lied, wie in
seinen f r o h e s t e n Augenblicken. —

25 Erstaunt betrachtete ihn der eintretende Herr von Kraft.
„Nun, das ist doch sonderbar," sagte er; „ich eile nach
Haus, um meinen Gast in seinem gerechten Schmerz zu

trösten, und finde ihn so fröhlich wie nie; wie reime ich
das zusammen?"

„Habt Ihr noch nie gehört, Herr Dietrich," entgegnete
Georg, der für geratener hielt, seine Fröhlichkeit zu ver=
bergen, „habt Ihr nie gehört, daß man auch aus Zorn
lachen und im Schmerz singen kann?"

„Gehört hab' ich es schon, aber gesehen nie bis zu diesem
Augenblick," antwortete Kraft.

„Nun, und Ihr habt also auch von der verdrießlichen
Geschichte gehört?" fragte Georg. „Man erzählt es sich
gewiß schon auf allen Straßen?"

„O nein," antwortete der Ratsschreiber, — aber nehmt
mir's nicht übel, Ihr habt da einen dummen Streich ge=
macht!"

„So?" antwortete Georg lächelnd.

„Wie habt Ihr Euch den Oberst=Feldleutnant so zum
Feinde machen mögen? Denn daß dieser Euch das Ge=
schehene in seinem Leben nicht verzeiht, dürft Ihr gewiß sein."

„Das ist mein geringster Kummer," antwortete Georg.
„Ich will den Herrn Truchseß von meinem verhaßten
Aublick bald befreien. So Gott will, habe ich die Sonne
zum letztenmal in Ulm untergehen sehen![1] Ich gedenke
mit Anbruch des Morgens zu reiten."

„Nun, und kann man Euch Grüße mitgeben?" fragte
der Ratsschreiber mit überaus schlauem Lächeln. „Ihr
reitet doch den nächsten Weg nach Lichtenstein?"

Der junge Mann errötete bis in die Stirne hinauf. „Ich
sehe," sagte er, „daß Ihr mich doch falsch verstehet. Wie
möget Ihr nur so schlimm von mir denken!"

„Ach, geht mir doch!"[2] entgegnete der kluge Rats=
schreiber. „Niemand anders als mein reizendes Bäschen
hat Euch von uns abwendig gemacht."

Georg mochte sich verteidigen wie er wollte, der Rats=
schreiber war zu fest von seiner eigenen Klugheit über=
zeugt, als daß er sich diese Meinung hätte ausreden lassen.[1]
Er fand diesen Schritt auch ganz natürlich und sah nichts
5 Böses oder Unehrliches darin. Mit einem herzlichen Gruß
an die Base in Lichtenstein verließ er das Zimmer seines
Gastes.

Georg schnallte sein Schwert um und wollte eben seinen
Mantel zurechtlegen, als ein sonderbares Geräusch seine
10 Aufmerksamkeit auf sich zog. Schwere Tritte vieler Men=
schen näherten sich seiner Thür, aber noch ehe er die Thür
erreicht hatte, ging diese auf. Das matte Licht einiger
Kerzen ließ ihn mehrere bewaffnete Kriegsknechte sehen,
die seine Thür umstellt hatten. Jener alte Kriegsmann,
15 der ihn heute vor dem Kriegsrat empfangen hatte, trat
aus ihrer Mitte hervor.

„Georg von Sturmfeder!" sprach er zu dem Jüngling,
der mit Staunen zurücktrat, „ich nehme Euch auf Befehl
eines hohen Bundesrats gefangen."

20 „Mich? Gefangen?" rief Georg mit Schrecken. „Warum?
Wessen beschuldigt man mich denn?"

„Das ist nicht meine Sache," antwortete der Alte
mürrisch, doch wird man Euch vermutlich nicht lange in
Ungewißheit lassen. Jetzt aber seid so gut und reicht mir
25 Euer Schwert und folget mir auf das Rathaus."

„Wie? Euch soll ich mein Schwert geben?" entgegnete der
junge Mann mit dem Zorn beleidigten Stolzes. „Wer seid
Ihr, daß Ihr mir meine Waffen abfordern könnet? Da
muß der Rat ganz andere Leute schicken als Euch, so viel
30 verstehe ich auch von Eurem Handwerk!"

„Um Gottes Willen, gebt doch nach," rief der Rats=
schreiber, der sich bleich und verstört an seine Seite ge=

drängt hatte. „Gebt nach! Widerstand kann Euch wenig nützen. Ihr habt es mit dem Truchseß zu thun," flüsterte er heimlicher. „Das ist ein böser Feind, bringt ihn nicht noch ärger gegen Euch auf."

Der alte Kriegsmann unterbrach die Einflüsterungen des Ratsschreibers. „Es ist wahrscheinlich das erste Mal, Junker," sagte er, „daß Ihr in Haft genommen werdet, deswegen verzeihe ich Euch gern die unziemlichen Worte gegen einen Mann, der oft in einem Zelt mit Eurem Vater schlief. Euer Schwert möget Ihr auch immerhin behalten. Ich kenne diesen Griff und diese Scheide und habe den Stahl, den sie verschließt, manchen rühmlichen Kampf aus= fechten sehen. Es ist löblich, daß Ihr viel darauf haltet und es nicht in jede Haud kommen lassen möget; aber aufs Rathaus müßt Ihr mit,¹ denn es wäre thöricht, wenn Ihr der Gewalt Trotz bieten wolltet."

Der Jüngling, dem alles wie ein Traum erschien, ergab sich schweigend in sein Schicksal, er trug dem Ratsschreiber heimlich auf, zu Frondsberg zu gehen und diesen von seiner Gefangenschaft zu unterrichten. Er wickelte sich tiefer in seinen Mantel, um auf der Straße bei diesem unange= nehmen Gang nicht erkannt zu werden, und folgte dem ergrauten Führer und seinen Landsknechten.

11.

Die Truppe, den Gefangenen² in der Mitte, bewegte sich schweigend dem Rathaus zu. Georg dachte nicht ohne Grauen an einen feuchten, unreinlichen Kerker. Das

Burgverließ in seinem alten Schloße, das er als Knabe
einmal besucht hatte, kam ihm immer vor das Auge.[1]

Nicht wenig war er daher überrascht, als man ihn in
ein geräumiges, schönes Zimmer führte, das zwar nicht sehr
5 wohnlich aussah, aber in Vergleichung mit den Bildern
seiner Phantasie eher einem Prunkgemach als einem Gefäng=
nis glich. Ein kleiner, hagerer, sehr ältlicher Manu trat ein.
Der große Schlüsselbund, welcher an seiner Seite hing,
gab ihn als den Schließer kund. Er legte schweigend
10 einige große Scheite Holz ins Kamin, und bald loderte ein
behagliches Feuer auf. Der Schließer breitete eine große
wollene Decke auf die Bretter der breiten, leeren Bettstelle,
und das erste Wort, das Georg aus seinem Munde hörte,
war die freundliche Einladung an den Gefangenen, sich's
15 bequem zu machen.

„Hier war wohl seit langer Zeit niemand?" fragte
Georg, indem er das öde Gemach musterte.

„Der letzte war vor sieben Jahren ein Herr von Berger,
er ist in jenem Bett verschieden. Gott sei seiner armen
20 Seele gnädig! Es schien ihm aber hier zu gefallen, denn
er ist schon in mancher Mitternacht aus seiner Bahre
heraufgestiegen, um sein altes Zimmer zu besuchen."

„Wie?" sagte Georg lächelnd, „hieher soll er sich nach
seinem Tode noch bemüht haben?"

25 Der Schließer warf einen scheuen Blick in die Ecken des
Zimmers und brummte: „Man spricht so mancherlei."

„Und auf jener Decke ist er verschieden?" rief Georg,
den bei allem jugendlichen Mut doch ein unwillkürlicher
Schauder überlief.

30 „Ja, Herr!" flüsterte der Schließer leise, „dort auf jener
Decke ist er abgefahren. Wir nennen deswegen die Decke
nur das Leichentuch, das Zimmer aber heißt des Ritters

Totenkammer!“ Mit leisen Schritten schlich er dann aus
dem Gemach.

„Also auf dem Leichentuch in des Ritters Toten=
kammer?“ dachte Georg und fühlte, wie sein Herz lauter
pochte. Er war unschlüssig, ob er sich auf das Leichen=
tuch legen sollte oder nicht. Er begann sich aber dieses
Zögerns zu schämen, und bald nahm ihn das gastliche
Lager des Verstorbenen auf.

Auch das härteste Lager ist weich für den, der mit
gutem Gewissen zur Ruhe geht. Aus dem Leichentuch
stiegen aber wunderliche Träume auf und lagerten sich
bange über den jungen Manu. Er sah deutlich, wie der
alte Schließer zu dem großen Schlüsselloch hereinguckte
und sich segnete, daß er auf der andern Seite der Thür
stehe. Es fing an, wunderlich umher zu rauschen. Georg
glaubte zu träumen; er ermannte sich, er horchte, er horchte
wieder, aber es war keine Täuschung. Schwere Schritte
tönten im Gemach. Die Schritte kommen näher, das
Leichentuch wird angefaßt und geschüttelt. Georg, von
unabwendbarer Furcht befallen, drückt die Augen zu, aber
als die Decke gerade neben seinem Haupte gefaßt wurde,
als eine kalte, schwere Haud sich auf seine Stirne legte,
da riß er sich los aus seiner Angst, er sprang auf und
maß mit ungewissen Blicken jene dunkle Gestalt, die jetzt
dicht vor ihm stand. Hell flackerten die Flammen im Ka=
mine, sie beleuchteten die wohlbekannten Züge Georgs von
Frondsberg.

„Ihr seid es, Herr Feldhauptmann?“ rief Georg, indem
er freier atmete und seinen Mantel zurecht legte, um den
Ritter nach Würde zu empfangen.

„Bleibt, bleibt,“ sagte jener und drückte ihn sanft auf
sein Lager nieder. „Ich setze mich zu Euch auf das Bett,

und wir plaudern noch ein halb[1] Stündchen." Er faßte
Georgs Hand und setzte sich zu seinen Füßen auf das Bett.

„O, wie kann ich diese milde Nachsicht verdienen!" sprach
Georg, „stehe ich nicht in Euren Augen als ein Undank=
5 barer da, der Euer Wohlwollen zurückstößt und, was
Ihr gütig für ihn angesponnen, mit rauher Hand zer=
reißt?"

„Nein, mein junger Freund!" antwortete der freund=
liche Mann, „du stehst vor meinen Augen als der echte
10 Sohn deines Vaters. Gerade so schnell fertig mit Lob
und Tadel, mit Entschluß und Rede war er. Daß er ein
Ehrenmann dabei war, weiß ich wohl, aber ich weiß auch,
wie unglücklich ihn sein schnelles Aufbrausen, sein Trotz,
den er für Festigkeit ausgab, machten."

15 „Aber sagt selbst, edler Herr!" entgegnete Georg.

„Konnte ich heute anders haudeln? Hatte mich nicht der
Truchſeß aufs Äußerſte gebracht?"

„Du konnteſt anders handeln, wenn du die Weiſe und
Art dieſes Mannes beachteteſt, welche ſich dir letzthin ſchon
kundgab. Auch hätteſt du denken können, daß Leute genug   5
da waren, die dir kein Unrecht geſchehen ließen. Du aber
ſchütteteſt das Kind mit dem Bade aus[1] und lieſſt weg."

„Das Alter ſoll kälter machen," erwiderte der junge
Mann, „aber in der Jugend hat man heißes Blut. Ich
kann alles ertragen, Härte und Strenge, wenn ſie gerecht   10
ſind und meine Ehre nicht kränken. Aber kalter Spott,
Hohn über das Unglück meines Hauſes kann mich zum
wütenden Wolf machen. Wie kann ein ſo hoher Mann nur
Freude daran haben, einen ſo zu quälen?"

„Auf dieſe Art äußert ſich immer ſein Zorn," belehrte   15
ihn Frondsberg. „Je kälter und ſchärfer er aber von außen
iſt, deſto heißer kocht in ihm die Wut. Er war es, der auf
den Gedanken kam, dich nach Tübingen zu ſenden, teils
weil er ſonſt keinen wußte, teils auch, um das Unrecht, das
er dir angethan, wieder gut zu machen; denn in ſeinem   20
Sinn war dieſe Sendung höchſt ehrenvoll. Du aber haſt
ihn durch deine Weigerung gekränkt und vor dem Kriegs=
rat beſchämt."

„Wie?" rief Georg. „Der Truchſeß hat mich vorge=
ſchlagen? So kam alſo jene Sendung nicht von Euch?"   25

„Nein," gab ihm der Feldhauptmann mit geheimnis=
vollem Lächeln zur Antwort, „nein! Ich habe ihm ſogar
mit aller Mühe abgeraten, dich zu ſenden, aber es half
nichts, denn die wahren Gründe konnte ich ihm doch nicht
ſagen. Ich wußte, ehe du eintratſt, daß du dich weigern   30
würdeſt, dies Amt anzunehmen. — Nun, reiße doch die
Augen nicht ſo auf, als wollteſt du mir durch das lederne

Koller ins Herz hineinschauen. Ich weiß allerlei Ge=
schichten von meinem jungen Trotzkopf da!"

Georg schlug verwirrt die Augen nieder. „So kamen
Euch die Gründe nicht genügend vor, die ich angab?" sagte
er. „Was wollt¹ Ihr denn so Geheimnisvolles von mir
wissen?"

„Geheimnisvoll? Nun, so gar geheimnisvoll ist es ge=
rade nicht, denn merke für die Zukunft: wenn man nicht
verraten sein will, so muß man weder bei Abendtänzen sich
gebärden wie einer, der vom St. Veitstanz befallen ist,
noch nachmittags um drei Uhr zu schönen Mädchen gehen.
Ja, mein Sohn, ich weiß allerlei," setzte er hinzu, indem
er lächelnd mit dem Finger drohte, „ich weiß auch, daß
dieses ungestüme Herz gut württembergisch ist."

Georg errötete und vermochte den lauernden Blick des
Ritters nicht auszuhalten. „Württembergisch?" entgegnete
er, nachdem er sich mit Mühe gefaßt hatte, „da thut Ihr
mir unrecht; nicht mit Euch zu Feld ziehen zu wollen,
heißt noch nicht, sich an den Feind anschließen; gewiß, ich
schwöre Euch —"

„Schwöre nicht!" fiel ihm Frondsberg rasch ins Wort,
„ein Eid ist ein leichtes Wort, aber es ist doch eine
drückend schwere Kette, die man bricht, oder von der man
zerbrochen wird. Was du thun wirst, das wird so sein,
daß es sich mit deiner Ehre verträgt. Nur e i n e s mußt
du dem Bunde an Eidesstatt geloben, und dann erst wirst
du deiner Haft entlassen: in den nächsten vierzehn Tagen
nicht gegen uns zu kämpfen."

„So legt Ihr mir also dennoch falsche Gesinnungen
unter?" sprach Georg bewegt. „Das hätte ich nicht gedacht;
und wie unnötig ist dieser Schwur! Für wen, und mit
wem sollte ich denn auf jener Seite kämpfen? Die Schwei=

zer sind abgezogen, das Landvolk hat sich zerstreut, die
Ritterschaft liegt in den Festungen und wird sich hüten,
den nächsten besten,[1] der vom Bundesheer herüberläuft,
in ihre Mauern aufzunehmen, der Herzog selbst ist ent=
flohen —"

„Entflohen?" rief Frondsberg aus. „Entflohen? Das
weiß man noch nicht so gewiß; warum hätte der Truchseß
denn die Reiter ausgeschickt?" setzte er hinzu. „Und über=
haupt, wo hast du diese Nachrichten alle her? Hast du den
Kriegsrat belauscht? Oder sollte es wahr sein, was einige
behaupten wollen, daß du verdächtige Verbindungen nach
Württemberg hinüber unterhälst?"

„Wer wagt dies zu behaupten?" rief Georg erblassend.

Frondsbergs durchbringende Augen ruhten prüfend auf
den Zügen des jungen Mannes. „Höre, du bist mir zu
jung und ehrlich zu einem Bubenstücke —"

„Wie? spricht man so von mir?" unterbrach ihn Georg.
„Wenn Ihr nur ein Fünkchen Liebe zu mir habt, so nennt
mir den schlechten Kerl, der so von mir spricht!"

„Nur nicht gleich wieder so aufbrausend!" entgegnete
Frondsberg und drückte die Hand des jungen Mannes.
„Du kannst denken, daß wenn ich an diese Einflüsterungen
glaubte, Georg von Frondsberg nicht zu dir käme. Aber
etwas muß denn doch an der Sache sein. Zu dem alten
Lichtenstein kam öfters ein schlichter Bauersmann in die
Stadt; er fiel nicht auf zu einer Zeit, wo so vielerlei
Menschen hier sind. Aber man gab uns geheime Winke,
daß dieser Bauer ein verschlagener Mann und ein geheimer
Botschafter aus Württemberg sei. Der Lichtensteiner zog
ab, und der Bauer und sein geheimnisvolles Treiben war
vergessen. Diesen Morgen hat er sich wieder gezeigt. Er
soll vor der Stadt lange Zeit mit dir gesprochen haben,

auch wurde er in deinem Haus gesehen. Wie verhält sich
nun diese Sache?"

Georg hatte ihm mit wachsendem Staunen zugehört.
„So wahr ein Gott über mir ist," sagte er, als Fronds=
5 berg geendet hatte, „ich bin unschuldig. Heute früh kam
ein Bauer zu mir und —"

„Nun, warum verstummst du auf einmal?" fragte
Frondsberg, „du glühst ja über und über, was ist es denn
mit diesem Boten?"

10   „Ach! ich schäme mich, es auszusprechen, und dennoch
habt Ihr ja schon alles erraten; er brachte mir ein paar
Worte von — meinem Liebchen!" Der junge Mann öffnete
bei diesen Worten sein Wams und zog einen Streifen von
Pergament hervor, den er dort verborgen hatte. „Seht,
15 dies ist alles, was er brachte," sagte er, indem er es Fronds=
berg bot.

„Das ist also alles?" lachte dieser, nachdem er gelesen
hatte; „armer Junge! und du kennst also diesen Mann
nicht näher? Du weißt nicht, wer er ist?"

20   „Nein, er ist auch weiter nichts als unser Liebesbote,
dafür wollte ich stehen!"

„Ein schöner Liebesbote, der nebenher unsere Sachen
auskundschaften soll; weißt du denn nicht, daß es der ge=
fährlichste Mann ist? es ist der Pfeifer von Hardt."[1]

25   „Der Pfeifer von Hardt?" fragte Georg. „Zum erstenn=
mal höre ich diesen Namen; und was ist es denn, wenn er
der Pfeifer von Hardt ist?"

„Das weiß niemand recht; er war im Aufstand vom
armen Konrad[2] einer der schrecklichsten Aufrührer, nachher
30 wurde er begnadigt; seit der Zeit führt er ein unstätes
Leben und ist jetzt ein Kundschafter des Herzogs von
Württemberg."

„Und hat man ihn aufgefangen?" forschte Georg weiter,
denn unwillkürlich nahm er wärmeren Anteil an seinem
neuen Diener.

„Nein, das gerade ist das Unbegreifliche; man machte
uns so still als möglich die Anzeige, daß er sich wieder in
Ulm sehen lasse; in Eurem Stall soll er zuletzt gewesen
sein, und als wir ihn ganz im geheimen aufheben wollten,
war er über alle Berge.¹ Nun, ich glaube deinem Wort
und deinen ehrlichen Augen, daß er in keinen andern An=
gelegenheiten zu dir kam. — Du kannst dich übrigens
darauf verlassen, daß er, wenn es derselbe ist, den ich
meine, nicht allein deinetwegen sich nach Ulm wagte. Und
solltest du je wieder mit ihm zusammentreffen, so nimm
dich in acht, solchem Gesindel ist nicht zu trauen. Doch
der Wächter ruft zehn Uhr. Lege dich noch einmal aufs
Ohr² und verträume deine Gefangenschaft. Vorher aber
gieb mir dein Wort wegen der vierzehn Tage, und das sage
ich dir, wenn du Ulm verläßt, ohne dem alten Fronbsberg
lebewohl zu sagen —"

„Ich komme, ich komme," rief Georg, gerührt von der
Wehmut des verehrten Mannes, die jener umsonst unter
einer lächelnden Miene zu verbergen suchte. Er gab ihm
Handtreue,³ wie es der Kriegsrat verlangte; der Ritter
aber verließ mit langsamen Schritten die Totenkammer.

————

12.

Die Mittagssonne des folgenden Tages sendete drückende
Strahlen auf einen Reiter, welcher über den Teil der schwä=
bischen Alp, der gegen Franken ausläuft, hinzog. Er war

jung, mehr schlank als fest gebaut, ritt ein hochgewachsenes
Pferd von dunkelbrauner Farbe, und war wohl bewaffnet.
Die hellblau= und weißgestreifte Feldbinde, die von der
rechten Schulter sich über die Brust zog, ließ erraten, daß
der junge Mann von Adel war, denn diese Auszeichnung
war damals ein Vorrecht höherer Stände.

Er war auf einem Berggipfel angekommen, welcher eine
weite Aussicht ins Thal hinab gewährte. Das Gebirge
wurde jetzt aber noch steiler, und Georg, denn als diesen
haben unsere Leser den jungen Reiter schon erkannt, Georg
ließ sein Pferd langsam hinschreiten, indem er seinen Ge=
danken nachhing. Die Strahlen der Märzsonne wurden
immer drückender, die Pfade rauher, und er beschloß, unter
dem Schatten einer breiten Eiche sich und seinem Pferde
Mittagsruhe zu gönnen. Er stieg ab, schnallte den Sattel=
gurt leichter und ließ das ermüdete Tier die sparsam her=
vorkeimenden Gräser aufsuchen. Er selbst streckte sich unter
der Eiche nieder.

Er mochte wohl ein Stündchen so geschlummert haben,
als ihn das Wiehern seines Pferdes aufschreckte. Er sah
sich um und gewahrte einen Mann, der, ihm den Rücken
kehrend, sich mit dem Tier beschäftigte. Sein erster Ge=
danke war, daß man seine Unachtsamkeit benutzen[1] und
das Pferd entführen wolle. Er sprang auf, zog sein
Schwert und war in drei Sprüngen dort. „Halt! Was
hast du da mit dem Pferd zu schaffen!" rief er, indem er
seine Hand etwas unsanft auf die Schulter des Mannes
legte.

„Habt Ihr mich denn schon wieder aus Eurem Dienst
entlassen, Junker?" antwortete dieser und wandte sich zu
ihm. In den listigen, kühnen Augen, an dem lächelnden
Mund erkannte Georg sogleich den Boten, den ihm Marie

gesandt hatte. „Ich konnte mir wohl denken, daß Ihr keinen Futtersack mitnehmen werdet. Auf den Bergen da oben sieht es noch schlecht aus mit dem Gras, da habe ich denn Eurem Braunen einen Armvoll Heu mitgebracht. Es hat ihm trefflich behagt." So sprach der Bauer und fuhr ganz gelassen fort, dem Pferd das Futter hinzureichen.

„Und woher kommst du denn?" fragte Georg, nachdem er sich ein wenig von seinem Erstaunen erholt hatte.

„Nun, Ihr seid ja so schnell von Ulm weggeritten, daß ich Euch nicht gleich folgen konnte," antwortete jener.

„Lüge nicht!" unterbrach ihn der junge Mann. „Sonst kann ich dir fürder nicht vertrauen. Du kommst jetzt nicht aus jener Stadt her."

„Nun, Ihr werdet mich doch nicht schelten, daß ich mich etwas früher auf den Weg machte als Ihr?" sagte der Bauer und wandte sich ab.

„Laß mein Pferd jetzt stehen," rief Georg ungeduldig, „und komm mit mir unter die Eiche dort. Da setze dich hin und sprich, aber ohne auszuweichen, warum hast du gestern abend so plötzlich die Stadt verlassen?"

„An den Ulmern lag es nicht," entgegnete jener; „sie wollten mich sogar einladen, länger bei ihnen zu bleiben, und wollten mir freie Kost und Wohnung geben."

„Ja, ins tiefste Verließ wollten sie dich stecken, wo weder Sonne noch Mond hinscheint, und wohin die Kundschafter und Späher gehören."

„Mit Verlaub, Junker," erwiderte der Bote, „da wäre ich, wiewohl ein paar Stockwerke tiefer, in dieselbe Behausung gekommen wie Ihr."

„Hund von einem Aufpasser!" rief der Junker ungeduldig. „Willst du meines Vaters Sohn in eine Reihe stellen mit dem Pfeifer von Hardt?"

„Was sprecht Ihr da!" fuhr der Mann an seiner Seite
mit wilder Miene auf. „Was nennt Ihr für einen Namen?
Kennt Ihr den Pfeifer von Hardt?" Er hatte vielleicht
unwillkürlich bei diesen Worten die Art, die neben ihm lag,
5 in seine nervige Rechte gefaßt. Seine gedrungene feste Gestalt, seine breite Brust gaben ihm, troß seiner nicht
ansehnlichen Größe, doch das Ansehen eines nicht zu verachtenden Kämpfers; sein wild rollendes Auge, sein ein-
gepreßter Mund möchten manchen einzelnen Mann außer
10 Fassung gebracht haben.

Der Jüngling aber sprang mutig auf, er warf sein
langes Haar zurück, und ein Blick voll[1] Stolz und Hoheit
begegnete dem finstern Auge jenes Mannes. Er legte seine
Hand an den Griff seines Schwertes und sagte ruhig und
15 fest: „Was fällt dir ein, dich so vor mich hinzustellen und
mit dieser Stirn mich zu fragen? Du bist, wenn ich nicht
irre, der, den ich nannte, du bist dieser Meuterer und
Anführer von aufrührerischen Hunden. Pack' dich fort,
auf der Stelle, oder ich will dir zeigen, wie man mit
20 solchem Gesindel spricht!"

Der Bauer schien mit seinem Zorn zu ringen; er hieb
die Art mit einem kräftigen Schwung in den Baum und
stand nun ohne Waffe vor dem zürnenden jungen Mann.
„Erlaubet," sagte er, „daß ich Euch für ein andermal
25 warne, Euren Gegner, und sei er auch nur ein geringer
Bauersmann wie ich, nicht zwischen Euch und Eurem
Braunen stehen zu lassen. Denn wenn ich Euren Befehl,
mich fortzupacken, hätte[2] aufs schnellste befolgen wollen,
wäre er mir trefflich zu statten gekommen."

30 Ein Blick dahin überzeugte Georg, daß der Bauer wahr
gesprochen habe. Errötend über diese Unvorsichtigkeit, die
beweisen konnte, wie wenig er noch Erfahrung im Kriege

besitze, ließ er seine Hand von dem Griff seines Schwertes
sinken und setzte sich, ohne etwas zu erwidern, auf die
Erde nieder. Der Bauer folgte, jedoch in ehrerbietiger
Entfernung, seinem Beispiel und sprach: „Ihr habt ganz
recht, daß Ihr mir grollt, Herr von Sturmfeder, aber
wenn Ihr wüßtet, wie weh mir jener Name thut, würdet
Ihr vielleicht meine schnelle Hitze verzeihen! Ja, ich bin
der, den man so nennt; aber es ist mir ein Greuel, mich
also rufen zu hören. Meine Freunde nennen mich Hans,
aber meinen Feinden gefällt jener Name, weil ich ihn hasse."

„Was hat dir dieser unschuldige Name gethan?" fragte
Georg, „warum nennt man dich so? Warum willst du dich
nicht so nennen lassen?"

„Warum man mich so nennt?" antwortete jener. „Ich
bin aus einem Dorf, das heißt Hardt und liegt im Unter=
land, nicht weit von Nürtingen. Meinem Gewerbe nach bin
ich ein Spielmann und musiziere auf Märkten und Kirch=
weihen, wenn die ledigen Bursche und die jungen Mägdlein
tanzen wollen. Deswegen nannte man mich den Pfeifer
von Hardt. Aber dieser Name hat sich mit Unthat[1] und
Blut befleckt in einer bösen Zeit, darum habe ich ihn ab=
gethan und kann ihn nimmer leiden."

Georg maß ihn mit einem durchbringenden Blicke, in=
dem er sagte: „Ich weiß wohl, in welcher bösen Zeit: Als
ihr Bauern gegen euren Herzog rebelliert habt, da warst
du einer von den ärgsten. Ist's nicht also?"

„Ihr seid wohl bekannt mit dem Schicksal eines unglück=
lichen Mannes," sagte der Bauer, finster zu Boden blickend.
„Ihr müßt aber nicht glauben, daß ich noch derselbe bin.
Der Heilige hat mich gerettet und meinen Sinn geändert,
und ich darf sagen, daß ich jetzt ein ehrlicher Mann
bin."

„O, erzähle mir," unterbrach ihn der Jüngling, „wie ging es zu in jenem Aufruhr? Wie wurdest du gerettet? Wie kommt's, daß du jetzt dem Herzog dienst?"

„Das alles will ich auf ein andermal versparen," entgegnete jener; „denn ich hoffe, nicht zum letzenmal an Eurer Seite zu sein. Erlaubt mir dafür, daß ich auch Euch etwas frage: Wo soll Euch denn dieser Weg hinführen? Da geht nicht die Straße nach Lichtenstein!"

„Ich gehe auch nicht nach Lichtenstein!" antwortete Georg niedergeschlagen. „Mein Weg führt nach Franken. Das kannst du dem Fräulein vermelden, wenn du nach Lichtenstein kommst."

„Und was wollt Ihr dort? Jagen? Das könnt Ihr anderswo ebensogut. Kurz und gut,[1] Junker," setzte er gutmütig lächelnd hinzu, „ich rate Euch, wendet Euer Roß und reitet so ein paar[2] Tage mit mir in Württemberg umher. Der Krieg ist ja so gut als beendigt. Man kann ganz ungehindert reisen."

„Ich habe dem Bund mein Wort gegeben, in vierzehn Tagen nicht gegen ihn zu fechten; wie kann ich also nach Württemberg gehen?"

„Heißt denn das gegen ihn fechten, wenn Ihr ruhig Eure Straße ziehet? In vierzehn Tagen glauben sie den Krieg vollendet? Kommt mit, es ist ja nicht gegen Euren Eid!"

Der Jüngling sann lange Zeit nach, er erwog alle Gründe für und wider, er bedachte, ob es nicht gegen seine Ehre sei, statt vom Schauplatz des Krieges sich zu entfernen, in eine Gegend zu reisen, wohin sich der Krieg notwendig ziehen mußte. Doch als er bedachte, wie mild die Bundesobersten selbst seinen Abfall angesehen hatten, wie sie sogar im Fall seines völligen Übertrittes zum Feinde nur vierzehn Tage Frist angesetzt hatten, als ihm Mariens

trauernde Miene, ihre stille Sehnsucht auf ihrem einsamen
Lichtenstein vorschwebte, da neigte sich die Schale[1] nach
Württemberg.

„Nur einmal will ich sie sehen, nur noch einmal sie
sprechen," dachte er. — „Nun wohlan!" rief er endlich, 5
„wenn du mir versprichst, daß nie davon die Rede sein
soll, mich an die Württemberger anzuschließen; wenn du
dies versprichst, so will ich folgen."

„Nun gut, ich verspreche Euch. Besteiget Euer Roß,
ich will Euch führen." 10

13.

Von jenem Bergrücken, wo Georg den Entschluß gefaßt
hatte, seinem geheimnisvollen Führer zu folgen, gab es
zwei Wege in die Gegend von Reutlingen, wo Mariens
Bergschloß, der Lichtenstein lag. Der eine war die offene
Heerstraße, welche von Ulm nach Tübingen führt. Der 15
andere Weg, eigentlich ein Fußpfad, und nur den Bewoh-
nern des Landes genau bekannt, berührte auf einer Strecke
von beinahe zwölf Stunden nur einige einzelnstehende
Höfe, zog sich durch dichte Wälder und Gebirgsschluchten
und hatte, wenn er auch hie und da, um die Landstraße zu 20
vermeiden, einen Bogen machte und für Pferde ermüdend
und oft beinahe unzugänglich war, doch den großen Vorteil der Sicherheit.

Diesen Pfad wählte der Bauer von Hardt, und der
Junker willigte mit Freuden ein, weil er hoffen durfte, hier 25
auf seine Bündischen zu stoßen. Sie zogen rasch fürbaß,
der Bauer war immer an Georgs Seite. Wenn die Stellen

schwierig wurden, führte er sorgsam sein Pferd und bewies
überhaupt so viel Aufmerksamkeit und Sorgfalt für Reiter
und Roß, daß in Georgs Seele jene Warnungen Frondsbergs vor diesem Manne immer mehr an Gewicht verloren,
5 und er nur einen treuen Diener in ihm sah.

Georg unterhielt sich gerne mit ihm. Von jeder Burg
wußte er eine Sage zu erzählen und wußte immer voraus,
wann ein Gehöfte kam, wo sie Erfrischung für sich und
gutes Futter für das Pferd finden würden. Überall war
10 er bekannt, überall wurde er freundlich, wiewohl, wie es
Georg schien, meistens mit Staunen aufgenommen; er
flüsterte dann gewöhnlich ein Viertelstündchen mit dem
Hausvater, während die Hausfrau dem jungen Ritter
emsig und freundlich mit Brot, Butter und unvermischtem
15 Apfelwein aufwartete. War dann das kleine Mahl ver-
zehrt, hatte Georgs Pferd wieder Kräfte gesammelt, so
begleitete das ganze Haus den Scheidenden bis an die
Thür, und der junge Reiter konnte zu seiner Beschämung
niemals die Gastfreundschaft der guten Leute belohnen.
20 Mit abwehrenden Blicken auf den Pfeifer von Hardt wei-
gerten sie sich standhaft, seine kleinen Gaben anzunehmen.

Die Nacht brachten sie ebenfalls in einem dieser zer-
streuten Höfe zu. Den folgenden Tag setzten sie ihre Reise
auf dieselbe Art fort, nur kam es Georg vor, als ob sein
25 Führer mit noch mehr Vorsicht als gestern zu Werke gehe.
Georg befragte ihn umsonst, ob es in dieser Gegend gefährlicher sei, ob die Bundestruppen schon in der Nähe seien?
Er sagte nichts Bestimmtes darüber.

Doch gegen Mittag, als die Gegend lichter wurde und
30 der Weg sich mehr gegen das ebene Land herabzuziehen
schien, schien auch die Reise gefährlicher zu werden; denn
der Spielmann von Hardt schien sich von jetzt an gar nicht

mehr den Wohnungen nähern zu wollen, sondern hatte sich
in einem Hof mit einem Sack versehen, der Futter für das
Pferd und hinlängliche Viktualien[1] für sie beide enthielt.
Es schien, als ob er meist noch einsamere Pfade als bisher
aufsuche. Auch glaubte Georg zu bemerken, daß sie nicht
mehr dieselbe Richtung verfolgten wie früher, sondern sehr
stark zur Rechten ablenkten.

Am Rand eines schattigen Buchenwäldchens, wo eine
klare Quelle und frischer Rasen zur Ruhe einlud, machten
sie Halt. Georg stieg ab, und sein Führer zog aus seinem
Sack ein gutes Mittagsmahl. Nachdem er das Pferd versehen hatte, setzte er sich zu den Füßen des jungen Ritters
und begann mit großem Appetit zuzugreifen.

Georg hatte seinen Hunger gestillt und betrachtete jetzt
mit aufmerksamem Auge die Gegend.

„Es scheint, wir haben die Alp verlassen," sagte der
junge Mann, indem er sich zu seinem Gefährten wandte.

„Ihr habt recht geraten, Junker," sagte Hans, „diese
Thäler gehören zum Unterland, und jenes Flüßchen, das
Ihr sehet, strömt in den Neckar."

„Wie kommt es aber, daß wir so weit vom Wege ab-
biegen?" fragte Georg. „Es kam mir schon oben im Gebirge vor, als haben wir die alte Richtung verlassen, aber
du wolltest nie darauf hören. Dieser Weg muß, soviel ich
die Lage von Lichtenstein kenne, viel zu weit rechts führen."

„Nun, ich will es Euch jetzt sagen," antwortete der
Bauer, „ich wollte Euch auf der Alp nicht unnötig bange
machen, jetzt aber sind wir, so Gott will, in Sicherheit;
denn im schlimmsten Falle sind wir keine vier Stunden
mehr von Harbt, wo sie uns nichts mehr anhaben sollen."

„In Sicherheit?" unterbrach ihn Georg verwundert.
„Wer soll uns etwas anhaben?"

„Ei, die Bündischen," erwiberte der Spielmann. „Sie
streifen auf ber Alp, unb oft waren ihre Reiter keine tau=
senb Schritte mehr von uns. Mir für meinen Teil wäre es
nicht lieb gewesen, in ihre Hände zu fallen; denn sie sinb
5 mir, wie Ihr wohl wisset, gar nicht grün. Unb auch Euch
wäre es vielleicht nicht ganz recht, gefangen vor ben Herrn
Truchseß geführt zu werben."

„Gott soll mich bewahren!" rief der Junker. „Vor ben
Truchseß? Lieber lasse ich mich auf ber Stelle totschlagen.
10 Was wollen sie denn aber hier?"

„Seht, Junker! es giebt überall schlechte Leute. Was
ein rechter Württemberger ist, der läßt sich eher die Haut
abziehen, als daß er ben Herzog verrät, nach welchem die
Bünbler jetzt ein Treibjagen halten. Aber der Truchseß
15 soll einen ganzen Haufen Gold versprochen haben, wenn
man ihn fängt."

„Den Herzog also suchen sie? Also müßte er hier in
ber Nähe sein?"

„Wo er ist, weiß ich nicht," erwiberte der Pfeifer von
20 Harbt, „unb ich wollte wetten, dies weiß niemanb als
Gott; aber wo er sein wirb, weiß ich," setzte er hinzn, unb
es schien Georg, als ob ein Strahl von Begeisterung aus
bem Auge bieses Mannes breche; „wo er sein wirb, wenn
bie Not am höchsten ist, wo seine Getreuen sich zu ihm
25 finden werben, wo manche treue Brust zur Mauer werben
wirb, um ben Herrn in ber Not gegen biese Bünbler zu
schützen. Denn ist er auch ein strenger Herr, so ist er
boch ein Württemberger, unb seine schwere Hanb ist uns
lieber als die gleißenden Worte des Bayern unb bes Öster=
30 reichers."

„Unb wenn sie ben unglücklichen Fürsten erkennen, wenn
sie auf ihn stoßen? Hat er nicht seine Gestalt verhüllt

und unkenntlich gemacht? Du haſt mir einmal ſein Geſicht
beſchrieben, und ich glaube ihn beinahe vor mir zu ſehen,
beſonders ſein gebietendes, glänzendes Auge. Aber wie
iſt ſeine Geſtalt?"

„Er mag kaum acht Jahre älter ſein als Ihr," ent= 5
gegnete jener; „er iſt nicht ſo groß als Ihr, aber in vielem
Euch ähnlich an Geſtalt; beſonders wenn Ihr zu Pferd
ſaßet und ich hinter Euch ging, da gemahnte es mich oft,
und ich dachte: ſo, gerade ſo ſah der Herzog aus in den
Tagen ſeiner Herrlichkeit." 10

Georg war aufgeſtanden, um nach ſeinem Pferd zu
ſehen; die Worte des Bauern hatten ihn um ſeine Sicher=
heit beſorgt gemacht, und er ſah jetzt erſt ein, wie thöricht
er gehandelt, in dieſem Kriegsſtrudel ſich durch ein okku=
piertes[1] Land ſtehlen zu wollen. Das ſonſt ſo muntere 15
Tier hing die Ohren. Zu ſeinem großen Verdruß be=
merkte Georg ſogar, daß es auf dem linken Vorderfuß
nicht gerne auftrete. Der Bauer bemerkte die Verlegenheit
des Junkers; er unterſuchte das Tier und riet, es noch
einige Stunden ſtehen zu laſſen, gab aber zugleich den 20
Troſt, er ſei der Gegend ſo kundig, daß ſie eine große
Strecke in der Nacht zurücklegen könnten.

––––––

14.

Der junge Mann ergab ſich in ſein Schickſal und ſuchte
Zerſtreuung in der lieblichen Ausſicht. Sie ſtanden auf
einer Felsnecke, die einen ſchönen Ausläufer der ſchwä= 25
biſchen Alp begrenzte.

„Ein herrliches Land, dieses Württemberg!" rief Georg, indem sein Auge von Hügel zu Hügel schweifte. „Wie kühn, wie erhaben diese Gipfel und Bergwände, diese Felsen und ihre Burgen! Wie heißen jene Burgen auf den
5 Hügeln, sprich, wie heißen jene fernen Berge?"

Der Bauer überblickte sinnend die Gegend und zeigte auf die hinterste Bergwand, die dem Auge kaum noch sicht= bar aus den Nebeln ragte. „Dort hinten, zwischen Morgen und Mittag,¹ ist der Roßberg; in gleicher Richtung her=
10 wärts, jene vielen Felsenzacken sind die Höhen von Urach. Dort, mehr gegen Abend, ist Achalm, nicht weit davon, doch könnt Ihr ihn hier nicht sehen, liegt der Felsen von Lichtenstein."

„Dort also," sagte Georg still vor sich hin, und sein
15 Auge tauchte tief in die Nebel des Abends, „dort, wo jenes Wölkchen in der Abendröte schwebt, dort schlägt ein treues Herz für mich. O, daß die Abendlüfte dir meine Grüße brächten und jene rosigen Wolken dir meine Nähe ver= kündeten!"

20 „Weiter hin, Ihr sehet doch jene scharfe Ecke, das ist die Teck; unsere Herzoge nennen sich die Herzoge von Teck, es ist eine gute feste Burg; wendet Eure Blicke hier zur Rechten, jener hohe, steile Berg war einst die Wohnung be= rühmter Kaiser, es ist Hohenstaufen."²

25 „Aber wie heißt jene Burg, die hier zunächst aus der Tiefe emporsteigt?" fragte der junge Mann; „sieh nur, wie sich die Sonne an ihren hellen weißen Wänden spiegelt, wie ihre Zinnen in goldenen Duft zu tauchen scheinen, wie ihre Türme in rötlichem Lichte erglänzen."

30 „Das ist Neuffen, Herr! auch eine starke Feste, die dem Bunde zu schaffen machen wird."

Die Sonne des kurzen, schönen Märztages begann wäh=

rend dieses Zwiegesprächs der Wanderer hinabzusinken.
Der Mond kam bleich herauf und überschaute sein nächt=
liches Gebiet. Nur die hohen Mauern und Türme von
Neuffen rötete die Sonne noch mit ihren letzten Strahlen,
als sei dieser Felsen ihr Liebling, von welchem sie ungern   5
scheide. Sie sank; auch diese Mauern hüllten sich in
Dunkel, und durch die Wälder zog die Nachtluft, geheim=
nisvolle Grüße flüsternd, dem heller strahlenden Mond
entgegen.

„Noch eine Stunde, so ist die Nacht kohlschwarz, und   10
dann soll uns, bis die Sonne wieder aufgeht, kein bündi=
scher Reiter ausspüren!" sprach der Bauer, indem er des
Junkers Pferd aufzäumte. Georg schwang sich auf. Sein
Führer ergriff die Zügel des Rosses und schritt voran den
Berg hinab.   15

„Schau'! Wie hell und schön der Mond scheint," rief
der Jüngling, der, noch immer erfüllt von dem Anblick auf
dem Berge, die wunderlichen Schatten der Wälder und
Höhen, die hellglänzenden Felsen betrachtete; „sieh, wie die
Fenster von Neuffen im Mondlicht schimmern!"   20

„Dunkle Nacht wäre besser für uns, der Mond hat schon
manchen braven Mann verraten," entgegnete sein Führer.
„Doch, es kann nicht mehr lange dauern, so ist er hin=
unter."

„Horch! hörtest du nicht das Wiehern von Rossen?"   25
rief Georg, dem es in der Schlucht, die sie jetzt durch=
zogen, ganz unheimlich wurde. Der Mond schien noch hell,
die Schatten der Eichen bewegten sich, es rauschte im Ge=
büsch, und oft wollte es ihm bedünken, als sehe er dunkle
Gestalten im Wald neben sich hergehen.   30

Der Pfeifer von Hardt blieb stehen: „Es kam mir vor=
hin auch so vor, aber es war der Wind, der in den Eichen

ächzt, und der Schuhu[1] schrie im Gebüsch. Wären wir
nur das Wiesenthal noch hinüber,[2] da ist es so offen und
hell wie bei Tag; jenseits fängt wieder der Wald an, da
ist es dann dunkel und hat keine Not mehr. Gebt Eurem
5 Braunen die Sporen und reitet Trab über das Thal hin,
ich laufe neben Euch her."

„Warum denn jetzt auf einmal Trab?" fragte der junge
Mann. „Glaubst du, es sind Bündische?"

„Nun ja," flüsterte der Bauer, indem er sich umsah,
10 „mir war es, als ob uns jemand nachschleiche; drum
sputet Euch, daß wir aus dem verdammten Hohlweg
herauskommen, und dann im Trab über das Thal hin=
über, weiterhin hat es keine Gefahr."

Sie wollten eben am Ausgang des Hohlweges in das
15 Thal einbiegen, da rief eine Stimme im Gebüsch: „Das
ist der Pfeifer von Hardt, drauf, Gesellen, der dort auf
dem Roß muß der Rechte sein!"

„Fliehet, Junker, fliehet!" rief sein treuer Führer und
stellte sich mit seiner Axt zum Kampf bereit; doch Georg
20 zog sein Schwert, und in demselben Augenblicke sah er sich
von fünf Männern angefallen, während sein Gefährte
schon mit drei andern im Handgemenge war.

Der enge Hohlweg hinderte ihn, sich seiner Vorteile zu
bedienen und zur Seite auszubiegen. Einer packte die
25 Zügel seines Rosses, doch in demselben Augenblicke traf
ihn Georgs Klinge auf die Stirn, daß er ohne Laut nieder=
sank; doch die andern, wütend gemacht durch den Fall
ihres Genossen, drangen noch stärker auf ihn ein und
riefen ihm zu, sich zu ergeben; aber Georg, obgleich er
30 schon am Arm und Fuß aus mehreren Wunden blutete,
antwortete nur durch Schwerthiebe.

„Lebendig oder tot," rief einer der Kämpfenden, „wenn

der Herr Herzog nicht anders will, so mag er's haben!"
Er rief's, und in demselben Augenblick sank Georg von
Sturmfeder, von einem schweren Hieb über den Kopf ge=
troffen, nieder. In tötlicher Ermattung schloß er die
Augen, er fühlte sich aufgehoben und weggetragen und
hörte nur das grimmige Lachen seiner Mörder, die über
ihren Fang zu triumphieren schienen.

Nach einer kleinen Weile ließ man ihn auf den Boden
nieder, ein Reiter sprengte heran, saß ab und trat zu
denen, die ihn getragen hatten. Georg raffte seine letzte
Kraft zusammen, um die Augen noch einmal zu öffnen;
er sah ein unbekanntes Gesicht, das sich über ihn beugte.
„Was habt ihr gemacht?" hörte er rufen. „Dieser ist es
nicht, ihr habt den Falschen getroffen. Macht, daß ihr
fortkommt, die von Neuffen sind uns auf den Fersen."
Matt zum Tode schloß Georg sein Auge, nur sein Ohr
vernahm wilde Stimmen und das Geräusch von Streiten=
den, doch auch dieses zog sich ferne, und ein süßer Schlum=
mer senkte sich auf den Verwundeten herab.

———

15.

Die Fortschritte des Krieges hatte Georg von Sturm=
feder nicht gesehen. Ein tiefer, aber süßer Schlummer
hielt wie ein mächtiger Zauber seine Sinne viele Tage lang
gefangen. Wir führen den Leser in die niedere Hütte,
die ihn gastfreundlich aufgenommen hatte, und zwar am
Morgen des neunten Tages, nachdem er verwundet wurde.

Die Morgensonne dieses Tages brach sich in farbigen

Strahlen an den runden Scheiben eines kleinen Fensters
und erhellte das größere Gemach eines dürftigen Bauern=
hauses. Um den großen Kachelofen, der weit vorsprang,
waren reinliche Linnen zum Trocknen aufgehängt, und sie
verdeckten beinahe dem Auge eine große Bettstelle mit Gar= 5
dinen von großgeblümtem Gewebe, die im hintersten Teile
der Stube aufgestellt war.

An diesem Bette saß ein schönes, liebliches Kind von
etwa sechszehn bis siebzehn Jahren. Sie war in jene
malerische Bauerntracht gekleidet, die sich teilweise bis auf 10
unsere Tage in Schwaben erhalten hat. Weiße, falten=
reiche Ärmel bedeckten bis an die Hand den schönen Arm,
ein rotes Mieder, mit silbernen Ketten geschnürt, mit blen=
dend weißen, zierlich genähten Linnen umgeben, schloß eng
um den Leib; ein kurzes, schwarzes Röckchen fiel kaum bis 15
über die Knie herunter; diese schmucken Sachen, und dazu
noch eine blanke Schürze und schneeweiße Zwickelstrümpfe
mit schönen Kniebändern, wollten beinahe zu stattlich aus=
sehen zu dem dürftigen Gemach, besonders da es Werktag
war. 20

Die Kleine spann emsig feine glänzende Fäden aus
ihrer Kunkel, zuweilen lüftete sie die Gardinen des Bettes
und warf einen verstohlenen Blick hinein; doch schnell schlug
sie die Vorhänge wieder zu und strich die Falten glatt,
als sollte niemand merken, daß sie gelauscht habe. 25

Die Thür ging auf, und eine runde, ältliche Frau, in
derselben Tracht wie das Mädchen, aber ärmlicher ge=
kleidet, trat ein. Ihr Blick fiel auf das schöne Kind am
Bette, und sie staunte sie an.

„Was fällt der[a] aber um Gotteswilla ei',[b] Bärbele?" 30
sagte sie, indem sie zu dem Mädchen trat. „Was fällt der[a]

---

[a] dir. [b] Gotteswillen ein, Bärbele = dim. of Barbara.

ei,' daß be am Wertich[a] da nuia rauta Rock zum Spinna
anziehst?"

„Ah was!"[b] flüsterte das errötende Schwabenkind,
„wisset Er denn net,[c] daß heut der acht' Tag ist? Hot et
5 der Ätti g'sait, der Junker werb' am heutiga Morga ver=
wacha, wenn sei Tränkle guete Wirking häb?"

„Ist's um dui[d] Zeit?" entgegnete die Hausfrau freund=
licher. „Da host[e] wärle reacht," murmelte die Alte und
ging, um sich in ihren Putz zu werfen.

10 In diesem Augenblick öffneten sich die Gardinen des
Bettes, der Kopf eines schönen jungen Mannes sah heraus;
wir kennen ihn, es ist Georg.

Ein leichtes Rot, der erste Bote wiederkehrender Ge=
sundheit, lag auf seinen Wangen; sein Blick war wieder
15 glänzend wie sonst. Lange sah er dem Mädchen am Fenster
zu; dieses Bild, das erste, das ihm bei seinem Erwachen
aus langem Schlafe entgegentrat, war so freundlich, daß
er das Auge nicht davon abwenden konnte; endlich siegte
die Neugierde, über das, was mit ihm vorgegangen war,
20 gewisser zu werden; er machte ein Geräusch, indem er die
Gardinen des Bettes noch weiter zurückschlug.

Das Mädchen schien zusammenzuschrecken; sie wandte
sich um, über ein schönes Gesicht flog ein brennendes Rot,
freundliche, blaue Augen staunten ihn an; ein roter,
25 lächelnder Mund schien vergebens nach Worten zu suchen,
den Kranken bei seiner Rückkehr ins Leben zu begrüßen.
Sie faßte sich und eilte mit kurzen Schrittchen an das
Bett.

---

a du am Werktag den neuen roten Rock zum Spinnen.   b ach was.[1]
c Ihr denn nicht, daß heute der achte Tag ist?   Hat nicht der Vater
gesagt, der Junker werde am heutigen Morgen erwachen, wenn sein
Tränklein gute Wirkung habe.   d die.   e hast[2] wirklich recht.

„Sag' mir, wo bin ich? Wie kam ich hieher?" fragte Georg. „Wem gehört dieses Haus, worin ich, mir scheint, aus einem langen Schlafe erwacht bin?"

„Sind Er wieder ganz bei Uich?"ᵃ rief das Mädchen, indem sie vor Freude die Hände zusammenschlug.

„Ich war also krank?" forschte Georg, der das Idiom des Mädchens nur zum Teil verstand. „Ich lag einige Stunden ohne Bewußtsein?"

„Ei, wie schwätzet Erᵇ doch! a paar Stund' saget Er? Heit Nacht wird's g'rad nei Tag, daß se Uich brocht hent."

Der Jüngling staunte sie mit ernsten Blicken an. Neun Tage, ohne zu Marien zu kommen! Er erinnerte sich, daß er über die Alp auf geheimen Wegen gezogen sei, daß — er und sein Führer überfallen, vielleicht gefangen wurden. „Gefangen?" rief er schmerzlich. „Sage, Mädchen, bin ich gefangen?"

„G'fanga?ᶜ Noi, g'fanga send Er net; es hätt zwor a paarmol sei kenna, wia dia vom schwäbischa Bund vorbei= zoga send; aber mer hent Uich allemol guet versteckt; der Vater hot g'sait, mer solla da Junker koin Menscha seha lau."

„Der Vater?" rief der Jüngling; „wer ist der gütige Mann? Wo bin ich denn?"

„Ha, wo werdet Erᵈ sei?" antwortete Bärbele, „bei aus send Er in Hardt."

ᵃ Seid Ihr wieder ganz bei Euch? ᵇ Ihr doch! ein paar Stunden saget Ihr? Heute Nacht wird es gerade neun Tage, daß sie Euch ge= bracht haben. ᶜ Gefangen? Nein, gefangen seid Ihr nicht; es hätte zwar ein paarmal sein können, wie die vom schwäbischen Bund vorbei= gezogen sind; aber wir haben Euch jedesmal gut versteckt; der Vater hat gesagt, wir sollen den Junker keinen Menschen sehen lassen. ᵈ Ihr sein? — bei uns seid Ihr in Hardt.

„In Hardt? Also in Hardt? Und dein Vater ist der
Pfeifer von Hardt? Nicht wahr?"

„Er hot's[a] et gern, wemmer em so ruaft," antwortete
das Mädchen, „er hairts am gernsta, wemmer Hans zua
nem sait."

„Und wie kam ich denn hieher?" fragte jener wieder.

„Ja wisset Er[b] denn au gar koi Wörtle meh?" lächelte
das hübsche Kind und erzählte, ihr Vater sei vor neun
Tagen in der Nacht an das Haus gekommen und habe stark
gepocht, bis sie erwacht sei. Sie habe seine Stimme erkannt und sei hinabgeeilt, um ihm zu öffnen. Er sei aber
nicht allein gewesen, sondern noch vier andere Männer bei
ihm, die eine, mit einem Mantel verdeckte, Tragbahre in die
Stube niedergelassen haben. Der Vater habe den Mantel
zurückgeschlagen und ihr befohlen zu leuchten, sie aber sei
heftig erschrocken, denn ein blutender, beinahe toter Mann
sei auf der Bahre gelegen. Der Vater habe ihr befohlen,
das Zimmer schnell zu wärmen, indessen habe man den
Verwundeten, den sie seinen Kleidern nach für einen vornehmen Herrn erkannt habe, auf das Bett gebracht. Der
Vater habe ihm seine Wunden mit Kräutern verbunden,
habe ihm dann auch selbst einen Trank bereitet, denn er
verstehe sich trefflich auf die Arzneien für Tiere und
Menschen. Zwei Tage lang seien sie alle besorgt gewesen, denn der Junker habe gerast und getobt; nach
dem zweiten Tränklein aber sei er stille geworden, der
Vater habe gesagt, am achten Morgen werde er gesund
und frisch erwachen, und wirklich sei es auch so ein-
getroffen.

a Er hat es nicht gern, wenn man ihn so ruft — er hört es am liebsten, wenn man Hans zu ihm sagt. b Ja, wisset Ihr denn auch gar
kein Wörtlein mehr?

Der junge Mann hatte mit wachsendem Erstaunen der Rede des Mädchens zugehört.

„Und dein Vater," fragte er sie, „wo ist er?"

„Was wisset[a] mir, wo er ist!" antwortete sie ausweichend, doch als besinne sie sich, setzte sie hinzu: „Uich[b] kammes jo 5 saga, denn Ihr müesset gut Freund sei mit em Vater. Er ist nach Lichtaftoi."

„Nach Lichtenstein?" rief Georg, indem sich seine Wangen höher färbten. „Und wann kommt er zurück?"

„Ja, er sott[c] schau seit zwoi Tag do sei, wie ner gsait 10 hot. Wenn em no nix g'scheha ist. D'Leut saget, dia bündische Reiter bassen em uf."

Nach Lichtenstein — dorthin zog es ja auch ihn. Er fühlte sich kräftig genug, wieder einen Ritt zu wagen und die Versäumniß der neun Tage einzuholen. Seine nächste 15 und wichtigste Frage war daher nach seinem Roß, und als er hörte, daß es sich ganz wohl befinde und im Kuhstall seiner Ruhe pflegte, war auch der letzte Kummer von ihm gewichen. Er dankte seiner holden Pflegerin für seine Wartung und bat sie um seinen Wams und seinen Mantel. 20 Sie hatte längst alle Spuren von Blut und Schwerthieben aus den schönen Gewändern vertilgt; mit freundlicher Ge= schäftigkeit nahm sie die Habe des Junkers aus dem ge= schnitzten und gemalten Schrein, wo sie neben ihrem Sonn= tagsschmuck geruht hatte. Dann enteilte sie dem Gemach, 25 um die frohe Botschaft, daß der Junker ganz genesen sei, der Mutter zu verkündigen.

---

a Was wissen wir, wo er ist! — b Euch kann man es ja sagen, denn Ihr müsset gut Freund sein mit dem Vater. Er ist nach Lichten= stein. c Ja, er sollte schon seit zwei Tagen da sein, wie er gesagt hat. Wenn ihm nur nichts geschehen ist. Die Leute sagen, die bündischen Reiter passen ihm auf.

Als die runde Frau und Bärbele von der Bodenkammer
herabstiegen, war ihr erster Gang nach der Küche, weil
jetzt dem Gast ein kräftiges Habermus[1] gekocht werden
mußte. Als das Frühstück des Junkers fertig war, trug
5 das Mädchen den Wein und das Brot, und die runde Frau
ging in vollem Sonntagsstaat, die Schüssel mit Habermus
in beiden Fäusten, ihrem holden Töchterlein voran in die
Stube.

Das Mädchen deckte jetzt den Tisch mit frischen Linnen,
10 setzte dem Junker das Habermus und den Wein an den
Ehrenplatz in der Ecke der Bank unter dem Kruzifix, und
als der Junker sich niedergelassen hatte, setzten sich auch
Mutter und Tochter an den Tisch, doch in bescheidener Ent=
fernung und nicht ohne das Salzfaß zwischen sich und
15 ihren vornehmen Gast zu stellen. Denn so wollte es die
Sitte in den guten alten Zeiten.

Der alte richtige Spruch „Der Napf ist leer, jetzt ist es
Zeit zu schwatzen" galt auch hier, sobald das Tischtuch
weggenommen war. Georg lagen vornehmlich zwei Dinge
20 am Herzen:[2] er mußte gewiß sein, wann der Pfeifer von
Lichtenstein zurückkommen würde; und zweitens war es ihm
sehr wichtig, zu erfahren, wo das Heer des Bundes in diesem
Augenblicke stehe. Über das erstere konnte er keine weitere
Auskunft erhalten, als was ihm das Mädchen früher
25 schon gesagt hatte. Der Vater sei etwa seit sechs Tagen
abwesend, und sie erwarten ihn daher stündlich. Die
runde Frau vergoß Thränen, indem sie dem Junker klagte,
daß ihr Mann, seitdem dieser Krieg begonnen, kaum
einige Stunden zu Haus gewesen sei, und gewiß bringe
30 er seine Frau und sein Kind durch sein gefährliches Leben
noch in Unglück und Jammer.

Georg suchte alle Trostgründe hervor, um ihre Thrä=

nen zu stillen; es gelang ihm wenigstens in so weit,
daß sie ihm seine Fragen nach dem Bundesheer beant=
wortete.

„Ach Herr," sagte sie, „'s ganz^a Unterland hent se schau,
und jetzt goht's mit em hella Haufa ge Tibenga."

„So sind die Festungen alle schon in ihrer Hand?" fragte
Georg verwundert, „Hellenstein, Schorndorf, Göppingen,
Teck, Urach? Sind sie alle schon eingenommen?"

„Alles hent se."^{b}

Georg konnte nach diesem Bericht ahnen, daß eine Reise
von Hardt nach Lichtenstein nicht minder gefährlich sein
werde als jener Ritt über die Alp. Mit Ungeduld er=
wartete er daher die Ankunft seines Führers. Seine Kopf=
wunde war geheilt; sie war nicht tief gewesen. Auch seine
übrigen Wunden waren geheilt, und die einzige körperliche
Folge jener unglücklichen Nacht war eine Mattigkeit, die
er dem Blutverlust, dem langen Liegen und dem Wund=
fieber zuschrieb; doch auch diese schwand von Stunde zu
Stunde. Er fühlte, wie notwendig es sei, schnell nach
Lichtenstein zu eilen, und seine Ungeduld wurde zum Un=
mut,^{1} daß jener sonst so kluge Mann gerade in diesen
kostbaren Augenblicken so lange ausbleibe.

Das Mädchen mochte seine Gedanken erraten: „Wisset
Er was?^{2} Je^c lauf em Vater entgege und mach, daß er
bald kommt."

„Du wolltest ihm entgegengehen?" sagte Georg, gerührt
von der Gutmütigkeit des Mädchens. „Weißt du denn, ob
er schon in der Nähe ist? Vielleicht ist er noch stundenweit
entfernt, und in einer Stunde wird es Nacht! Willst du

a Das ganze Unterland haben sie schon, und jetzt geht es mit einem
hellen Haufen gegen Tübingen.   b Alles haben sie.   c Ich laufe dem
Vater entgegen und mache, daß er bald kommt.

mir zulieb gehen bis Lichtenstein, so wäre es ja thöricht
von mir, zurückzubleiben und erst deinen Vater zu er=
warten. Ich sattle geschwind mein Roß und reite neben
dir her, und du zeigst mir den Weg, bis ich ihn nicht mehr
5 verfehlen kann. Rüste dich immer, gutes Kind, wir brechen
sogleich auf, ich gehe, mein Pferd zu satteln." Er nahm
den Zaum von einem Nagel und schritt zur Thür.

„Herr! Euer Gnaden!" rief ihm das Mädchen ängstlich
nach. — „Wartet lieber bis morgaᵃ früh, so wille Uich
10 meinetwega führa bis Pfullinga."

Der Junker beschloß, diesen Abend und die folgende
Nacht noch auf den Pfeifer zu warten; käme er nicht, so
wollte er mit dem frühesten Morgen zu Pferd sein und
unter Leitung seiner schönen Tochter nach Lichtenstein
15 aufbrechen.

<hr>

16.

Aber der Pfeifer von Hardt kehrte auch in dieser Nacht
nicht nach Haus zurück, und Georg, der seine Sehnsucht
nach der Geliebten nicht mehr länger zügeln konnte,
sattelte, als der Morgen graute, sein Pferd. Die runde
20 Frau hatte ihrem Töchterlein erlaubt, daß sie den Junker
geleiten dürfe; doch machte sie die Bedingung, daß Bärbele
vorausgehen und ihn eine Viertelstunde hinwärts¹ an
einem Markstein erwarten müsse.

Georg nahm gerührt Abschied von der stattlichen, runden
25 Frau und fand seine Führerin auf dem bezeichneten
Markstein sitzend. Sie sprang auf, als er herankam, und

ᵃ morgen früh, so will ich Euch meinetwegen führen bis Pfullingen.

ging mit raschen Schritten neben ihm her. Sie hatte un=
streitig viel von dem lebhaften Geiste ihres Vaters geerbt;
denn, wie auch jener bei der Reise über die Alp seinem
vornehmen Gefährten durch Erzählungen und Hindeu=
tungen auf die Gegend den Weg zu verkürzen bemüht ge= 5
wesen war, so wußte auch sie, so oft das Gespräch zu
stocken begann, entweder auf einen schönen Punkt in den
Thälern und Bergen umher aufmerksam zu machen, oder
sie teilte ihm unaufgefordert eine und die andere Sage mit,
die sich an ein Schloß, an ein Thal oder einen Bach knüpfte. 10

Sie wählte meistens Nebenwege und führte den Reiter
höchstens zwei bis dreimal durch Dörfer, von zwei zu zwei
Stunden aber machten sie Halt. Endlich nach vier solchen
Stationen sah man in der Entfernung von einer kleinen
halben Stunde¹ ein Städtchen liegen; der Weg schied sich 15
hier, und ein Fußpfad führte links ab in ein Dorf. An
diesem Scheidepunkt blieb das Mädchen stehen und sagte:
„Was Er dort sehet,ᵃ ist Pfullinga, von dort kann Uich
jedes Kind da Weg nach Lichtastoi zeiga.“

„Wie? Du willst mich schon verlassen? Warum gehst 20
du nicht wenigstens mit mir bis Pfullingen? Dort kannst
du in der Herberge etwas essen und trinken; du willst doch
nicht geradezu nach Hause laufen?“

„Doᵇ mucß i von Uich gehe, gnädiger Herr,“ sagte sie,
„dort in dem Dörfleᶜ am Berg hanne a Baas und bei der 25
bleibe heut, und morga gange wieder nach Hardt.“

„Dank dir, Bärbele,“ entgegnete Georg und reichte ihr
die Hand zum Abschied. „Ich kann dir deine treue Pflege

<hr />

ᵃ Was Ihr dort sehet ist Pfullingen, von dort kann Euch jedes Kind
den Weg nach Lichtenstein zeigen. ᵇ Da muß ich von Euch gehen, ...
ᶜ Dörflein am Berg habe ich eine Base und bei der bleibe ich heute, und
morgen gehe ich wieder nach Hardt.

nicht vergelten; aber wenn du nach Haus kommst, so schau'
in den geschnitzten Schrank, dort wirst du etwas finden,
das vielleicht zu einem neuen Mieder oder zu einem Röck=
chen für den Sonntag reicht. Nun, und wenn du es dann
5 zum erstenmal anhast und dein Schatz dich darin küßt,
so gedenke an Georg von Sturmfeder!"

Der junge Mann gab seinem Pferde die Sporen und
trabte über die grüne Ebene hin dem Städtchen zu. Bald
war er am Thor der kleinen Stadt angelangt. Er fühlte
10 sich ermüdet und durstig und fragte daher auf der Straße
nach einer guten Herberge. Man wies ihn nach einem
kleinen düsteren Haus, wo ein Spieß über der Thür und ein
Schild, mit einem springenden Hirsch geziert, zur Ein=
kehr einluden. Ein kleiner barfüßiger Junge führte sein
15 Pferd in den Stall, ihn selbst aber empfing in der Thür
eine junge, freundliche Frau und führte ihn zur Trink=
stube.

Die Wirtin schien an ihrem Gast Gefallen zu finden.
Sie setzte die Speisen, die sie ihm bereitet hatte, vor ihn
20 hin, nachdem sie ein schönes Tafeltuch über den runden
Tisch ausgebreitet hatte; dann nahm sie selbst an der ent=
gegengesetzten Seite Platz und befragte ihn, wiewohl sehr
bescheiden, über das Woher? und Wohin?

Der junge Mann war nicht gesonnen, ihr über den
25 eigentlichen Zweck seiner Reise genaue Auskunft zu geben.
Er sagte daher, er komme aus Franken und werde noch
weiter hinauf ins Land, in die Gegend von Zollern[1] reisen,
und schnitt somit jede weitere Frage ab. Es schien ihm
aber eine gute Gelegenheit, sich nach Marien zu erkundigen,
30 und er fragte daher nach den Burgen umher und nach den
ritterlichen Familien, die in der Nachbarschaft wohnen.

Die Wirtin schwatzte gerne. Sie gab ihm in weniger

als einer Viertelstunde die Chronik von fünf bis sechs
Schlössern aus der Gegend, und bald kam auch Lichten=
stein an die Reihe. Der junge Mann holte tiefer
Atem bei diesem Namen und schob die Schüssel weit hin=
weg, um seine Aufmerksamkeit ganz der Erzählerin zu
widmen.

„Nun, die Lichtensteiner sind gar nicht arm, im Gegen=
teil, sie haben schöne Felder und Wälder, und keine Rute
Landes¹ verpfändet. Der Alte ist ein strenger, ernster
Mann. Was er einmal haben will, das muß geschehen,
und sollte es biegen oder brechen. Er ist auch einer von
denen, die es so lange mit dem Herzog hielten. Die Bün=
dischen werden es ihm übel entgelten lassen."

„Wie ist denn seine..., ich meine, Ihr sagtet, er habe
eine Tochter, der Lichtenstein?"

„Nein," antwortete die Wirtin, indem sich ihr sonst so
heiteres Gesicht in grämliche Falten zog, „von der habe ich
gewiß nicht gesprochen, daß ich es wüßte. Ja, er hat eine
Tochter, der gute alte Mann, und es wäre ihm besser, er
führe kinderlos in die Grube, als daß er aus Jammer über
sein einziges Kind abfährt."

Georg traute seinen Ohren nicht. „Was ist es denn
mit diesem Fräulein?" fragte er, indem er sich ver=
gebens abmühte, recht scherzhaft auszusehen; „Ihr macht
mich neugierig, Frau Wirtin. Oder ist es ein Geheimnis,
das Ihr nicht sagen dürft?"

Die Frau zum goldenen Hirsch schaute aus dem Erker
heraus nach allen Seiten, ob niemand lausche. „Ihr seid
ein Fremder," hub sie nach diesen Forschungen an, „Ihr
reiset weiter und habt nichts mit dieser Gegend zu
schaffen, darum kann ich Euch wohl sagen, was ich nicht
jedem vertrauen möchte. Das Fräulein dort oben auf dem

Lichtenstein ist ein — ein — ja bei uns Bürgersleuten
würde man sagen, sie ist ein —"

„Frau Wirtin!" rief Georg.

„So schreiet doch nicht so, verehrter Herr Gast, die
5 Leute schauen sich ja um. Denkt Euch, alle Nacht Schlag
elf Uhr läßt sie ihren Liebsten in die Burg. Ist das nicht
schrecklich genug für ein sittsames Fräulein?"

„Bedenket, was Ihr sprechet! Ihren Liebsten?"

„Ja leider! Es ist ein ziemlich · großer Mann, der
10 kommt, in einen grauen Mantel gehüllt, ans Thor. Sie
kommt nun allemal, wenn es drüben in Holzelfingen elf
Uhr schlägt, selbst herunter in den Hof, die Nacht mag so
kalt sein als sie will, und bringt den Schlüssel zur Zug=
brücke, den sie zuvor ihrem alten Vater vom Bette stiehlt;
15 dann schließt der alte Sünder, der Burgwart, auf, die
Brücke fällt nieder, und der Mann im grauen Mantel eilt
in die Arme des Fräuleins."

Georg schalt sich nach kurzem Nachdenken selbst aus, daß
er nur einen Augenblick gezweifelt habe, daß diese Erzäh=
20 lung eine Lüge, von irgend einem müßigen Kopf ersonnen
sei. So rätselhaft ihm jene nächtlichen Besuche vorkommen
mochten, so sah er doch klar, es sei weder bewiesen, daß
der Vater nichts darum wisse, noch daß der geheimnisvolle
Mann gerade ein Liebhaber sein müsse. · Er trug diese
25 Zweifel auch seiner Wirtin vor.

„Sehet, ich weiß das gewiß, denn die alte Rosel, die
Amme des Fräuleins —"

„Die alte Rosel hat es gesagt?" rief Georg unwillkürlich.
Ihm war ja diese Amme, die Schwester des Pfeifers von
30 Hardt, so wohl bekannt. Freilich, wenn diese es gesagt hatte,
war die Sache nicht mehr so zweifelhaft; denn er wußte, daß
sie eine fromme Frau und dem Fräulein sehr zugethan war.

„Ihr kennt die alte Rosel?" fragte die Wirtin, erstaunt über den Eifer, womit ihr fremder Gast nach dieser Frau fragte.

„Ich? Sie kennen? Nein, erinnert Euch nur, daß ich heute zum erstenmal in diese Gegend komme. Nur der Name Rosel fiel mir auf."

„Sagt man bei Euch nicht so? Rosel heißt Rosina bei uns, und so nennt man die alte Amme in Lichtenstein."

„Frau! besinnt Euch, habt Ihr denn dies alles so recht gehört von der Frau Rosel? Hat sie dies alles so gesagt? Machet Ihr nicht noch mehr dazu?"

„Gott bewahre mich, daß ich über jemand lästere! Das alles hat mir Frau Rosel gesagt, und noch mehr. Denket Euch, wie recht schlecht[1] das Fräulein ist, sie hat noch einen andern Liebhaber gehabt, und dem ist sie also untreu geworden!"

„Noch einen?" fragte Georg aufmerksam, denn die Erzählung schien ihm mehr und mehr an Wahrscheinlichkeit zuzunehmen.

„Ja, noch einen. Es soll ein gar schöner, lieber Herr sein, sagte mir die Rosel. Sie war mit dem Fräulein einige Zeit in Tübingen, und da war ein Herr von — von — ich glaube, Sturmfittich heißt er — der war auf der hohen Schule, und da lernten sich die beiden Leutchen kennen, und die Amme schwört, es sei nie ein schmuckeres Paar erfunden worden im ganzen Schwabenland."

„Frau Wirtin, wie oft lasset Ihr mich denn klopfen, bis ich einen vollen Becher bekomme," rief ein fetter Herr aus der Trinkstube herauf; denn die Frau Wirtin hatte über ihrer Erzählung alles übrige vergessen.

„Gleich, gleich!" antwortete sie und flog an den Schenktisch hin, den durstigen Herrn zu versehen; und von da ging es zum Keller, und Boden und Küche nahmen sie in An=

spruch, so daß der Gast im Erker gute Weile hatte, einsam
über das, was er gehört hatte, nachzusinnen.

Es war neun Uhr in der Nacht, als der fremde Herr
aufsprang, einige Gänge durchs Zimmer machte und end=
5 lich vor der Hausfrau stehen blieb.

„Wann sagt Ihr," hub er mit leiser, unsicherer Stimme
an, „wann geht der nächtliche Gast nach Lichtenstein, und
wann kommt er zurück?"

„Um elf Uhr, lieber Herr, geht er hinein, und um den
10 ersten Hahnenschrei kommt er wieder über die Zugbrücke."

„Lasset mein Pferd satteln und besorget mir einen
Knecht, der mich nach Lichtenstein geleite."

„Jetzt in der Nacht?" rief die Wirtin und schlug vor
Verwunderung die Hände zusammen. „Jetzt wollet Ihr
15 ausreiten? Ei geht doch.¹ Ihr treibt Spaß mit mir!"

„Nein, gute Frau, es ist mein wahrer Ernst; aber sputet
Euch ein wenig, ich habe Eile."

Nachdem die Rechnung in dem niederen Münzfuß der
guten alten Zeiten berichtigt war, entließ die Wirtin zum
20 goldenen Hirsch ihren Gast. Sie schärfte aber ihrem
Knecht, der ihn begleitete, sorgfältig ein, recht genau auf
ihn acht zu haben, weil es bei diesem Herrn „doch nicht
ganz richtig im Kopfe sei."

Vor dem Thor von Pfullingen fragte der Knecht den
25 nächtlichen Reiter, wohin er reiten wolle, und auf seine
Antwort: „Nach Lichtenstein," schlug er einen Weg rechts
ein, der zum Gebirge führte. Der junge Mann ritt
schweigend durch die Nacht hin; er sah nicht rechts, er sah
nicht links, er sah nicht auf nach den Sternen, nicht hinaus
30 in die Weite, seine gesenkten Blicke hafteten am Boden.

Der Wald hatte längst die Wanderer aufgenommen.
Es war Mitternacht, als sie auf der höchsten Höhe ankamen.

Sie traten heraus aus dem Wald, und getrennt durch eine
weite Kluft von der übrigen Erde lag auf einem einzelnen,
senkrecht aus der nächtlichen Tiefe aufsteigenden Felsen der
Lichtenstein.

Der Ritter warf einen düsteren Blick dorthin und sprang
ab. Er band das Pferd an einen Baum und setzte sich auf
einen bemoosten Stein gegenüber[1] von der Burg. Der
Knecht stand erwartend, was sich weiter begeben werde,
und fragte mehreremal vergeblich, ob er seines Dienstes
jetzt entlassen sei?

„Wie weit ist's noch bis zum ersten Hahnenschrei?"
fragte endlich der stumme Mann auf dem Steine.

„Zwei Stunden, Herr!" war die Antwort des Knechtes.

Der Ritter reichte ihm reichlichen Lohn für sein Geleite
und winkte ihm, zu gehen. Er zögerte, entfernte sich aber
endlich. Nur einmal noch sah er sich um, ehe er in den
Wald eintrat. Der schweigende Gast saß noch immer, die
Stirne in die Hand gestützt, im Schatten einer Eiche, auf
dem bemoosten Stein.

17.

Georg saß brütend und unempfindlich gegen die Kälte
der Nacht auf dem bemoosten Stein, und sein einziger,
immer wiederkehrender Gedanke war, den nächtlichen
Freund „zu stellen[2] und ein Wort mit ihm
zu sprechen."

Es schlug zwei Uhr in einem Dorf über dem Walde, als
er sah, daß sich Lichter an den Fenstern des Schlosses hin
bewegten; erwartungsvoll pochte sein Herz, krampfhaft

hatte seine Hand den langen Griff des Schwertes umfaßt.
Jetzt wurden die Lichter hinter den Gittern des Thores
sichtbar, Hunde schlugen an; Georg sprang auf und warf
den Mantel zurück. Er hörte, wie eine tiefe Stimme ein
5 vernehmliches „Gute Nacht!" sprach. Die Zugbrücke
rauschte nieder und legte sich über den Abgrund, der das
Land von Lichtenstein scheidet, das Thor ging auf, und
ein Mann, den Hut tief ins Gesicht gedrückt, den dunklen
Mantel fest umgezogen, schritt über die Brücke und gerade
10 auf den Ort zu, wo Georg Wache hielt.

Er war noch wenige Schritte entfernt, als dieser mit
einem dröhnenden: „Zieh, Verräter, und wehr' dich deines
Lebens!" auf ihn einstürzte; der Mann im Mantel trat
zurück und zog; im Augenblick begegneten sich die blitzen=
15 den Klingen und rasselten klirrend aneinander.

„Lebendig sollst du mich nicht haben!" rief der andere;
„wenigstens will ich mein Leben teuer genug bezahlen!"
Zugleich sah ihn Georg tapfer auf sich eindringen, und an
den schnellen und gewichtigen Hieben merkte er, daß er
20 keinen zu verachtenden Gegner vor der Klinge habe. Georg
war kein ungeübter Fechter, aber hier hatte er seinen Mann
gefunden. Er fühlte, daß er sich bald auf die eigene Ver=
teidigung beschränken müsse, und wollte eben zu einem
letzten gewaltigen Stoß ausfallen, als plötzlich sein Arm
25 mit ungeheurer Gewalt festgehalten wurde; sein Schwert
wurde ihm in demselben Augenblicke aus der Hand ge=
wunden, zwei mächtige Arme schlangen sich um seinen Leib
und fesselten ihn regungslos, und eine furchtbare Stimme
schrie: „Stoßt zu, Herr! ein solcher Meuchelmörder ver=
30 dient nicht, daß er noch einen Augenblick zum letzten
Paternoster habe!"

„Das kannst du verrichten, Hans," sprach der im

Mantel; „ich stoße keinen Wehrlosen nieder; dort ist sein Schwert, schlag ihn tot, aber mach' es kurz."

„Warum wollt Ihr mich nicht lieber selbst umbringen,

Herr!" sagte Georg mit fester Stimme; „Ihr habt mir meine Liebe gestohlen, was liegt an meinem Leben?"

„Was habe ich?" fragte jener und trat näher.

„Was ist das für eine Stimme?" sprach der Mann,

5

der ihn noch immer umschlungen hielt; „die sollte ich
kennen!" Er drehte den jungen Mann in seinen Armen
um, und wie von einem Blitz getroffen, zog er die Hände
von ihm ab! „Jesus, Maria und Joseph! Da hätten wir
5 bald etwas Schönes gemacht! Aber welcher Unstern¹ führt
Euch auch gerade hieher, Junker? Was denken auch meine
Leute, daß sie Euch fortlassen, ohne daß ich dabei
bin!"

Es war der Pfeifer von Hardt, der Georg also an-
10 redete und ihm die Hand zum Gruß bot; dieser aber blickte
wild bald den Mann im Mantel, bald den Pfeifer an.
„Meinst du," sagte er zu diesem, „ich hätte mich von deinen
Weibern in Gefangenschaft halten lassen sollen, daß ich
deine Verräterei hier nicht sehe? Und Ihr," wandte er
15 sich zu dem anderen, „wenn Ihr ein Mann von Ehre seid,
so stehet mir und fallet nicht zu zwei über einen her;
wenn Ihr wißt, daß ich Georg von Sturmfeder bin, so
mögen Euch meine früheren Ansprüche auf das Fräulein
nicht unbekannt sein, und mit Euch mich zu messen, bin
20 ich hieher gekommen. Darum befehlet diesem Schurken,
daß er mir mein Schwert wieder gebe, und laßt uns ehrlich fechten, wie es Männern geziemt."

„Ihr seid Georg von Sturmfeder?" sprach jener mit
freundlicher Stimme und trat näher zu ihm. „Es scheint
25 mir, Ihr seid etwas im Irrtum hier. Glaubet mir, ich
bin Euch sehr gewogen und hätte Euch längst gerne gesehen.
Nehmet das Ehrenwort eines Mannes, daß mich nicht die
Absichten in jenes Schloß führen, die Ihr mir unterleget,
und seid mein Freund!"

30 Er bot dem überraschten Jüngling die Hand unter dem
Mantel hervor, doch dieser zauderte; die gewichtigen Hiebe
dieses Mannes hatten ihm zwar gesagt, daß er ein Ehren-

werter und Tapferer sei, darum konnte und mußte er seinen
Worten trauen; aber sein Gemüt war noch so verwirrt von
allem, was er gehört und gesehen, daß er ungewiß war,
ob er den Handschlag dessen, den er noch vor einem
Augenblick als seinen bittersten Feind angesehen hatte, empfangen sollte oder nicht. „Wer ist es, der mir die Hand
beut?"[1] fragte er. „Ich habe Euch meinen Namen genannt und könnte wohl billigerweise dasselbe von Euch
verlangen."

Der Unbekannte schlug den Mantel auseinander und
schob das Barett zurück; der Mond beleuchtete ein Gesicht
voll Würde, und Georg begegnete einem glänzenden Auge,
das den Ausdruck gebietender Hoheit trug. „Fraget nicht
nach Namen, ich bin ein Mann, und dies mag Euch genug
sein; wohl führte auch ich einst einen Namen in der Welt,
der sich mit den ehrenwertesten messen konnte, wohl trug
auch ich die goldenen Sporen und den wallenden Helm-
busch, und auf den Ruf meines Hifthorns lauschten viele
hundert Knechte. Er ist verklungen; aber eines ist mir geblieben," setzte er mit unbeschreiblicher Hoheit hinzu, indem
er die Hand des jungen Mannes fester drückte, „ich bin
ein Mann und trage ein Schwert:

> Si fractus illabatur orbis,
> Impavidum ferient ruinae."[2]

Er drückte das Barett wieder in die Stirne, zog seinen
Mantel hoch herauf und ging vorüber in den Wald.

Georg stand in stummem Erstaunen auf sein Schwert
gestützt. Der Anblick dieses Mannes — es war ihm un-
begreiflich — hatte alle Gedanken der Rache in seinem
Herzen ausgelöscht. Dieser gebietende Blick, dieser ge-
winnende, wohlwollende Zug um den Mund, das tapfere,

gewaltige Wesen dieses Mannes erfüllten seine Seele mit
Staunen, mit Achtung, mit Beschämung. Er hatte ge=
schworen, mit Marien in keiner Berührung zu stehen, er
hatte es bekräftigt mit jener tapferen Rechten, die noch eben
5 die gewichtige Klinge leicht wie im Spiel geführt hatte;
er hatte es bestätigt mit einem jener Blicke, deren Strahl
Georg wie den der Sonne nicht zu ertragen vermochte,
eine Bergeslast wälzte sich von seiner Brust, denn er
g l a u b t e , er m u ß t e glauben.

10 „Wer ist dieser Mann?" fragte Georg den Pfeifer, der
noch immer neben ihm stand.

„Ihr hörtet ja," antwortete der Pfeifer, „daß jener
Mann derzeit[1] keinen Namen hat; wenn Ihr übrigens
durchaus erfahren wollet, was er ist, so wisset, er ist ein
15 Geächteter, den der Bund aus seinem Schloß vertrieb;
einst aber war er ein mächtiger Ritter im Schwaben=
land."

„Der Arme! Darum also ging er so verhüllt? Und
mich hielt er wohl für einen Meuchelmörder! Ja, ich
20 erinnere mich, daß er sagte, er wolle sein Leben teuer
genug verkaufen."

„Nehmt mir nicht übel, werter Herr," sagte der Bauer,
„auch ich hielt Euch für einen, der dem Geächteten auf das
Leben lauern soll, darum kam ich ihm zu Hilfe, und hätte
25 ich nicht Eure Stimme noch gehört, wer weiß, ob Ihr noch
lange geatmet hättet. Wie kommt Ihr aber auch um
Mitternacht hieher, und welches Unheil führt Euch gerade
dem geächteten Mann in den Wurf! Wahrlich, Ihr dürft
von Glück sagen, daß er Euch nicht in zwei Stücke ge=
30 hauen; es leben wenige, die vor seinem Schwert stand=
gehalten hätten. Ich vermute, die Liebe hat Euch da einen
argen Streich gespielt!"

Georg erzählte seinem ehemaligen Führer, welche Nach=
richten ihm im Hirsch zu Pfullingen mitgeteilt worden
feien. Namentlich berief er sich auf die Aussage der Amme,
des Pfeifers Schwester, die ihm so höchst wahrscheinlich
gelautet habe.   5

„Dacht' ich's doch, daß es so was[1] sein müsse," ant=
wortete der Pfeifer. „Die Liebe hat manchem noch ärger
mitgespielt. Daran ist aber wieder niemand schuld als
meine alte Rosel, die alte Schwätzerin, was hat sie nötig,
der Wirtin im Hirsch, die auch nichts bei sich behalten   10
kann, zu beichten?"

„Es muß aber doch etwas Wahres an der Sache sein,"
entgegnete Georg, in welchem das alte Mißtrauen hin
und wieder aufblitzte. „So ganz ohne Grund konnte doch
Frau Rosel nichts ersinnen!"   15

„Wahr? Etwas Wahres müsse daran sein? Allerdings
ist alles wahr nach der Reihe; um elf Uhr kommt d e r
M a n n vor das Schloß, die Zugbrücke fällt herab, die
Thore thun sich ihm auf, das Fräulein empfängt ihn und
führt ihn in die Herrenstube —"   20

„Nun? Siehst du?" rief Georg ungeduldig; „wenn
dieses alles wahr ist, wie kann dann jener Manu schwören,
daß er mit dem Fräulein —"

„Daß er mit dem Fräulein ganz und gar nichts
wolle?" antwortete der Pfeifer. „Allerdings kann er das 25
schwören; denn es ist nur e i n Unterschied bei der ganzen
Sache, den die Gans, die Rosel, freilich nicht gewußt
hat, nämlich, daß der Ritter von Lichtenstein in der
Herrenstube sitzt, das Fräulein aber sich entfernt, wenn sie
ihre heimlich bereiteten Speisen aufgetragen hat. Der 30
Alte bleibt bei dem geächteten Mann bis um den ersten
Hahnenschrei, und wenn er gegessen und getrunken und die

erstarrten Glieder am Feuer wieder erwärmt hat, verläßt
er das Schloß, wie er es betreten."

„O ich Thor! Wie nahe lag die Wahrheit, und wie
weit ließ ich mich irre leiten! — Aber sprich," fuhr Georg
5 nach einigem Nachsinnen fort, „auffallend ist es mir doch,
daß dieser geächtete Mann alle Nacht ins Schloß kommt;
in welch[1] unwirtlicher Gegend wohnt er denn, wo er keine
warme Kost, keinen Becher Weins[2] und keinen warmen
Ofen findet?"

10 „Kommt, wenn es Euch gelüstet," antwortete der Pfeifer,
„ich will Euch dahin führen, wo der geächtete Ritter wohnt,
und Ihr werdet nicht mehr fragen, warum er um Mitter=
nacht nach Speise geht!"

Sein Führer ergriff die Zügel des Rosses und führte
15 es einen engen Waldweg bergab. Als die Wanderer auf
einer kleinen, freien Waldwiese angekommen waren, band
der Pfeifer das Pferd an und winkte Georg, zu folgen.
Die Waldwiese brach in eine schroffe, mit dichtem Ge=
sträuch bewachsene Abdachung ab; dort schlug der Pfeifer
20 einige verschlungene Zweige zurück, hinter welchen ein
schmaler Fußpfad sichtbar wurde, welcher abwärts führte.
Nicht ohne Mühe und Gefahr folgte Georg seinem Führer,
der ihm an einigen Stellen kräftig die Hand reichte. Nach=
dem sie etwa achtzig Fuß hinabgestiegen waren, befanden
25 sie sich wieder auf ebenem Grund. Der Pfeifer ging nun
zu einem Baum von ungeheurem Umfang, der innen hohl
sein mußte, denn jener brachte zwei große Kienfackeln
daraus hervor; er schlug Feuer und zündete die Fackeln an.

Als diese hell aufloderten, bemerkte Georg, daß sie vor
30 einem großen Portal stehen, das die Natur in die Felsen=
wand gebrochen hatte; und dies mochte wohl der Eingang
zu der Wohnung sein, wo der Geächtete, wie sich der Pfeifer

ausdrückte, bei dem Schuhu zur Miete war. Der Mann
von Hardt ergriff eine der Fackeln und bat den Jüngling,
die andere zu tragen, denn ihr Weg sei dunkel und hie
und da nicht ohne Gefahr. Nachdem er diese Warnung
geflüstert, schritt er voran in das dunkle Thor.

Georg hatte eine niedere Erdschlucht erwartet, kurz und
eng; aber wie erstaunte er, als die erhabenen Hallen eines
unterirdischen Palastes vor seinen Augen sich aufthaten.
Alle Augenblicke stand er still, von neuem überrascht.
Sein Führer mochte den gewaltigen Eindruck bemerken,
den dieses Wunderwerk der Natur auf die Seele des Jüng=
lings machte. Er nahm ihm die Fackel aus der Hand,
stieg auf einen vorspringenden Felsen und beleuchtete so
einen großen Teil dieser Grotte.

Glänzend weiße Felsen faßten die Wände ein, kühne
Schwibbogen, Wölbungen, über deren Kühnheit das
irdische Auge staunte, bildeten die glänzende Kuppel;
der Tropfstein, aus dem diese Höhle gebildet war, hing
voll von vielen Millionen kleiner Tröpfchen, die in allen
Farben des Regenbogens den Schein zurückwarfen
und als silberreine Quellen in kristallenen Schalen
sich sammelten. In grotesken Gestalten standen Felsen
umher.

Der Führer stieg, nachdem er das Auge des Jünglings
für hinlänglich gesättigt halten mochte, wieder herab von
seinem Felsen. „Das ist die Nebelhöhle," sprach er; „man
kennt sie wenig im Land. Einem, der die Höhle nicht genau
kennt, möchte ich nicht raten, sich herab zu wagen; sie hat
tiefe Schlünde und unterirdische Wasser, aus denen keiner
mehr ans Licht kommt. Auch giebt es geheime Gänge und
Kammern, die nur fünf Männern bekannt sind, die jetzt
leben."

„Und der geächtete Ritter?" fragte Georg.

„Nehmet die Fackel und folget mir," antwortete jener und schritt voran in einen Seitengang. Sie waren wieder etwa zwanzig Schritte gegangen, als Georg die tiefen
5 Töne einer Orgel zu vernehmen glaubte. Er machte seinen Führer darauf aufmerksam.

„Das ist Gesang," entgegnete er, „der tönt in diesen Gewölben gar lieblich und voll. Wenn zwei oder drei Männer singen, so lautet es, als fänge ein ganzer
10 Chor Mönche die Hora."[1] Sie bogen um eine Felsenecke, und von oben herab ertönte ganz nahe die Stimme des Singenden, brach sich an den zackigen Felsen= wänden in vielfachem Echo, bis sie sich verschwebend mit den fallenden Tropfen der feuchten Steine und
15 mit dem Murmeln eines unterirdischen Wasserfalles mischte, der sich in eine dunkle, geheimnisvolle Tiefe ergoß.

„Hier ist der Ort," sprach der Führer, „dort oben in der Felswand ist die Wohnung des unglücklichen Mannes; hört
20 Ihr sein Lied? Wir wollen warten und lauschen, bis er zu Ende ist."

Die Männer lauschten und verstanden etwa folgende Worte, die der Geächtete sang:

> „Ihr warft mich aus den eignen Thoren,
25 > Doch einmal klopf' ich wieder an;
> Drum Mut! Noch ist nicht all[2] verloren,
> Ich hab' ein Schwert und bin ein Mann.
> Ich wanke nicht; ich will es tragen;
> Und ob[3] mein Herz darüber bricht,
> So sollen meine Feinde sagen:
30 > Er war ein Mann und wankte nicht."

Er hatte geendet, und der tiefe Seufzer, den er den verhallenden Tönen seines Liedes nachsandte, ließ ahnen,

daß er im Gesang nicht viel Trost gefunden habe. Dem
rauhen Manne von Hardt war eine große Thräne über
die gebräunte Wange gerollt, und Georg war es nicht
entgangen, wie er sich anstrengte, die alte feste Fassung
wieder zu erhalten und dem Bewohner der Höhle eine 5
heitere Stirne und ein ungetrübtes Auge zu zeigen. Er
gab dem Junker auch die zweite Fackel in die Hand und
klimmte[1] den glatten schlüpfrigen Felsen hinan, der zu der
Grotte führte, woraus der Gesang erklungen war. Georg
dachte sich, daß er ihn vielleicht dem Ritter melden wolle, 10
und bald sah er ihn mit einem tüchtigen Strick zurückkehren. Er klimmte die Hälfte des Felsens wieder herab
und ließ sich die Fackeln geben, die er geschickt in eine
Felsenritze an der Seite steckte; dann warf er Georg den
Strick zu und half ihm so die Felsenwand erklimmen. Er 15
war oben, und wenige Schritte noch, so stand er vor dem
Felsengemach des Geächteten.

***

18.

Der Teil jener großen Höhle, welchen sie jetzt betraten,
unterschied sich merklich von den übrigen Grotten und
Kammern. Er war von Sandstein und hatte, weil dieser 20
Stein die Feuchtigkeit einschluckt, ein trockenes, wohn-
licheres Ansehen. Der Boden war mit Binsen und Stroh
bestreut, eine Lampe, die an der Wand angebracht war,
verbreitete ein hinreichendes Licht auf die Breite und den
größten Teil der Länge dieser Grotte. Gegenüber saß 25
jener Mann auf einem breiten Bärenfelle, neben ihm
stand sein Schwert und ein Hifthorn; ein alter Hut und

der graue Mantel, mit welchem er sich verhüllt hatte,
lagen am Boden.

„Willkommen in meinem Palatium,[1] Georg von Sturm=
feder!" rief der Bewohner der Höhle, indem er sich von
5 dem Bärenfelle aufrichtete, dem Jünglinge die Hand bot
und ihm winkte, auf einen ebenso kunstlosen Sitz von Reh=
fellen sich niederzulassen. „Seid herzlich willkommen. Es
war kein übler Einfall unseres Spielmanns, Euch in diese
Unterwelt herabzuführen und mir einen so angenehmen
10 Gesellschafter zu bringen. Hans! du treue Seele, sieh,
dort hinter jener Säule muß ein Krug alten Weines
stehen. Nimm meinen Jagdbecher von Buchsbaum, gieß
ihn voll bis an den Rand und kredenze ihn unserem
ehrenwerten Gaste."

15 Georg sah erstaunt auf den geächteten Mann. Er hatte
nach dem Schicksal, das ihn betroffen, einen Mann er=
wartet, der zwar unbesiegt von den Stürmen des Lebens,
aber ernst, vielleicht sogar finster in seinem Umgang sein
werde, und er fand ihn heiter, unbesorgt, scherzend über
20 seine Lage, als habe ihn auf der Jagd ein Sturm über=
fallen und genötigt, eine kleine Weile in dieser Höhle Schutz
gegen das Wetter zu suchen.

„Ihr schaut mich verwundert an, werter Gast," sagte
der Ritter, als Georg bald ihn, bald seine Umgebungen
25 mit verwunderten Blicken maß. „Vielleicht habt Ihr er=
wartet, daß ich Euch etwas vorjammern werde? Aber
über was soll ich klagen? Mein Unglück kann in diesem
Augenblick keiner wenden, darum ziemt es sich, daß man
heitere Miene zum bösen Spiel macht. Und sagt selbst,
30 wohne ich hier nicht, wie Fürsten selten wohnen? Habt
Ihr meine Hallen gesehen und die weiten Säle meines
Palastes? Doch hier kommt Hans mit dem Weine. Pflanze

die Krüge nur hier auf, werter Kellermeister, wir wollen
tafeln, wie in den Tagen des Glückes. Ich bring' es Euch,[1]
auf den alten Glanz des Hauses Sturmfeder!"

Georg dankte und trank. „Ich sollte die Ehre erwidern,"
sagte er, „und doch weiß ich Euren Namen nicht, Herr
Ritter. Doch ich bringe es Euch! Möget Ihr bald wieder
siegreich in die Burg Eurer Väter einziehen, möge Euer
Geschlecht auf ewige Zeiten grünen und blühen — es lebe!"
Georg hatte die letzten Worte mit starker Stimme gerufen
und wollte eben den Becher ansetzen, als das Geräusch vieler
Stimmen, vom Eingang der Grotte her, aus der Tiefe
emporstieg, die vernehmlich ,es lebe! lebe!" riefen. Ver=
wundert setzte er den Becher nieder. „Was ist das?" sagte
er, „sind wir nicht allein?"

„Es sind meine Vasallen, die Geister," antwortete der
Ritter lächelnd, „oder wenn Ihr so lieber wollt, das Echo,
das Eurem freundlichen Rufe beistimmt. Ich habe oft,"
setzte er ernster hinzu, „in den Zeiten des Glanzes das
Wohl meines Hauses von hundert Stimmen ausrufen
hören, doch hat es mich nie so erfreut und gerührt als
hier, wo mein einziger Gast es ausbrachte und die Felsen
dieser Unterwelt es beantworteten. Fülle den Becher,
Hans, und trinke auch du, und weißt du einen guten
Spruch, so gieb ihn preis."

Der Pfeifer von Hardt füllte sich den Becher und blickte
Georg mit freundlichen Blicken an: „Ich bring' es Euch.
Junker, und etwas recht Schönes dazu: Das Fräulein
von Lichtenstein!"

„Hallo, ja! ja! trinkt! Junker, trinkt!" rief der Geächtete
und lachte, daß die Höhle dröhnte. ,Aus bis auf den
Boden, aus! Sie soll blühen und leben für Euch! Das
hast du gut gemacht, Hans! Sieh nur, wie unserem Gast

das Blut in die Wangen steigt, wie seine Augen blitzen.
— Dürft Euch nicht schämen! Auch ich habe geliebt und
gefreit, und weiß, wie einem fröhlichen Herzen von vier=
undzwanzig Jahren zu Mute ist!"

5   „Armer Mann!" sagte Georg. „Ihr habt geliebt und
gefreit und mußtet vielleicht ein geliebtes Weib und gute
Kinder zurücklassen?" Er fühlte sich, während er dies
sprach, heftig am Mantel gezogen, er sah sich um, und der
Spielmann winkte ihm schnell mit den Augen, als sei
10 dies ein Punkt, worüber man mit dem Ritter nicht sprechen
müsse. Und den Jüngling gereuten auch seine Worte, denn
die Züge des unglücklichen Mannes verfinsterten sich, und
er warf einen wilden Blick auf Georg, indem er sagte:
„Der Frost im September hat schon oft verderbt, was im
15 Mai gar herrlich blühte, und man fragt nicht, wie es ge=
schehen sei. Meine Kinder habe ich in den Händen rauher,
aber guter Ammen gelassen, sie werden sie, so Gott will,
bewahren, bis der Vater wieder heimkommt." Er hatte
dies mit bewegter, dumpfer Stimme gesprochen, doch als
20 wolle er die trüben Gedanken aus dem Gedächtnis ab=
wischen, fuhr er mit der Hand über die Stirne, und wirk=
lich glätteten sich die Falten, die sich dort zusammengezogen
hatten, augenblicklich; er blickte wieder heiterer um sich her
und sprach:

25 „Der Hans hier kann mir bezeugen, daß ich schon oft
gewünscht habe, Euch zu sehen, Herr von Sturmfeder. Er
hat mir von Eurer sonderbaren Verwundung erzählt, wo
man Euch wahrscheinlich für einen der Vertriebenen ge=
halten und angefallen hat, indessen der Rechte Zeit gewann,
30 zu entfliehen."

„Das soll mir lieb sein," antwortete Georg. „Ich möchte
fast glauben, man hat mich für den Herzog selbst gehalten,

und ich will gerne die tüchtige Schlappe bekommen haben,
wenn er dadurch gerettet wurde."

„Ei, das ist doch viel. Wisset Ihr nicht, daß der Hieb,
der nach Euch geführt wurde, ebenso gut tötlich werden
konnte?"

„Wer zu Feld zieht," entgegnete Georg, „der muß seine
Rechnung mit der Welt so ziemlich abgeschlossen haben.
Ich wäre damals auch gestorben, wenn es hätte sein müssen,
um die Streiche dieser Meuchelmörder von dem Herzog ab=
zulenken."

Der Geächtete sah den Jüngling mit Rührung an und
drückte seine Hand. „Ihr scheint großen Anteil an dem
Herzog zu nehmen," sagte er, indem er seine durchbringen=
den Augen auf ihn heftete, „das hätte ich kaum gedacht;
man sagte mir, Ihr seiet bündisch."

„Ich weiß, Ihr seid ein Anhänger des Herzogs," ant=
wortete Georg, „aber Ihr werdet mir schon ein freies Wort
gestatten. Seht, der Herzog hat manches gethan, was nicht
recht ist; zum Beispiel die Huttische Geschichte; und Ihr
müßt selbst gestehen, er ließ sich doch zu sehr vom Zorne
bemeistern, als er Reutlingen sich unterwarf —"

Er hielt inne, als erwarte er die Antwort des Ritters,
doch dieser schlug die Augen nieder und winkte schweigend
dem jungen Manu, fortzufahren. „Nun, so dachte ich von
dem Herzog. So und nur etwas stärker sprach man von
ihm im Heere, als ich bündisch wurde. Aber eine große
Fürsprecherin hatte er an Marien, und es ist Euch vielleicht
bekannt, daß ich mich auf ihr Zureden lossagte. Nun be=
kamen die Sachen bald eine andere Gestalt in meinen
Augen, — ich sah, daß dem Herzog zu viel geschehe,[1] denn
der Bund hatte offenbar kein Recht, den Herzog aus allen
seinen Besitzungen und sogar von seinem Fürstenstuhl zu

vertreiben und ihn ins Elend zu jagen. Und da gewann
der Herzog wieder in meinen Augen. Er hätte ja viel=
leicht noch eine Schlacht wagen können, aber er wollte
nicht das Blut seiner Württemberger auf ein so gewagtes
5 Spiel setzen. Er hätte können[1] den Leuten Geld abpressen
und die Schweizer damit halten, aber er war größer als
sein Unglück. Seht — das hat mich zu seinem Freunde
gemacht."

Der Ritter sah Georg lange an und drückte seine Hand
10 an sein pochendes Herz. „Wahrlich," sagte er, „es lebt eine
heilige, reine Stimme in dir, junger Freund! Ich kenne
den Herzog wie mich selbst, aber ich darf sagen, wie du
sagtest, er ist größer als sein Unglück und — besser, als
der Ruf von ihm sagt. Aber er hat wenige gefunden, die
15 ihm Probe gehalten haben! Ach, daß er nur hundert ge=
habt hätte, wie du bist, und es hätte kein Fetzen der
bündischen Paniere auf einer württembergischen Zinne
geweht. Daß du sein Freund werden könntest! Doch es sei
ferne von mir, dich einzuladen, sein Unglück mit ihm zu
20 teilen, es ist genug, daß deine Klinge und ein Arm wie der
deinige nicht mehr seinen Feinden gehört."

Georg fühlte sich unwiderstehlich zu diesem geächteten
Mann, zu der Sache, für die er litt, hingezogen; begeistert
faßte er seine Hand und rief: „Nehmt meinen Handschlag,[2]
25 Herr Ritter, ich bin, wie es auch komme, Ulrichs Freund
für immer!"

Eine Thräne glänzte in dem Auge des Geächteten, in=
dem er den Handschlag zurückgab. „Du wagst viel, aber
du bist viel, wenn du Ulrichs Freund bist. Hier vor mir
30 sitzt der Ritter und der Bürger, vergesset einen Augenblick,
daß ich ein armer Ritter und ein unglücklicher geächteter
Mann bin, und denket, ich sei Fürst des Landes, wie ich

Herr der Höhle bin. Ha! noch giebt es ein Württemberg,
wo diese drei zusammenhalten, und sei es auch tief
im Schoß der Erde. Fülle den Becher, Hans, und lege
deine rauhe Hand in die unsrigen, wir wollen den Bund
besiegeln!"

Hans ergriff den vollen Krug und füllte den Becher.
„Trinkt, edle Herren, trinkt," sagte er, „Ihr könnet Euch
in keinem edleren Wein Bescheid thun,[1] als in diesem Uhl=
bacher."

Der Geächtete trank in langen Zügen den Becher
aus, ließ ihn wieder füllen und reichte ihn Georg. „Wie
ist mir doch?"[2] sagte dieser. „Blühet nicht dieser
Wein um Württembergs Stammschloß? Ich glaube,
man nennt also[3] den Wein, der auf jenen Höhen
wächst?"

„Es ist so," antwortete der Geächtete, „Rotenberg
heißt der Berg, an dessen Fuß dieser Wein wächst, und
auf seinem Gipfel steht das Schloß, das Württembergs
Ahnen gebaut haben. — O, ihr schönen Thäler des
Neckars, ihr herrlichen Berge voll Frucht und Wein! Von
euch, von euch auf immer?! Junker! verzeihet einem
Mann, der sonst seinem Kummer nicht Raum giebt.
Aber wenn Ihr je vom Gipfel des Rotenberges hinab=
gesehen hättet auf das Herz von Württemberg, wie der
Neckar durch grüne Ufer zieht, wie Dorf an Dorf mit
den freundlichen roten Dächern aus den Wäldern von
Obstbäumen hervorschaut, wie gute, fleißige Menschen,
kräftige Männer, schöne Weiber auf diesen Höhen, in diesen
Thälern walten und sie zu einem Garten anbauen, —
hättet Ihr dieses mit m e i n e n Augen gesehen, Junker,
und säßet jetzt hier unten, hinausgeworfen, verflucht, ver=
trieben, umgeben von starren Felsen, tief im Schoß der

Erbe! O, der Gedanke ist schrecklich und oft zu mächtig
für ein Männerherz!"

Georg suchte schnell dem Gespräch eine andere Wendung
zu geben: „Ihr waret also oft um den Herzog, Herr
Ritter? O sagt mir, ich bin ja jetzt sein Freund, sagt
mir, wie ist er im Umgang? Wie sieht er aus?
Nicht wahr, er ist sehr veränderlich und hat viele Lau-
nen?"

„Nichts davon," antwortete der Geächtete, „Ihr werdet
ihn sehen und lernet ihn am besten ohne Beschreibung
kennen. Aber schon zu lange haben wir von fremden An-
gelegenheiten gesprochen. Von Euren eigenen saget Ihr
gar nichts? — Ihr schweiget? Glaubet nicht, daß es
Neugierde sei, warum ich frage. Nein, ich glaube Euch
nützlich sein zu können."

„Nach dem, was diese Nacht zwischen uns geschehen ist,"
antwortete Georg, „ist von meiner Seite keine Zurückhal-
tung, kein Geheimnis mehr nötig. Es scheint auch, Ihr
wußtet längst, daß ich Marien liebe, vielleicht auch, daß
sie mir hold ist?"

„O ja," entgegnete der Ritter lächelnd, „denn sie schlug,
wenn von Euch die Rede war, die Augen nieder und errötete bis in die Stirne."

„Ich glaube, Euer scharfes Auge hat richtig bemerkt,
und deswegen will ich nach Lichtenstein. Sobald der
Morgen herauf ist, will ich oben im Schloß einsprechen,
und ich hoffe, ich komme dem alten Herrn jetzt willkommener, da ich das neutrale Gebiet verlassen und zu
seiner Farbe mich geschlagen habe."

„Wohl werdet Ihr ihm willkommen sein, wenn Ihr
als Freund des Herzogs kommt. Wenn Ihr an die Zugbrücke von Lichtenstein kommt," fuhr der Ritter fort, „so

gebet dem nächsten besten[1] Knecht den Zettel, den ich Euch
schreiben werde, und diesen Ring, solches dem Herrn des
Schlosses zu bringen, und Ihr werdet gewiß empfangen
werden, als wäret Ihr des Herzogs eigener Sohn. Doch
für das Fräulein müßt Ihr Eure eigenen Zeichen haben,   5
denn auf sie erstreckt sich mein Zauber nicht." Er zog bei
diesen Worten einen breiten Goldreif vom Finger. Ein
roter Stein war in die Mitte gefaßt, und auf dem Wappen-
helm erkannte der junge Mann das Zeichen Württembergs.
Um den Ring standen erhabene eingeprägte Buchstaben,   10
deren Sinn er nicht verstand. Sie hießen U H Z W U T.

"Diesen Ring," sagte der geächtete Ritter, "trug der
Herzog lange an seiner Hand, und er war mir immer sehr
wert, ich habe aber noch viele andere Andenken von ihm
und konnte dieses an keinen Besseren abtreten. Die   15
Zeichen heißen Ulrich Herzog zu Württemberg und Teck!"

"Er wird mir ewig teuer sein," erwiderte Georg, "als
ein Andenken an den unglücklichen Herrn, dessen Namen er
trägt, und als schöne Erinnerung an Euch, Herr Ritter,
und die Nacht in der Höhle."   20

"So gerne ich Euch noch tagelang in meinem Palast
beherbergen würde," sprach der geächtete Ritter, "so möchte
ich Euch doch raten, nach Lichtenstein aufzubrechen, wenn
Ihr ein warmes Frühstück haben wollet. In meiner Höhle
kann ich Euch leider keines bereiten lassen, denn wir machen 25
niemals Feuer an, weil der Rauch uns gar zu leicht verraten könnte."

Georg dankte ihm für seine Beherbergung, während der
Pfeifer die Fackeln angezündet hatte und erwartend am
Eingang der Grotte stand. Der geächtete Ritter drückte 30
einen Kuß auf die Lippen des Jünglings und winkte ihm
zu gehen. Er ging; noch nie war ihm ein Mensch so

freundlich nahe, und doch zugleich so unendlich hoch über
ihm gestanden. Er bewunderte die Erhabenheit des
menschlichen Geistes über jedes irdische Verhältnis und
dachte nach über die Majestät einer großen Seele, die auch
5 im Gewande eines Bettlers ihren angeborenen Adel nicht
verleugnen kann.

Ein heller freundlicher Tag empfing sie, als sie aus der
Nacht der Höhle zum Licht herausstiegen. Sie fanden das
Pferd des jungen Ritters noch an derselben Stelle ange=

10 bunden. Georg machte seine Kleidung und das Zeug des
Rosses zurecht, während der Bauer diesem einige Hände
voll Heu zum Morgenbrot reichte, und dann ging es weiter
den Berg hinan.

Bald aber unterbrach der Bauer das Schweigen und
15 sagte: „Da sind wir schon. Sehet Ihr dort den Turm aus
den Wipfeln ragen? Noch eine kleine Viertelstunde, und
Ihr seid oben. Lebet wohl, vielleicht, daß ich Euch schon
heute nacht wieder sehe. Ich steige jetzt ins Land hinab
und bringe dann dem Herrn in der Höhle Kundschaft, wie

es dort unten aussieht. Vergesset nicht, an der Brücke
Brief und Ring dem Herrn des Schlosses zu senden."

„Ich danke dir für dein Geleite, und grüße meinen
werten Gastfreund in der Höhle." Georg sprach es, trieb
sein Pferd an, und in wenigen Augenblicken war er vor
der äußeren Verschanzung von Lichtenstein angelangt.

Ein Knecht, der das Thor bewachte, fragte nach seinem
Begehr und rief einen andern herbei, ihrem Herrn das
Brieflein und den Ring zu übergeben. Bald tönten
Schritte über die Brücke, das Thor that sich auf, und der
Herr des Schlosses erschien selbst, seinen Gast zu em=
pfangen. Es war jener ernste, ältliche Mann, den Georg
in Ulm mehreremal gesehen, dessen Bild er nicht vergessen
hatte.

„Ihr seid willkommen in Lichtenstein!" sagte der alte
Herr, indem er seinem Gast die Hand bot. — „Verzeihet,
werter Herr, daß man Euch so lange unbedient stehen ließ.
Wollet Ihr mir folgen?" Er ging voran über die Zug=
brücke, und Georg folgte ihm in das Schloß.

———————

19.

Als die beiden Männer in dem weiten Saale von
Lichtenstein allein waren, trat der Alte dicht vor Georg
hin und schaute ihn an, als messe er prüfend seine Züge.
Ein Strahl von Begeisterung und Freude drang aus seinen
Augen, und die Melancholie seiner Stirne war verschwun=
den, er war heiter, fröhlich sogar, wie der Vater, der einen
Sohn empfängt, der von langen Reisen zurückkehrt. End=
lich stahl sich eine Thräne aus seinem glänzenden Auge,

aber es war eine Thräne der Freude, denn er zog den über=
raschten Jüngling an sein Herz.

„Ich pflege nicht weich zu sein," sprach er nach dieser
feierlichen Umarmung zu Georg; „aber solche Augenblicke
überwinden die Natur, denn sie sind selten. Darf ich denn
wirklich meinen alten Augen trauen? Trügen die Züge
dieses Briefes nicht? Ist dieses Siegel echt, und darf ich
ihm glauben? Doch — was zweifle ich! Hat nicht die
Natur Euch ihr Siegel auf die freie Stirn gedrückt? Sind
die Züge nicht echt, die sie auf den offenen Brief Eures
Gesichtes geschrieben? Nein, Ihr könnet nicht täuschen —
die Sache meines unglücklichen Herrn hat einen Freund
gefunden?"

Die Wangen des jungen Mannes glühten, sein Auge
strahlte vor Freude. Sein langer Wunsch, dessen Erfül=
lung oft so weit in die Ferne hinausgerückt schien, war
in Erfüllung gegangen; er hatte unbewußt Mariens Vater
für sich gewonnen. „Ja," antwortete Georg, „als ich unten
in der Höhle neben jenem geächteten Mann saß, als ich
bedachte, wie man mit den Edeln und selbst mit dem Herrn
des Landes umgehe, wie seine gewaltigen Reden so mächtig
an meiner Brust anklopften, da war es mir auf einmal
hell und klar, hieher müsse ich stehen, hier müsse ich
streiten. Und glaubt Ihr, es werde bald etwas zu thun
geben? Denn ich bin nicht zu Euch herübergeritten, um
die Hände in den Schoß zu legen!"

„Das konnte ich mir denken," sagte der Ritter lächelnd;
„vor vierzig Jahren hatte ich auch so rasches Blut, und
es ließ mich nicht lange auf einem Fleck. Wie die Sachen
stehen, wißt Ihr; man kann sagen, eher schlimm als gut.
Sie haben das Unterland, sie haben den ganzen Strich
von Urach herauf. Auf e i n e s kommt alles an: hält

Tübingen fest, so siegen wir — aber ich fürchte, ich fürchte!"

„Wie? Unmöglich! Das Schloß ist stark, ich habe kein stärkeres gesehen," rief Georg.

„Ihr habt noch wenig erfahren in der Welt," erwiderte der Alte; „Ihr wißt nicht, welche Lockungen und Schlingen manchen ehrlichen Mann straucheln machen können; und es ist mancher in der Burg, dem der Herzog zu viel getraut hat."

„Der arme Herr!" rief Georg bewegt. „O daß ich ihn sehen könnte, daß ich mich mit ihm nach Tübingen schleichen könnte!"

Ein sonderbares Lächeln flog flüchtig über die ernsten Züge des Alten. „Ihr werdet ihn sehen, wenn es Zeit ist,' sagte er. „Und ist das Glück gut, so sollt Ihr auch mit ihm nach Tübingen kommen, Ihr habt mein Wort drauf. — Doch jetzt muß ich Euch bitten, Euch ein Stündchen allein zu gedulden. Mich ruft ein Geschäft, das aber bald abgethan sein wird. Nehmt Euch meinen Wein zum Ge= sellschafter, schauet Euch um in meinem Haus." Der alte Herr drückte seinem Gast noch einmal die Hand und verließ das Zimmer.

Als sich der junge Mann allein gelassen sah, fing er an, seinen Anzug ein wenig zu besorgen, der durch den Ritt in der Nacht, durch seinen Aufenthalt in der Höhle etwas außer Ordnung gekommen war.

Es waren fröhliche Gedanken, die sich in bunter Menge an feiner Seele vorüber drängten. Dies war die Burg, die er seit mehr als einem Jahre im Wachen geträumt, in Träumen klar gesehen hatte, dies die Berge, die Felsen, von denen Marie ihm so oft erzählte, dies die Gemächer ihrer Kindheit! Es war ihm so heimisch, so wohl in

diesem Hanse, es war i h r Geist, der hier waltete, der ihn
umschwebte, den er, ob[1] sie auch fern war, freundlich be=
grüßte. Diese Blumen, die in einem Topf auf dem Tische
standen, hatte sie vielleicht heute schon gepflückt. Er beugte
sich herab über die Blumen. In diesem Augenblick glaubte
er ein Geräusch vor der Thüre zu vernehmen. Er sah sich
um — sie war es, es war Marie, die staunend und regungs=
los, als traue sie ihren Augen nicht, an der Thüre stand.
Er flog zu ihr hin, er zog sie in seine Arme. Wie viel
hatten sie sich zu fragen, bei weitem mehr als sie nur ant=
worten konnten! Es gab Augenblicke, wo sie, wie aus
einem Traum erwacht, sich ansahen, sich überzeugen
mußten, ob sie denn wirklich sich wieder haben?

„Wie viel habe ich um dich gelitten,“ sagte Marie, „wie
schwer wurde mir das Herz, als ich aus Ulm scheiden
mußte! Zwar hattest du mir gelobt, vom Bunde abzu=
laffen, aber hatte ich denn Hoffnung, dich so bald wieder=
zusehen? — Und dann, wie mir Hans die Nachricht brachte,
daß du mit ihm nach Lichtenstein kommen wolltest, aber du
seist überfallen, verwundet worden. Das Herz wollte mir
bald brechen, und doch konnte ich nicht zu dir, konnte dich
nicht pflegen!“

Georg suchte sein Erröten zu verbergen, er erzählte, oft
unterbrochen von ihren Fragen, wie sich alles so gefügt
habe, wie er dem Bunde abgesagt, wie er überfallen worden
wie er der Pflege der Pfeifersfrau sich entzogen habe, um
nach Lichtenstein zu reisen.

Georg war zu ehrlich, als daß ihn Mariens Fragen
nicht hin und wieder in Verlegenheit gesetzt hätten. Be=
sonders als sie mit Verwunderung fragte, warum er denn
so tief in der Nacht erst nach Lichtenstein aufgebrochen sei,
wußte er sich nicht zu raten.

„Ich will es nur gestehen," sagte er mit niedergeschla=
genen Augen, „die Wirtin in Pfullingen hat mich bethört."

„Die Wirtin?" rief Marie lächelnd.

„Ich weiß ja, daß ich ein Thor war. Der geächtete
Ritter hat mich ja schon längst überzeugt!"

„So entgehst du mir nicht. Gestehe nur gleich —"

„Nun, lache mich nur recht aus. Sie erzählte, du habest
einen Liebsten und lassest ihn, wenn der Vater schlafe, alle
Nacht in die Burg."

Marie errötete. „Nun, ich hoffe," sagte sie, „du hast
ihr darauf geantwortet, wie es sich gehört, und aus Un=
mut über eine solche Verleumbung ihr Haus verlassen?
Dachtest vielleicht, du könntest unser Schloß noch erreichen
und hier übernachten?"

„Ehrlich gestanden, das dachte ich nicht. Die alte
Frau Rosel wurde aufgeführt, sie hatte es der Wirtin
gesagt, sie hatte mich selbst ins Spiel gebracht und
bedauert, daß ich um meine Liebe betrogen sei, da —
o sieh nicht weg, Marie, werde mir nicht böse! — ich
schwang mich aufs Pferd und ritt vors Schloß herauf,
um ein Wort mit dem zu sprechen, der es wage, Marien zu
lieben."

„Das konntest du glauben?" rief Marie, und Thränen
stürzten aus ihren Augen.

Georg zürnte sich selbst, daß er so thöricht hatte sein
können. „Verzeihe mir nur diesmal," bat er; „sieh,
wenn ich dich nicht so lieb gehabt hätte, ich hätte ge=
wiß nicht geglaubt; aber wenn du wüßtest, was Eifer=
sucht ist!"

„Wer recht liebt, kann gar nicht eifersüchtig sein," sagte
Marie unmutig. „Wenn Ihr[1] nur einen Augenblick so
Arges von mir für möglich gehalten hättet, ich wieder=

hole es, Herr von Sturmfeder! so habt Ihr mich nie ge=
liebt. Ein Mann muß sich nicht wie ein Rohr hin und her
bewegen lassen, er muß feststehen auf seiner Meinung, und
wenn er liebt, so muß er auch glauben."

"Diesen Vorwurf habe ich von dir am wenigsten ver=
dient," sagte der junge Mann, indem er unmutig auf=
sprang; "wohl bin ich ein Rohr, das vom Winde hin und her
bewegt wird, und mancher wird mich darum verachten —"

"Es könnte sein!" flüsterte sie, doch nicht so leise, daß
es sein Ohr nicht erreichte und seinen Unmut zum Zorn
anblies.

"Auch du willst mich also darum verachten, und doch
bist du es, was mich hin und her bewegt! Ich kam zu
euch herüber, es kostete mich beinahe das Leben, und doch
ließ ich mich nicht abschrecken. Ich ergriff Württembergs
Partei, ich kam zu deinem Vater, er nahm mich wie einen
Sohn auf und freute sich, daß ich sein Freund geworden —
aber seine Tochter schilt mich ein Rohr, das vom Winde
hin und her bewegt wird! Aber noch einmal will ich mich
— zum letztenmal — von dir bewegen lassen: ich will fort,
weil du meine Liebe so vergiltst, noch in dieser Stunde will
ich fort!"

Er gürtete unter den letzten Worten sein Schwert um,
ergriff sein Barett und wandte sich zur Thüre.

"Georg!" rief Marie mit den süßesten Tönen der Liebe,
indem sie aufsprang und seine Hand faßte. Ihr Stolz,
ihr Zorn, jede Wolke des Unmuts war verschwunden, selbst
die Thränen hemmten ihren Lauf, und nur bittende Liebe
blickte aus ihrem Auge. "Um Gottes willen, Georg! ich
meinte es nicht so böse; bleibe bei mir, ich will alles ver=
gessen, ich schäme mich, daß ich so unwillig werden konnte."

Aber der Zorn des jungen Mannes war nicht so schnell

zu besänftigen, er sah weg, um nicht durch ihre Blicke
gewonnen zu werden. „Nein!" rief er, „du sollst das Rohr
nicht mehr zurückwenden. Aber deinem Vater kannst du
sagen, wie du seinen Gast aus seinem Haus vertrieben
hast." Er entriß seine Hand der Geliebten, gefolgt von
ihr schritt er fort, er riß die Thüre auf, um auf ewig zu
fliehen. Da richtete sich aus einer sehr gebückten Stellung
die hagere, knöcherne Gestalt der Frau Rosel auf.

Der junge Mann hatte die Thür so rasch geöffnet, daß
sie nicht mehr Zeit gehabt hatte, sich zu entfernen, sondern
kaum noch aus ihrer gebückten Stellung am Schlüsselloch
auftauchen konnte. Doch sie wußte sich zu helfen in solchen
mißlichen Fällen, sie ergriff die Hände des jungen Mannes.

„Ei, du meine Güte! hätt' ich glaubt,[1] daß meine alten
Augen den Junker von Sturmfeder noch schauen würden!
Und ich mein', Ihr seid noch schöner worden und größer,
seit ich Euch nimmer sah! Steh' da,[2] wie ein Stock an
der Thür, denke, ei! wer spricht jetzt mit dem gnädigen
Fräulein? Der Herr ist's nicht! Ei, was man nicht er-
lebt! Jetzt ist's der Junker Georg, der da drin spricht!"

Georg hatte sich während dieser Rede der Frau Rosel
vergeblich von ihr loszumachen gesucht. Er fühlte seinen
Unmut schwinden, er fühlte, daß es Marie nicht so bös
mit ihm gemeint habe. — Wie sollte er aber jetzt mit
Ehren zurückkehren? Wie sollte er so ganz ungekränkt
scheinen?

Frau Rosel faßte die Hand des Junkers fester: „Ihr
werdet uns doch nicht schon wieder verlassen wollen? Ehe
Ihr etwas zu Mittag gegessen, läßt Euch die alte Rosel
gar nicht weiter, das ist gegen alle Sitte des Schlosses.
Und den Herrn habt Ihr wahrscheinlich auch noch nicht
begrüßt?"

„Ich habe ihn schon gesprochen, dort stehen noch die
Becher, die wir zusammen leerten.“

„Nun,“ fuhr die Alte fort, „da werdet Ihr wohl noch
nicht von ihm Abschied genommen haben?“

„Nein, ich sollte ihn im Schloß erwarten.“

„Ei, wer wird dann gehen wollen? Der Herr könnte
ja wunder meinen, was für einen sonderbaren Gast er be=
herbergte. Wer bei Tag kommt,“ setzte sie mit einem
stechenden Blick auf das Fräulein hinzu, „wer beim hellen
Tag kommt, hat ein gut Gewissen und darf sich nicht
wegschleichen wie der Dieb in der Nacht.“

Marie errötete und drückte die Hand des Jünglings, und
unwillkürlich mußte dieser lächeln, wenn er an den Irrtum
der Alten dachte und die strafenden Blicke sah, die sie auf
Marien warf.

„Du siehst, er bleibt da,“ entgegnete das Fräulein etwas
gereizt, „was willst du nur mit deinen Reden? übrigens
wirst du wohl thun, wenn du den Vater nicht geradezu
merken läßt, daß du Herru von Sturmfeder schon kennst.“

Marie gab Georg einen Wink, den er nicht unbeachtet
ließ. Ihm selbst war viel daran gelegen, daß Mariens
Vater noch nichts um ihre Liebe wußte. Dies erwägend,
näherte sich Georg der alten Frau Rosel. Er klopfte ihr
traulich auf die Schulter, und ihre Züge hellten sich zu=
sehends auf. „Man muß gestehen,“ sagte er freundlich,
„Frau Rosalie hat eine schöne Haube; aber dies Band
paßt doch wahrlich nicht dazu, es ist alt und verschossen.“[1]

„Ei was!“ sagte die Alte etwas ärgerlich· „was kümmert
Euch meine Haube? Ich bin ein armes Weib und kann
nicht Staat machen wie eine Reichsgräfin.“

„Nun, so hab’ ich’s nicht gemeint,“ sagte Georg besänf=
tigend, indem er eine Silbermünze aus seinem Beutelein

zog. „Aber mir zu Gefallen ändert Frau Rosalie schon
ihr Haub; und daß meine Forderung nicht gar zu un=
billig klingt, wird sie diesen Dickthaler[1] nicht ver=
schmähen!"

„Ihr seid doch der alte freundliche Junker!" sagte sie,
indem sie, sich tief verneigend, den Saum von Georgs
Mantel zum Munde führte. „Gerade so wußtet Ihr es
in Tübingen zu machen; wenigstens zwei Dritteile[2] von
dem Rock, den ich hier trag', verdank' ich Eurer Gnade!"

„Laßt das, gute Frau," unterbrach sie Georg. „Und
was den Herrn betrifft, so wirst du —"

„Was meint Ihr!" erwiderte sie, indem sie die Augen
halb zudrückte. „Habe Euch in meinem Leben nicht ge=
sehen. Nein, da könnt Ihr Euch drauf verlassen."[3]

Sie verließ bei diesen Worten das Zimmer und stieg
in den ersten Stock hinab, um dort in der Küche ihr Regi=
ment zu verwalten.

Die Liebenden hatten sich nach ihrem Abzug bald wieder
gefunden. Mit hohem Interesse hörte Marie auf Georgs
fernere Erzählung. Als er beschrieb, wie er auf den
Ritter getroffen und sich mit ihm geschlagen habe, da er=
rötete sie, richtete sich stolzer auf und drückte die Hand des
Geliebten, sie gestand ihm, daß er einen wichtigen Kampf
bestanden habe, denn jener Mann sei ein tapferer Kämpe.
Und als er erzählte, wie sie hinabgestiegen in die Nebel=
höhle, was sie gesprochen, und wie der Mann der Höhle
sich seinen Freund genannt, wie er sich zu Württembergs
Sache, zu der Sache der Unterdrückten und Vertriebenen
mit Wort und Handschlag verpflichtet habe, da strahlte
Mariens Auge von wunderbarem Glanze.

„Georg!" sagte sie, „es werden viele sein, die dich einst
um diese Nacht beneiden werden. Du darfst es dir auch zur

Ehre rechnen, denn glaube mir, nicht jeden hätte Hans zu
dem Vertriebenen geführt."

„Du kennst ihn," erwiderte Georg; „du weißt um sein
Geheimniß? O sag' mir doch, wer ist er?"

5 „Wenn er dir es nicht selbst gesagt hat, so darf ich ihn
auch nicht nennen, das wäre gegen mein Wort, das ich
darauf gegeben. Wenn der Mann kommt, will ich ihn
fragen, ob du es wissen darfst. — Doch hier kommt der
Vater den Berg herauf; willst du, daß es ihm verborgen
10 bleibe, so nimm dich zusammen und verrate dich nicht.
Ich gehe jetzt; denn es ist nicht gut, wenn er uns beisammen
antrifft."

20.

Der Herr des Schlosses hatte Georg von Sturmfeder
eingeladen, bei ihm zu verweilen, bis etwa der Krieg eine
15 andere Wendung nehmen würde oder Gelegenheit da wäre,
der Sache des Herzogs wichtige Dienste zu leisten. Man
kann sich denken, wie gerne der junge Mann diese Einladung annahm. Unter e i n e m Dach mit der Geliebten,
immer in ihrer Nähe, oft ein Stündchen mit ihr allein,
20 von ihrem Vater geliebt — er hatte in seinen kühnsten
Träumen kein ähnliches Glück ahnen können.

Es kamen zu verschiedenen Tageszeiten Boten in die
Burg, aber sie kamen und gingen, ohne daß der Ritter
seinem Gast eröffnete, was sie gebracht haben. Der junge
25 Mann fühlte sich etwas beleidigt über diesen Mangel an
Zutrauen. Marie suchte ihn zu trösten. Er konnte endlich
aber dieses Stillschweigen nicht länger ertragen. Er fragte,

wie es mit dem Herzog und seinen Plänen stehe, ob man
nicht auch seiner endlich einmal bedürfe? Aber der Ritter
von Lichtenstein drückte ihm freundlich die Hand und sagte:
„Ich sehe schon lange, wackerer Junge, wie es dir das Herz
beinahe abdrücken will, daß du nicht teilnehmen kannst an   5
unseren Mühen und Sorgen; aber gedulde dich noch einige
Zeit, vielleicht nur e i n e n Tag noch, so wird sich manches
entscheiden. Wenn die Entscheidung naht, dann, glaube
mir, wirst du ein willkommener Genosse sein, bei Rat und
That."   10

Der junge Mann sah ein, daß der Alte recht haben
könne, und doch war er nichts weniger[1] als zufrieden mit
dieser Antwort. Er hatte dem Herrn von Lichtenstein ge=
sagt, wie sehr ihn der Manu in der Höhle angezogen habe,
wie er nichts Erfreulicheres kenne, als recht oft in dessen   15
Nähe zu sein und dennoch hatte man ihn nie mit einem
Wort eingeladen, eine Nacht mit dem geheimnisvollen
Gaste zuzubringen. Er wartete von Nacht zu Nacht, ob
man ihn nicht herabrufen werde, jenen Mann zu sprechen;
es geschah nicht.   20

Es blieb ihm daher nichts übrig, als sich irgendwo zu
verbergen, wenn er den nächtlichen Besuch sehen wollte.
Er bemerkte an der Zugbrücke eine Nische, die von den
Thorflügeln bedeckt wurde, welche man nur, wenn der
Feind vor den Thoren war, verschloß. Dies war der Ort,   25
der ihm Sicherheit und zugleich Raum genug zu gewähren
schien, um zu beobachten, was um ihn her vorging.

Um acht Uhr kam der Knappe mit der Lampe, um ihm
wie gewöhnlich ins Bett zu leuchten. Der Herr des
Schlosses und seine Tochter sagten ihm freundlich gute   30
Nacht. Er stieg hinan in seine Kammer, er entließ den
Knecht, der ihn sonst entkleidete, und warf sich angekleidet

auf das Bett. Er lauschte auf jeden Glockenschlag, den die
Nachtluft aus dem Dorf hinter dem Walde herübertrug.

Zehn Uhr war längst vorüber. Die Burg war still und
tot. Georg raffte sich auf, zog die schweren Sporen und
Stiefel ab, hüllte sich in seinen Mantel und öffnete die
Thür seiner Kammer. Er stieg behutsam hinab. In der
Stille der Nacht tönt alles lauter, und Dinge erwecken die
Aufmerksamkeit, die man am Tage nicht beachtet hätte.
Er kam an dem ersten Stock vorüber. Er lauschte, er hörte
niemand. Endlich war er unten.

Er stellte sich in die Nische und zog den Thorflügel noch
näher zu sich her, so daß er völlig von ihm bedeckt war.
Nach einer tötlich langen Viertelstunde schlug es im Dorfe
elf Uhr. Dies war die Zeit des nächtlichen Besuches, Georg
schärfte sein Ohr, um zu vernehmen, wann er komme.
Nach wenigen Minuten hörte er oben den Hund anschlagen,
zugleich rief über dem Graben eine tiefe Stimme: „Lichten=
stein!"

„Wer da?" fragte man aus der Burg.

„Der Mann ist da!" antwortete jene Stimme, die
Georg von seinem Besuche in der Höhle so wohl bekannt
war.

Der Burgwart kam aus einer Kasematte, die in den
Grundfelsen gehauen war. Und jetzt kam auch Marie, sie
trug ein Windlicht und leuchtete damit dem Alten. Die
Ketten rauschten, die Brücke senkte sich langsam und legte
sich über den Abgrund. Der Mann aus der Höhle, in
seinen groben Mantel eingehüllt, schritt herüber. Georg
hatte sich das Bild dieses Mannes tief ins Herz geprägt.
Der Schein des Windlichtes fiel auf ihn und Marie, und
noch lange Jahre bewahrte Georg die Erinnerung an diese
Gruppe.

„Hu! eine kalte Nacht, Fräulein," sagte der Geächtete, „meine Schuhu und Käuzlein in der Nebelhöhle
muß es auch gewaltig frieren, denn sie schrieen und
jammerten in kläglichen Tönen, als ich heraufstieg."

„Ja, es ist kalt," antwortete sie, „um keinen Preis möchte
ich mit Euch hinabsteigen. Und wie schauerlich muß es sein,
wenn die Käuzlein schreien. Mir graut, wenn ich nur
daran denke."

„Wenn Junker Georg Euch begleitete, ginget Ihr doch
mit," erwiderte jener lächelnd, indem er das errötende
Gesicht des Mädchens am Kinn ein wenig in die Höhe hob.
„Nicht wahr? Was das für eine Liebe sein muß! Was
gebt Ihr mir, wenn ich für den Junker ein gutes Wort
einlege beim Vater, daß er ihn Euch zum Manu giebt?
Ihr wißt, der Alte thut, was ich haben will, und wenn ich
ihm einen Schwiegersohn empfehle, nimmt er ihn unbe-
sehen. Alles hat seinen Preis. Nun, was wird mir dafür?"

Marie schlug die Augen nieder. „Ein schöner Dank,"
sagte sie; „aber kommt, Herr, der Vater wird schon längst
auf uns warten."

Sie wollte vorangehen, der Geächtete aber ergriff ihre
Hand und hielt sie auf.

„Warum so eilig?" hörte Georg den Mann der Höhle
sagen. „Nun, sei es um ein Küßchen, so will ich loben
und preisen, daß dein Vater sogleich den Pfaffen holen
läßt, um das heilige Sakrament der Ehe an Euch zu voll-
ziehen." Er senkte sein Haupt gegen Marie herab, Georg
schwindelte¹ es vor den Augen, er war im Begriff, aus
seinem Hinterhalt hervorzubrechen; das Fräulein aber sah
jenen Mann mit einem strafenden Blick an. „Das kann
unmöglich Euer Gnaden Ernst sein," sagte sie, „sonst hättet
Ihr mich zum letztenmal gesehen."

„Wenn Ihr wüßtet, wie erhaben und schön Euch dieser Trotz steht," sagte der Ritter mit unerschütterlicher Freund= lichkeit, „Ihr ginget den ganzen Tag im Zorn und in der Wut umher. Übrigens habt Ihr recht, wenn man schon

5 einen andern so tief im Herzen hat, darf man keine solche Gunst mehr ausspenden. Aber feurige Kohlen will ich auf Euer Haupt sammeln, ich will dennoch den Fürsprecher machen und an Eurem Hochzeitstag will ich bei Eurem Liebsten um einen Kuß anhalten, dann wollen wir sehen,

10 wer recht behält."

„Das könnet Ihr!" sagte Marie, indem sie mit dem Licht voranging; „aber machet Euch immer auf eine ab= schlägige Antwort gefaßt, denn über diesen Punkt spaßt er nicht gerne."

15 Ihre Stimmen entfernten sich immer mehr und wurden undeutlicher. Georg schöpfte wieder freien Atem. Er lauschte und harrte noch in seiner Nische, bis er niemand mehr auf den Treppen und Gängen hörte. Dann verließ er seinen Platz und schlich nach seiner Kammer zurück.

20 Die letzten Worte Mariens und des Geächteten lagen noch in seinen Ohren. Er schämte sich seiner Eifersucht. Er verbarg sein errötendes Gesicht tief in den Kissen, und erst spät entführte ihn der Schlummer diesen quälenden Ge= danken.

25 Als er am andern Morgen in die Herrenstube hinab= ging, wo sich um sieben Uhr gewöhnlich die Familie zum Frühstück versammelte, kam ihm Marie mit verweinten Augen entgegen. Sie führte ihn auf die Seite und flüsterte ihm zu: „Tritt leise ein, Georg! Der Ritter aus der Höhle

30 ist im Zimmer. Er ist vor einer Stunde ein wenig ein= geschlummert. Wir wollen ihm diese Ruhe gönnen!"

„Der Geächtete!" fragte Georg staunend, „wie kann er

es wagen, noch bei Tag hier zu sein? Ist er krank ge=
worden?"

„Nein!" antwortete Marie, indem von neuem Thränen
in ihren Wimpern hingen; „nein! Es muß in dieser
Stunde noch ein Bote von Tübingen anlangen, und diesen
will er erwarten. Wir haben ihn gebeten, beschworen, er
möchte doch vor Tag hinabgehen, er hat nicht darauf ge=
hört. Sein Hauptgrund zu bleiben ist, daß er sich gleich
mit dem Vater beraten will, sobald er Nachricht bekommt."

Sie waren während dieser Rede an die Thüre der
Herrenstube gekommen, Marie schloß so leise als möglich
auf und trat mit Georg ein.

Die Herrenstube unterschied sich von dem großen Gemach
im obern Stock nur dadurch, daß sie kleiner war. Vor einem
großen Tisch in der Mitte des Zimmers saß der Herr des
Schlosses. Er hatte sein Kinn mit dem langen Bart auf
die Hand gestützt und schaute finster und regungslos in
einen Becher, der vor ihm stand. Er grüßte seinen jungen
Gast, als dieser an den Tisch zu ihm getreten war, durch
ein leichtes Neigen des Hauptes, indem ein kaum bemerk=
liches Lächeln um seinen Mund zog. Er wies auf einen
Becher und einen Stuhl zu seiner Seite. Georg setzte sich
an die Seite des Alten und trank.

Dieser rückte ihm näher und flüsterte ihm mit heiserer
Stimme zu: „Ich fürchte, es steht schlimm!"

„Habt Ihr Nachricht?" fragte Georg ebenso heimlich.

„Ein Bauer sagte mir heute früh, gestern abend haben
die Tübinger mit dem Bunde gehandelt."

„Gott im Himmel!" rief Georg unwillkürlich aus.

„Seid still und weckt ihn nicht! Er wird es nur zu
früh erfahren," entgegnete ihm jener, indem er auf die
andere Seite der Stube deutete.

Georg sah dorthin. An einem Fenster der Seite saß
der geächtete Mann. Er schlummerte. Zu seinen Füßen
lag sein großer Hund; er hatte seinen Kopf auf den Fuß
seines Herrn gelegt, seine treuen Augen hingen teilnehmend
5 an dem Haupt des Geächteten.

„Er schläft," sagte der Alte und zerdrückte eine Thräne
in den Augen. „Die Wirklichkeit ist so traurig, wer sollte
ihm nicht wünschen, daß er sie im Traume vergißt!"

„Es ist ein hartes Schicksal!" erwiderte Georg, indem
10 er wehmütig auf den Schlafenden blickte. „Vertrieben von
Haus und Hof, geächtet, in die Wüste hinausgejagt! Sein
Leben jedem Buben preisgegeben. Und dies alles, weil er
seinem Herrn treu war."

„Der Mann dort hat manches verfehlt in seinem Leben,"
15 sprach der Ritter von Lichtenstein mit tiefem Ernst. „Ich
kann ihm das Zeugnis geben, er hat das Gute und Rechte
gewollt. Zuweilen ließ er sich von der Hitze der Leiden=
schaft hinreißen — aber wo lebt der Mensch, von dem man
dies nicht sagen könnte? Und wahrlich, er hat es grausam
20 gebüßt!" Er hielt inne und versank in Stillschweigen und
tiefes Sinnen.

Die Sonne war über die Berge heraufgekommen, die
Nebel fielen, Georg trat ans Fenster, die herrliche Aussicht
zu genießen. Marie stand neben ihm. Sie zeigte ihm
25 flüsternd jeden Fleck, sie wußte ihm jede Thurmspitze zu
nennen. „Wo ist eine Stelle in deutschen Landen," sprach
Georg, in diesen Anblick versunken, „die sich mit dieser
messen könnte! Ich habe Ebenen gesehen und Höhen er=
stiegen, von wo das Auge noch weiter bringt, aber diese
30 lieblichen Gefilde zeigen sie nicht. So reiche Saaten, Wäl=
der von Obst, und dort unten, wo die Hügel bläulicher
werden, ein Garten von Wein! Ich habe noch keinen

Fürsten beneidet, aber hier stehen zu können, hinaus zu
blicken von dieser Höhe und sagen zu können, diese Gefilde
sind m e i n !"

Ein tiefer Seufzer in ihrer Nähe schreckte Marien und
Georg aus ihren Betrachtungen auf. Sie sahen sich um,
wenige Schritte von ihnen stand im Fenster der Geächtete
und blickte mit trunkenen, glänzenden Blicken über das
Land hin, und Georg war ungewiß, ob jene Worte oder
das Andenken an sein Unglück die Brust dieses Mannes
bewegt hatten. Er begrüßte Georg und reichte ihm die
Hand. „Seid getrosten Mutes, Herr," sagte Marie,
„schauet nicht mit so finstern Blicken auf das Land.
Trinket von diesem Wein, er ist gut württembergisch und
wächst dort unten an jenen blauen Bergen."

„Wie kann man traurig bleiben," antwortete er, indem
er sich wehmütig lächelnd zu Georg wandte, „wenn über
Württemberg die Sonne so schön aufgeht und aus den
Augen einer Württembergerin ein so milder blauer Himmel
lacht? Nicht wahr, Junker, was sind diese Berge und
Thäler, wenn uns solche Augen, solche treue Herzen blei=
ben? Nehmt Euren Becher und laßt uns darauf trinken!
So lange wir Laub besitzen in den Herzen, ist nichts ver=
loren: „H i e g u t W ü r t t e m b e r g a l l e z e i t.'"[1]

„Hie gut Württemberg allezeit," erwiderte Georg und
stieß an. Der Geächtete wollte noch etwas hinzusetzen, als
der alte Burgwart mit wichtiger Miene hereintrat. „Es
sind zwei Krämer vor der Burg," meldete er, „und be=
gehren Einlaß."

„Sie sind's, sie sind's," riefen in einem Augenblick der
Geächtete und Lichtenstein. „Führ' sie herauf."

Der alte Diener entfernte sich. Eine bange Minute
folgte dieser Meldung. Alle schwiegen. Endlich vernahm

man Schritte auf der Treppe, sie näherten sich dem Ge=
mach. Der gewaltige Mann zitterte, daß er sich am Tisch
halten mußte, seine Brust war vorgebeugt, sein Auge hing
starr an der Thür, als wolle er in den Mienen der Kom=
5 menden sogleich Glück oder Unglück lesen — jetzt ging die
Thür auf.

21.

Auch Georg hatte erwartungsvoll hingesehen. Er
musterte mit schnellem Blick die Eintretenden; in dem
einen erkannte er sogleich den Pfeifer von Hardt. Der
10 andere warf einen Pack, den er auf dem Rücken getragen,
ab, riß das Pflaster weg, womit er ein Auge bedeckt hatte,
richtete sich aus seiner gebückten Stellung auf und stand
nun als ein untersetzter, stark gebauter Mann mit offenen,
kräftigen Zügen vor ihnen.
15 „Marx Stumpf!" rief der Geächtete mit dumpfer
Stimme, „wozu diese finstere Stirne? Du bringst uns gute
Botschaft, nicht wahr, sie wollen uns das Pförtchen öffnen,
sie wollen mit uns aushalten bis auf den letzten Mann?"
Marx Stumpf warf einen bekümmerten Blick auf ihn.
20 „Machet Euch auf Schlimmes gefaßt, Herr!" sagte er.
„Die Botschaft ist nicht gut, die ich bringe."
„Wie," entgegnete jener, indem die Röte des Zornes
über seine Wangen flog und die Ader auf seiner Stirne
sich zu heben begann, „wie, du sagst, sie zaudern, sie
25 schwanken? Es ist nicht möglich, sieh dich wohl vor, daß
du nichts übereiltes sagst; es ist der Adel des Landes, von
dem du sprichst."

„Und dennoch sage ich es," antwortete Marg Stumpf, indem er einen Schritt weiter vortrat; „im Angesichte vor Kaiser und Reich will ich es sagen, sie sind Verräter."

„Du lügst!" schrie der Vertriebene mit schrecklicher Stimme. „Verräter, sagst du? Du lügst! Wie wagst du es, vierzig Ritter ihrer Ehre zu berauben? Ha! gestehe, du lügst."

„Wollte Gott, ich allein wäre ein Ritter ohne Ehre; aber alle vierzig haben ihren Eid gebrochen, Ihr habt Euer Land verloren, Herr Herzog! Tübingen ist über."

Der Mann, dem diese Rede galt, sank auf einen Stuhl am Fenster; er bedeckte sein Gesicht mit den Händen, seine Brust hob und senkte sich, als suche sie vergeblich nach Atem, und seine Arme zitterten.

Die Blicke aller hingen gerührt und schmerzlich an ihm, vor allen Georgs; denn wie ein Blitz hatte der Name des Herzogs das Dunkel erhellt, in welchem ihm bisher dieser Mann erschienen war. Er war es selbst, es war Ulrich von Württemberg!

Eine geraume Weile wagte niemand das Schweigen zu brechen. Marie hatte weinend in der Ferne gestanden, sie nahte sich jetzt mit unsicheren, zagenden Schritten, sie legte ihre schöne Hand auf seine Schulter, sie blickte ihn lange an, sie faßte sich endlich ein Herz und flüsterte: „Herr Herzog! hie ist noch gut Württemberg alleweg!"

Ein tiefer Seufzer löste sich aus seiner gepreßten Brust, er sah nicht auf. Jetzt nahte auch Georg. Unwillkürlich kam ihm der heldenmütige Ausdruck dieses Mannes in die Seele, jene gebietende Erhabenheit, die er ihm, als er ihn zum erstenmal gesehen, gezeigt hatte; jedes Wort, das er damals gesprochen, kehrte wieder, und der junge Mann wagte es, zu ihm zu sprechen: „Warum so kleinmütig,

Mann ohne Namen: Si fractus illabatur orbis, impavidum ferient ruinae!"

Wie ein Zauber wirkten diese Worte auf Ulrich von Württemberg.

5 „Das war das rechte Wort, mein junger Freund," sprach er zur Verwunderung aller mit fester Stimme, indem er seine Hände sinken ließ, sein Haupt stolzer aufrichtete und das alte kriegerische Feuer aus seinen Augen loberte; „das war das rechte Wort. Ich danke dir, daß du mir es zu=
10 gerufen. Tretet vor, Marx Stumpf, Ritter von Schweins= berg, und berichtet mir über Eure Sendung. Doch reiche mir zuvor einen Becher, Marie!"

„Es war letzten Donnerstag, daß ich Euch verließ," hob der Ritter an; „Hans steckte mich in diese Kleidung und
15 zeigte mir, wie ich mich zu benehmen habe. In Pfullingen kehrte ich ein, um zu probieren, ob man mich nicht kenne, aber die Wirtin gab mir so gleichgültig einen Schoppen, als habe sie den Ritter Stumpf in ihrem Leben nie ge= sehen. Von Pfullingen zog ich abends noch fürbaß bis
20 nach Reutlingen. Ich stieg hinab ins Thal und wandelte weiter nach Tübingen. Die Stadt war schon seit vielen Tagen von den Bündischen besetzt. Ich beschloß, mich in die Stadt zu schleichen und hinzuhorchen, wie es mit dem Schloß stehe."

25 „Nachmittags um drei Uhr ritt Georg von Fronds= berg mit etlichen andern Hauptleuten vor die Stadtpforte an dem Schloß. Dann rief er dem Stadion zu, mit einigen Rittern herabzukommen und miteinander einen Trunk zu thun."

30 „Und sie kamen?" rief der Herzog. „Die Ehrvergessenen kamen?"

„Dann ging das Thor von Hohen=Tübingen auf, die

Brücke fiel über den Graben, und Ludwig von Stadion mit noch sechs anderen kamen über die Brücke; sie brachten Eure silbernen Deckelkrüge, sie brachten Eure goldenen

Becher und Euren alten Wein, sie grüßten die Feinde mit Gruß und Handschlag und setzten sich, besprachen sich mit ihnen beim kühlen Wein."

„Der Teufel gesegne es ihnen allen!" unterbrach ihn der

Ritter von Lichtenstein und schüttete seinen Becher aus.
Der Herzog aber lächelte schmerzlich und gab Marx
Stumpf einen Wink, fortzufahren.

„Sie thaten sich gütlich bis in die Nacht. Als sie auf=
5 brachen, nahm der Truchseß den Stadion bei der Hand:
‚Herr Bruder,‘ sagte er, ‚in Eurem Keller ist ein guter
Wein, lasset uns bald ein, daß wir ihn trinken.‘ Jener
aber lachte darüber, schüttelte ihm die Hand und sagte:
‚Kommt Zeit, kommt Rat.‘¹ Wie ich nun sah, daß die
10 Sachen also stehen, beschloß ich mit Gott, mein Leben dran
zu setzen und in die Burg zu den Verrätern zu gehen.
Ich ging hinaus in die Grafenhalde, wo der kleinere unter=
irdische Gang beginnt, stieg hinab und drang bis in die
Mitte. Dort hatten sie einen Knecht hingestellt, er legte an
15 auf mich und fragte nach der Losung. Ich sprach:
„Atempto“;² der Kerl machte große Augen, zog aber
das Gatter auf und ließ mich durch. Jetzt ging ich
schnellen Schrittes weiter vor und kam heraus im Keller.
Dort hörte ich viele Stimmen, und es war mir, als zanke
20 man sich. Ich ging den Stimmen nach und sah eine ganze
Schar der Besatzung vor dem großen Faß sitzen und
trinken. Es waren einige von Stadions Partei und Hewen
und mehrere der Seinigen. Sie hatten Lampen auf=
gestellt und große Humpen vor sich; es sah schauerlich aus,
25 fast wie das Femgericht.³ Ich barg mich in ihrer Nähe
hinter ein Faß und hörte, was sie sprachen. Georg von
Hewen stellte ihnen ihre Untreue vor; er sagte, wie Euer
Durchlaucht ein Heer sammeln werden, Tübingen zu ent=
setzen; wenn es auch nicht so bald möglich sei, so müßten sie
30 sich doch halten bis auf den letzten Mann, wie sie Euch zu=
geschworen, sonst handeln sie als Verräter an ihrem Herru.
Da lachten sie wieder und tranken und sagten: ‚Wer will

auftreten und uns Verräter nennen?' Da rief ich hinter
meinem Faß hervor: „Ich, ihr Buben! Ihr seid Verräter
am Herzog und am Land!' Alle waren erschrocken, der
Stadion ließ seinen Becher fallen, ich aber trat hervor,
nahm meine Kappe ab und den falschen Bart, stellte mich   5
hin und zog Euren Brief aus dem Wams. „Hier ist ein
Brief von Eurem Herzog,' sagte ich, ‚er will, ihr sollet
euch nicht übergeben, sondern zu ihm halten; er selbst will
kommen und mit euch siegen oder in diesen Mauern
sterben.'"   10

„O Tübingen!" sagte der Herzog mit Seufzen, „wie
thöricht war ich, daß ich dich verließ! Und gaben sie
nichts, gar nichts auf meine Worte?"

„Die Falschen sahen mich finster an und schienen nicht
recht zu wissen, was sie thun sollten. Hewen aber ver=   15
mahnte sie nochmals. Da sagte Ludwig von Stadion,
ich komme schon zu spät. Achtundzwanzig der Ritter=
schaft wollen sich der Fehde mit dem Bunde begeben und
den Herzog solche¹ allein ausmachen lassen. Nun, daß
ich's kurz sage, Ihr seid der Regierung förmlich entsetzt.   20
Prinz Christoph, Euer Söhnlein, behält Schloß und Amt
Tübingen, doch zu des Bundes Dienst und unter seiner
Vormundschaft, und in das übrige, heißt es,² werden sich
die Herren teilen."

So sprach Marx Stumpf von Schweinsberg. Die   25
Sonne war während seiner Erzählung völlig herauf=
gekommen. Angethan mit dem sanften Grün der Saaten,
mit den dunkleren Farben der Wälder, geschmückt mit
freundlichen Dörfern, mit glänzenden Burgen und Städten
lag Württemberg in seiner Morgenpracht. Sein unglück=   30
licher Fürst überschaute es mit trüben Blicken.

Ein Gefühl der Reue war es, was drückend auf der

Bruſt Ulrichs von Württemberg lag, als er auf ſein
Land hinabſchaute, das auf ewig für ihn verloren ſchien.
Seine eblere Natur, die er oft im Gewühle eines prächtigen
Hofes und betäubt von den Einflüſterungen falſcher
5 Freunde verleugnet hatte, trauerte mit ihm, und es war
nicht ſein Unglück allein, was ihn beſchäftigte, ſondern
auch der Jammer des okkupierten Landes.

„Marx! Wie verfahren ſie gegen das Landvolk?"
fragte er.

10 „Wie Räuber," antwortete dieſer; „ſie verwüſten ohne
Not die Weinberge, ſie hauen die Obſtbäume nieder und
verbrennen ſie am Wachtfeuer, Sickingens Reiter traben
durch das Saatfeld und treten nieder, was die Pferde
nicht freſſen. Sie mißhandeln die Weiber und preſſen den
15 Männern das Geld ab. Schon jetzt murrt das Volk allerorten,¹ und laſſet erſt den Sommer kommen und den
Herbſt! Wenn aus den zerſtampften Fluren kein Korn
aufgeht, wenn ſie erſt noch die ungeheure Kriegsſteuer bezahlen müſſen, — da wird das Elend erſt recht angehen."

20 „Die Buben!" rief der Herzog, und ein edler Zorn
ſprühte aus ſeinen Augen, „ſie rühmten ſich mit großen
Worten, ſie kämen, um Württemberg von ſeinem Thrannen
zu befreien. Und ſie hauſen im Lande wie im Türken-
krieg. Aber ich ſchwöre es, ich will rächen, was ſie an mir
25 und meinem Land gethan, ſo mir der Herr helfe."

„Amen!" ſprach der Ritter von Lichtenſtein. „Es iſt
aber keine Zeit zu verlieren, wenn Ihr ungefährdet entkommen wollt."

Der Herzog ſann eine Weile nach und antwortete dann:
30 „Ihr habt recht, ich will nach Mömpelgard;² von dort
aus will ich ſehen, ob ich ſo viele Mannſchaft an mich
ziehen kann, um einen Einfall in das Land zu wagen.

Komm her, du treuer Huub, du wirst mir folgen ins
Elend der Verbannung. Du weißt nicht, was es heißt,
die Treue brechen und den Eid vergessen."

„Hier steht noch einer, der dies auch nicht kennt," sagte
Schweinsberg und trat näher zu dem Herzog. „Ich will
mit Euch ziehen nach Mömpelgard, wenn Ihr meine Be-
gleitung nicht verschmähet."

Aus den Augen des alten Lichtenstein blitzte ein kriegerisches Feuer. „Nehmt auch mich mit Euch, Herr!"
sagte er. „Meine Knochen taugen freilich nicht mehr viel,
aber meine Stimme ist noch vernehmlich im Rat."

Marie sah mit leuchtenden Blicken auf den Geliebten.
Über die Wangen Georgs von Sturmfeder zog ein glühendes Rot, sein Auge leuchtete vom Mut der Begeisterung.

„Herr Herzog!" sagte er. „Ich habe Euch meinen Bei-
stand angetragen in jener Höhle, als ich nicht wußte, wer
Ihr wäret, Ihr habt ihn nicht verschmäht. Meine Stimme
gilt nicht viel im Rat, aber könnet Ihr ein Herz brauchen,
das recht treu für Euch schlägt, ein Auge, das für Euch
wacht, wenn Ihr schlafet, und einen Arm, der die Feinde
von Euch abwehrt, so nehmt mich auf und lasset mich
mit Euch ziehen!"

Der alte Herr von Lichtenstein blickte mit stolzer Freude
auf seinen jungen Gast, gerührt sah ihn der Herzog an
und bot ihm seine Hand.

„Wo solche Herzen für uns schlagen," sagte er, „da
haben wir noch feste Burgen und Wälle und sind noch
nicht arm zu nennen." Sein Auge fiel auf den Pfeifer
von Hardt, der demütig in der Ferne stand: „Komm her,
du getreuer Mann!" rief er ihm zu und reichte ihm seine
Rechte, „du hast dich einst s ch w e r a n U n s ver-
s ch u l d e t, aber du hast treu abgebüßt, was du gefehlt."

„Ein Leben ist nicht so schnell vergolten," sagte der
Bauer, indem er düster zum Boden blickte, „noch bin ich
in Eurer Schuld, aber ich will sie zahlen."

„Gehe heim in deine Hütte, so ist mein Wille. Treibe
deine Geschäfte wie zuvor, vielleicht kannst du uns treue
Männer sammeln, wenn wir wieder ins Land kommen.
Und Ihr, Fräulein, wie kann ich Eure Dienste lohnen?
Seit vielen Nächten habt Ihr den Schlaf geflohen, um mir
die Thür zu öffnen und mich zu sichern vor Verrat! Er-
rötet nicht so, als hättet Ihr eine große Schuld zu gestehen. Jetzt ist es Zeit zu handeln. Alter Herr," wandte
er sich zu Mariens Vater: „ich erscheine als Brautwerber
vor Euch, Ihr werdet den Eidam nicht verschmähen, den
ich Euch zuführe?"

Der Ritter sah verwundert auf seine Tochter.

Der Herzog ergriff Georgs Hand und führte ihn zu
jenem. „D i e s e r liebt Eure Tochter, und das Fräulein
ist ihm nicht abhold; wie wäre es, alter Herr, wenn Ihr
ein Pärlein aus ihnen machtet? Zieht nicht die Stirne
so finster zusammen, es ist ein ebenbürtiger Herr, ein
tapferer Kämpe, dessen Arm ich selbst versuchte, und jetzt
mein treuer Geselle in der Not."

Marie schlug die Augen nieder, auf ihren Wangen wechselte hohe Röte mit Blässe, sie zitterte vor dem Ausspruch
des Vaters. Dieser sah sehr ernst auf den jungen Mann:
„Georg," sagte er, „ich habe Freude an Euch gehabt seit
der ersten Stunde, daß ich Euch sah; sie möchte übrigens
nicht so groß gewesen sein, hätte ich gewußt, was Euch
in mein Haus führte."

„Ihr vergesset," unterbrach der Herzog, „daß ich es
war, der ihn zu Euch schickte mit Brief und Siegel, er
kam ja nicht von selbst zu Euch; doch was besinnet Ihr

Euch so lange? Ich will ihn ausstatten wie meinen Sohn,
ich will ihn belohnen mit Gütern, daß Ihr stolz sein sollet
auf einen solchen Schwiegersohn."

„Gebt Euch keine Mühe weiter, Herr Herzog," sagte der
junge Mann, gereizt, als der Alte noch immer unschlüssig
schien. „Es soll nicht von mir heißen, ich habe mir ein
Weib erbettelt und ihrem Vater mich aufdrängen wollen.
Dazu ist mein Name zu gut." Er wollte im Unmut das
Zimmer verlassen, der Ritter von Lichtenstein aber faßte
seine Hand: „Trotzkopf," rief er, „wer wird denn gleich so
aufbrausen? Da nimm sie, sie sei dein, aber — denke nicht
daran, sie heimzuführen, so lange ein fremdes Banner
auf den Türmen von Stuttgart weht. Sei dem Herrn
Herzog treu, hilf ihm wieder ins Land zu kommen, und
wenn du treulich aushältst: am Tag, wo ihr in Stuttgarts
Thore einzieht, wo Württemberg seine Fahnen wieder
aufpflanzt und seine Farben von den Zinnen wehen, will
ich dir mein Töchterlein bringen, und du sollst mir ein
lieber Sohn sein!"

„Und an jenem Tag," sprach der Herzog, „wird das
Bräutchen noch viel schöner erröten, wenn die Glocken tönen
von dem Turme und die Hochzeit in die Kirche ziehet!
Dann werde ich zum Bräutigam treten und zum Lohn
fordern, was mir gebührt. Da, guter Junge, gieb ihr
den Brautkuß; herze sie noch einmal, und dann gehörst du
mein,¹ bis an den fröhlichen Tag, wo wir in Stuttgart
einziehen. Lasset uns trinken, Ihr Herren, auf die Ge=
sundheit des Brautpaars!"

Die Männer ergriffen ihre Becher und erwarteten, daß
ihnen der Herzog einen guten Spruch dazu sagen werde
nach seiner Weise. Aber Ulrich von Württemberg warf
einen langen Abschiedsblick auf das schöne Land, von dem

er scheiben mußte, einen Augenblick wollte sich eine Thräne
in seinem Auge bilden, er wandte sich kräftig ab. „Ich
habe hinter mich geworfen," sagte er, „was mir einst teuer
war, ich werde es wiedersehen in besseren Tagen. Doch
5 hier in diesen Herzen besitze ich noch Länder. Beklaget mich
nicht, sondern seid getrosten Mutes, wo der Herzog ist und
seine Treuen: h i e g u t W ü r t t e m b e r g a l l e w e g!"

22.

Das ganze Land hatte dem Bunde gehuldigt und meinte,
es werde jetzt Ruhe haben. Aber jetzt erst zeigten die
10 Bundesglieder deutlich, daß es nicht die Wiedereinnahme
von Reutlingen gewesen sei, was sie zusammenführte. Sie
wollten bezahlt sein, sie wollten Entschädigung haben für
ihre Mühe. Sie stritten sich um den Besitz des Landes, auf
das weder der eine noch der andere gerechte Ansprüche
15 machen konnte. Das Land selbst war in Spaltung und
Parteien. Es war nicht besser, wohl aber schlimmer ge=
worden.

Ulrich hatte noch treue Leute unter dem Landvolk, die
ihm auf geheimen Wegen Kunde brachten, wie es in Würt=
20 temberg stehe. Er saß in seiner Grafschaft Mömpelgard
und harrte dort mit Männern, die ihm ins Unglück gefolgt
waren, auf¹ günstige Gelegenheit, in sein Land zu kommen.
Er schrieb an viele Fürsten, er beschwor sie, ihm zu Hilfe zu
kommen; aber keiner nahm sich seiner sehr thätig an.
25 Der Bund hatte, als er Kunde bekam, daß sich niemand
des Vertriebenen annehmen wolle, seine Völker entlassen.

Die meisten Städte und Burgen behielten nur sehr schwache
Besatzungen, und selbst in Stuttgart waren nur wenige
Fähnlein Knechte gelassen worden.

Durch diese Maßregel aber hatte sich der Bund einen
Feind erworben, den man gering schätzte, der aber viel
zur Änderung der Dinge beitrug, — es waren dies die
Landsknechte.[1] Diese Menschen, aus allen Enden und
Orten des Reiches zusammengelaufen, boten gewöhnlich
dem ihre Hilfe an, der sie am besten zahlte; für was und
gegen wen sie kämpften, war ihnen gleichgültig. Georg
von Frondsberg war der erste gewesen, der sie durch sein
Ansehen im Heere, durch tägliche Übungen und unerbitt=
liche Strenge einigermaßen im Zaum hielt. Er hatte sie
in regelmäßige Rotten und Fähnlein eingeteilt, er hatte
ihnen bestimmte Hauptleute gegeben, er hatte sie gelehrt,
geordnet und in Reihen und in Gliedern zu fechten. Sie
zeigten aber jetzt, daß sie aus einer guten Schule kamen;
denn als sie vom Buud entlassen waren, liefen sie nicht wie
früher zerstreut durch das Land, um Dienste zu suchen,
sondern rotteten sich zusammen, richteten zwölf Fähnlein
auf, erwählten aus i h r e r M i t t e Hauptleute und selbst
einen Obersten. Ja es ging sogar die Sage, diese Kriegs=
männer seien nicht abgeneigt, dem Herzog wieder zu seinem
Land zu verhelfen.

Es war ein schöner Morgen in der Mitte Augusts, als
sich diese Leute in einem Wiesenthale gelagert hatten. Im
Schatten einer Eiche saßen fünf Männer um einen aus=
gespannten Mantel, den sie als Tisch gebrauchten, um ein
Spiel auf ihm zu spielen, das heute noch den Namen
Landsknecht führt. Sie schienen große Geschicklichkeit im
Spiel zu besitzen, vorzüglich aber einer, der sich mit dem
Rücken an die Eiche lehnte. Es war dies ein langer wohl=

beleibter Mann. Sein Hut war mit einer Goldtresse be=
setzt, auf der Stirnseite war er mit dem goldenen Bild
des heiligen Petrus geschmückt. Dieser Mann mußte weit
in der Welt herumgekommen sein, denn er konnte auf
5 französisch, italienisch, ungarisch fluchen, seinen Bart aber
trug er ungarisch, er hatte ihn nämlich mit Pech so zu=
sammengedreht, daß er wie zwei eiserne Stacheln auf
beiden Seiten der Nase eine Spanne in die Luft hinaus=
starrte.

10   „Canto cacramento!"[1] rief dieser mit einem dröhnen=
den Baß, „der kleine Wenzel[2] ist mein. Drauf! Ich stech'
ihn mit dem Eichel=König."[3]

      „Mein ist er, mit Verlaub," rief sein Nebenmann, „und
der König dazu. Da liegt die Eichel=Sau![4] — Schellen=
15 Wenzel,[5] wer sticht den? —"

      „Ich," sprach der Große, „da liegt der Schellenkönig,[6]
Mordblei![7] der Stich ist mein."

      „Wie bringst du den Schellenkönig 'rauf?"[8] rief ein
kleines, dürres Männchen mit spitzigem Gesicht. „Hab'
20 ich nicht gesehen, als du ausgabst, daß er unten lag? Er
hat betrogen, der lange Peter hat schändlich betrogen!"

      „Muckerle," erwiderte der Oberst und zog kaltblütig
seinen Degen aus der Scheide, „bete noch ein Ave Maria
und ein Gratias,[9] denn ich schlage dich tot, so[10] wie das
25 Spiel aus ist."

      Die übrigen drei Männer wurden durch diese Streitig=
keiten aus ihrer Ruhe aufgeschreckt. Sie gaben nicht un=
deutlich zu verstehen, daß man dem Obersten wohl der=
gleichen zutrauen könnte; dieser aber vermaß sich hoch und
30 teuer, er habe nicht betrogen. „Wenn der heilige Petrus,
mein gnädiger Herr Patron, den ich auf dem Hut trage,
sprechen könnte, der würde mir, so wahr er ein

christlicher Landsknecht war, bezeugen, daß ich nicht be=
trogen!"

„Er hat nicht betrogen," sagte eine tiefe Stimme, die
aus dem Baum zu kommen schien. Die Männer erschraken
und schlugen Kreuze[1] wie vor einem bösen Spuk, selbst
der tapfere Oberst erbleichte und ließ die Karte fallen;
aber hinter dem Baum hervor trat ein Bauersmann, der
mit einem Dolch bewaffnet war und eine Zither an einem
ledernen Riemen auf der Schulter hängen hatte. Er sah
die Männer mit unerschrockenen Blicken an und sagte: 10
„Es ist, wie ich sagte, dieser Herr da hat nicht betrogen,
er bekam schon beim Ausgeben Schellen= und Eichelkönig."

„Ha! du bist ein wackerer Kerl," rief der Oberst ver=
gnügt.

„Was ist denn das?" rief der kleine Hauptmann 15
Muckerle. „Wie hat sich der Bauer daher eingeschlichen,
ohne daß unsere Wachen ihn meldeten? Das ist ein Spion,
man muß ihn hängen!"

„Zei nicht· wunderlich, Muckerle! daz ist kein Spioner;
komm, zetz' dich zu mir. Bist ein Spielmann?" 20

„Ja, Herr! ich bin ein armer Spielmann; Eure Wachen
haben mich nicht angehalten, als ich aus dem Walde kam.
Ich sah Euch spielen und wagte es, den Herren zuzusehen."

Der Spielmann stimmte seine Zither und fragte, ob er
singen solle. Die Männer willigten ein und warfen die 25
Karten zusammen, und einer rief:

„Sing ein Lied vom Spiel, weil wir gerade dran sind!"
Der Spielmann sann ein wenig nach und hub an:

    Von dem Zinken, Quater und As
    Kommt mancher in des Teufels Gaß,[2] u. s. w. 30

Als er fertig gesungen, lobten die Hauptleute das Lied
und reichten ihm zum Dank die Flasche. „Ihr seid wohl

Oberſten und Hauptleute des Bundes und ziehet wieder
zu Feld? darf man fragen, gegen wen?" ſagte der Spiel=
mann.

5 Die Männer ſahen ſich an und lächelten, der Oberſte
aber antwortete ihm: „Wir haben früher dem Bund ge=
dient, jetzt aber dienen wir niemand als uns ſelbſt, und
wer Leute braucht, wie wir ſind."

„Man ſagt ja, der Herzog wolle wieder ins Land?"

10 „Wenn der Herr Ulrich gut zahlt, ſo wird, Gott ſtraf'
mein' Seel', unſere ganze Mannſchaft mit ihm ziehen,"
ſagte der Oberſt und wichſte den ungariſchen Bart.

„Nun, das werdet ihr bald ſehen können," entgegnete
der Bauer liſtig lächelnd, „habt ihr noch keine Antwort vom
Herzog auf eure Botſchaft?"

15 Der Oberſt Peter ward feuerrot bis in die Stirne.
„Morbelement!¹ wer biſt denn du, Menſchenkind? Wer hat
dir geſagt, daß ich zum Herzog ſchickte?"

„Zum Herzog hob'² Er g'ſchickt, Peter?"

„Nun, ich hab' gedacht, ich müſſe wieder einmal für euch
20 alle denken wie immer, und hab' einen Mann zum Herzog
geſchickt, ihm in unſerm Namen einen ſchönen Gruß ent=
boten und fragen laſſen, ob er uns brauchen könnt'? Des
Monats für den Mann einen halben Dickthaler, uns Ober=
ſten und Hauptleut' aber ein Goldgülden³ und täglich
25 vier Maaß alten Wein."

„Dat is keen bitterer Vorſchlach. Ich bin dabei. Haſt
du Antwort von dem Heertog?"

„Bis jetzt noch keine; aber, Baſſa manelka!⁴ wie kamſt
du zu meinem Geheimnuß, Bauer? Ich hau' dir ein Ohr
30 ab, Gott ſtraf' mein Seel', ſo thu ich wie mein Patron,
der heilige Petrus, war auch ein Landsknecht, dem Mal=
chus.⁵ Sag' ſchnell oder ich hau'!"

„Langer Peter!" rief der kleine Hauptmann Muckerle mit ängstlicher Stimme, „laß um Gott'swillen d e n gehen; der ist fest und kann hexen. Ich weiß noch wie heut, daß wir ihn in Ulm fangen sollten und in Herrn von Krafts, des Ratschreibers, Stall kamen, wo er sich auf= 5 hielt, denn er war ein Kundschafter, so machte er sich klein und immer kleiner, bis er ein Spatz wurde und über uns 'naus flog."[1]

„Was?" schrie der tapfere Oberst und rückte von dem Spielmann hinweg, „d e r ist's? Wo dann der Magistrat 10 auzrufen ließ, man zolle alle Spatzen totschießen, weil zich ein württemberger Spioner in einen verwandelt habe? Man heißt zie, glaub' ich, jetzt noch die Ulmer Spatzen."

„Der ist's," flüsterte Muckerle; „es ist der Pfeifer von Hardt, ich hab' ihn gleich erkannt." 15

Endlich faßte sich der lange Peter ein Herz, zwirbelte den Bart einigemal, zog dann den ungeheuren Hut vom Kopf und sprach: „Verzeihet doch, lieber Gezelle, wert= geschätzter Pfeifer, daß wir zo ohne alle Umstände mit Euch verfahren zind; konnten wir denn wissen, wen wir 20 da neben unz haben? Zeid vielmal gegrüßet, hab' schon oft, Gott straf' mein' Zeel', gedacht, möchte nur einmal den fürtrefflichen Kerl zehen, den Pfeifer von Hardt, der in Ulm am hellen Tag als Spatz auzgeflogen."

„Ist schon gut," unterbrach ihn der Spielmann unmutig; 25 „lasset die alten Geschichten ruhen. Nun, von wegen des Herzogs kam mir die Nachricht zu, wenn ihr noch geneigt wäret, mit ihm zu ziehen, so wolle er gerne zahlen, was ihr ihm vorgeschlagen."

„Und wann wird er kommen?" fragte ein Hauptmann; 30 „wo werden wir zu ihm stoßen?"

„Wenn kein Unglück geschehen ist, heute noch."

„Schaut! reitet dort unten nicht ein Geharnischter?
Sieht aus wie ein Ritter!" Die Männer sahen aufmerk=
sam nach dem Ende des Thales. Dort sah man einen Helm
und Harnisch in der Sonne blinken, auch ein Pferd wurde
5 hie und da sichtbar. Der Pfeifer von Hardt sprang auf
und klimmte auf die Eiche hinan. Er glaubte den Mann
zu erkennen, den er in dieser Stunde erwartete.

„Was siehst du?" riefen die Hauptleute. „Glaubst du,
er kommt vom Herzog?"

10 Der Pfeifer von Hardt stieg mit freudeglühendem Ge=
sicht vom Baum herab.

„Ist es ein Ritter, der kommt?"

„Ein Edelmann, so gut wie einer im Reich," antwortete
der Pfeifer; „und der Herzog ist ihm sehr gewogen."

15 Der Pfeifer betrog sich nicht, denn einer der Knechte
trat jetzt vor den Oberst und berichtete, daß der „Edle von
Sturmfeder" mit den Anführern der gesamten Lands=
knechte etwas zu sprechen habe.

Der lange Peter antwortete im Namen der übrigen:
20 „Sag' ihm, er ist willkommen."

Der Ritter sprach mit dem Knecht, schlug dann das
Visier auf und zeigte ein schönes, freundliches Gesicht.
„Steht dort nicht Hans der Spielmann?" rief er mit lauter
Stimme. „Erlaubet, daß er ein wenig zu mir trete."

25 Der Oberst nickte dem Pfeifer zu; dieser ging, und der
Junker schwang sich vom Pferde. „Willkommen in Würt=
temberg, edler Herr!" rief der Mann von Hardt, indem er
den Handschlag des Junkers treuherzig erwiderte. „Bringt
Ihr gute Botschaft?"

30 „Komm! tritt hier ein wenig auf die Seite," sagte
Georg von Sturmfeder mit freudiger Haft. „Wie steht es
auf Lichtenstein? Was läßt sie mir sagen, guter Hans?"

Der Pfeifer lächelte schlau über die Ungeduld des liebenden Jünglings. „Als ich vorgestern Abschied nahm, sagte
das Fräulein: ‚Sag' ihm, er soll sich sputen, daß
er einziehet in Stuttgart.' Sie wurde gerade
so rot wie Ihr jetzt, als sie dies sprach." 5

„Bald, bald werden wir einziehen, so Gott will," sagte
er. „Der Herzog und seine Reiter können in wenigen
Stunden hier sein. Sein Plan ist, sich gerade durchs Land
nach Stuttgart zu schlagen. Ist die Hauptstadt unser, so
fällt uns auch das Land zu. Und wie ist es mit den 10
Landsknechten dort? Wollen sie mitziehen?"

„Fast hätte ich die¹ vergessen," sagte Hans; „sie werden
ungeduldig werden, wenn wir sie zu lange warten lassen.
Gehet doch recht klug mit ihnen um, es sind stolze Gesellen und lassen sich Hauptleute schelten. Aber haben wir 15
die fünfe gewonnen, so sind zwölf Fähnlein des Herzogs.
Besonders mit dem Oberst, dem langen Peter, müßt Ihr
gar höflich sein."

„Welcher ist der lange Peter?"

„Der dicke Mann, der unter der Eiche sitzt. Der ist der 20
Höchste unter ihnen."

„Ich will mit ihm reden, wie du sagst," antwortete der
junge Mann und ging mit dem Pfeifer zu den Landsknechten.

„Wohlerfahrener Oberst," sprach Georg, „tapfere Haupt- 25
leute der versammelten Landsknechte, der Herzog von
Württemberg hat sich den Grenzen seines Landes genaht,
hat die Stadt Heimsheim erobert und ist willens, auf
gleiche Weise sein ganzes Herzogtum wieder an sich zu
bringen. Er hat den tapfern Arm und die fürtreffliche 30
Kriegskunst der Landsknechte erprobt, als sie noch gegen
ihn standen; er versieht sich zu ihnen, daß sie ihm mit

gleichem Mute jetzt beistehen werden, und verspricht ihnen
mit seinem fürstlichen Wort, die Bedingungen zu halten,
die sie ihm angeboten haben."

„Ein frommer Herr," murmelten sie untereinander mit
beifälligem Nicken, „ein Goldgülden des Monats — und
Mordblei — täglich vier Maß Wein für die Haupt=
leut'!"

Der Oberst stand auf, entblößte sein kahles Haupt zum
Gruß und sprach, von manchem Räuspern der Verlegen=
heit unterbrochen: „Wir danken Euch, hochedler Herr,
wollen's thun, wollen mitziehen — wir wollen dem schwä=
bischen Buud heimgeben, was er uns gethan, zo wollen wir.
Die allerbesten und tapfersten, wie auch fürtrefflichsten
Leute haben zie fortgeschickt, als brauchten zie keine Lands=
knechte mehr."

Ein freudiges Gemurmel zeigte, daß sie mit den Be=
dingungen zufrieden seien und Ulrich von Württemberg
so eifrig dienen wollten, als sie vorher gegen ihn gedient
hatten.

Etwa nach einer Stunde meldeten die Vorposten, daß
man unten im Thale, von der Gegend von Heimsheim her,
Waffen blinken sehe, und wenn man das Ohr auf die Erde
lege, seien die Tritte vieler Rosse deutlich zu vernehmen.

„Das ist der Herzog," rief Georg, „führt mein Pferd
vor, ich will ihm entgegenreiten."

Der junge Mann galoppierte durch das Thal hin, und
die Hauptleute und ihre Gesellen blickten ihm nach, so lange
sie ihn noch sehen konnten. Der Pfeifer von Hardt schaute
mit blitzenden Augen in die Ferne. Seine Brust hob und
senkte sich, die Freude schien ihn des Atems zu berauben,
sprachlos nahm er den Obersten an der Hand und deutete
auf die Reiterschar.

„Welcher ist der Herzog?" fragte dieser. „Ist'z der auf
dem Mohrenschimmel?"

„Nein, seht Ihr den im grünen Mantel mit den schwarz
und roten Federn auf dem Helm? Er reitet neben dem
Banner und spricht mit dem Junker, er reitet einen Rappen
und zeigt gerade mit dem Finger auf uns — seht, das ist
der Herzog."

Die Reiterschar mochte ungefähr vierzig Pferde betragen.
Sie bestand meist aus Edelleuten und ihren Dienern. Als
jetzt Georg von Sturmfeder, der Bannerträger von Würt=
temberg, ansprengte und hinter ihm hoch zu Roß mit
kühnen, gebietenden Blicken Herzog Ulrich von Württem=
berg sich zeigte, da entblößte der lange Peter ehrfurchtsvoll
sein Haupt, die Trommeln rasselten wie zum Sturm einer
Feste, die Fähnlein neigten sich zum Gruß, und die
Landsknechte riefen ein tausendstimmiges „Vivat Uleri=
cus!"[1]

Der Bauersmann von Hardt war still in der Ferne ge=
standen. Der Herzog hielt den Rappen an, blickte um sich,
und es war tiefe Stille unter den vielen Menschen. Da
trat der Bauer vor, kniete nieder, hielt ihm den Bügel zum
Absteigen und sprach: „Hie gut Württemberg alleweg!"

„Ha! Bist du es, Hans, mein Geselle im Unglück, der
mir den ersten Gruß von Württemberg bringt? — Sind
dies die Landsknechte, die mir dienen wollen?" fuhr er
fort, indem er aufmerksam das kleine Heer betrachtete; „sie
sind nicht übel bewaffnet und sehen männlich aus. Wie=
viel sind es?"

„Zwölf Fähnlein, Euer Durchlaucht," antwortete der
Oberst Peter, der noch immer mit gezogenem Hut vor ihm
stand und hie und da verlegen den ungarischen Bart
zwirbelte. „Lauter geübte Lent' —"

„Wer bist denn du?" fragte ihn der Herzog, der die große dicke Figur mit dem langen Hieber und dem roten Gesicht verwundert anschaute.

„Ich bin eigentlich ein Landsknecht meines Zeichens, man nennt mich den langen Peter, jetzt aber wohlbestallter Oberst verzammelter —"

„Was, Oberst! Diese Narrheit muß aufhören. Ihr mögt mir wohl ein tapferer Mann sein, aber zum Hauptmann seid Ihr nicht gemacht. Ich selbst will Euer Oberst sein, und zu Hauptleuten werde ich einige meiner Ritter machen. Georg von Hewen und Philipp von Rechberg, ihr teilt euch in die Knechte, jeder nimmt sechs Fähnlein. Ihr da, die ihr euch Hauptleute nennet, könnet bei den einzelnen Fähnlein bleiben und den beiden Herren an die Hand gehen. Ludwig von Gemmingen, seid so gut und nehmet den Oberbefehl über das Fußvolk. Jetzt gerades-wegs auf Leonberg. Freu' dich, mein treuer Banner-träger," sagte Ulrich, als er sich aufs Pferd schwang, „so Gott will, ziehen wir morgen in Stuttgart ein."

Die Reiterschar, den Herzog an der Spitze, zog fürder. Die Anführer saßen auf und stellten sich zu ihren Fähn-lein, die Landsknechte richteten sich in gewohnter Ordnung zum Marsch, und Ludwig von Gemmingen ließ die Trom-meln rühren zum Aufbruch.

————

23.

Es war in der Nacht vor Mariä Himmelfahrt,[1] als Herzog Ulrich vor dem Rotenbühlthore in Stuttgart an-langte. Vieles Volk lief zu, denn wie ein Lauffeuer hatte

sich die Nachricht verbreitet, daß der Herzog wieder im
Lande sei. Jetzt erst zeigte es sich, wie wenig Freunde der
Bund sich erworben hatte. Die Bürgerschaft verließ ihre
Häuser, trat haufenweise auf den Straßen zusammen und
besprach sich über die Dinge, die ihrer warteten. Sie 5
schimpften leise, aber weidlich auf den Bund, und sprachen
zu einander: „Gevatter,¹ wartet nur, bis es Nacht wird,
da wollen wir den Reichsstädtlern zeigen, wo sie her sind,²
wir Stuttgarter."

Der Marktplatz war damals noch das Herz der Stadt 10
Stuttgart, wo nach alter Sitte bei jeder besonderen Ge=
legenheit die Bürger sich versammelten; auch an dem wich=
tigen Abend vor Mariä Himmelfahrt strömten sie dorthin
zusammen. Mancher erhob seine Stimme und schrie: „Wir
wollen dem Herzog die Thore öffnen, fort mit den Bündi= 15
schen! Wer ist ein guter Württemberger?"

Der Mond schien hell auf die versammelte Menge herab,
die unruhig hin und her wogte. Ein verworrenes Ge=
murmel drang von ihr in die Lüfte. In diesem Augen=
blick kam ein Trupp Bürger aus der oberen Stadt herab= 20
gerannt. „Der Herzog ist vor dem Rotenbühlthor," riefen
sie, „mit Reitern und Fußvolk! Wo ist der Statthalter?
Wo sind die Bundesräte? Fort mit den Bündischen! Wer
ist gut württembergisch?"

Dann bestieg ein kräftiger Mann eine Bank und winkte 25
mit der Mütze in die Luft. „Still! Das ist der Hartmann,"
flüsterten die Bürger, „der versteht's, hört, was er spricht!"

„Höret mich!" sprach dieser. „Der Statthalter und die
Bundesräte sind nirgends zu finden, sie sind entflohen und
haben uns im Stich gelassen, darum jetzt hinauf ans 30
Rotenbühlthor! Dort steht unser rechter Herzog. Wer ein
guter Württemberger ist, folgt mir nach."

Er stieg herab von der Bank, und jubelnd umgab ihn die
Menge. Jetzt ergoß sich der Strom der Bürger vom Markt=
platz zum oberen Thor hinaus über den breiten Graben der
alten Stadt in die Turnieracker=Vorstadt, am Bollwerk
5 vorbei zum Rotenbühlthor.

Die Aufforderung an die Stadt mochte wohl schon seit
einer halben Stunde ergangen sein. Der Herzog schaute
finster in die Nacht hinaus, preßte die Lippen zusammen
und knirschte mit den Zähnen; denn bald war die Frist
10 abgelaufen, die er gegeben hatte, und noch immer war
keine Antwort da; man hörte nur ein ängstliches Hin=
und Herrennen in der Stadt, aus welchem man weder
gute noch böse Zeichen deuten konnte.

„Was haben sie sich lange zu beraten?" sprach Ulrich
15 unwillig. „Ihr Herr ist hier außen vor dem Thore und
fordert Einlaß. Ich habe schon zu lange Geduld gehabt.
Georg! Breite mein Panier aus im Mondschein, laß die
Trompeter blasen, fordere die Stadt zum letztenmal auf!
Und wenn ich dreißig zähle nach deinem letzten Wort, und
20 sie haben noch nicht aufgemacht, beim heiligen Hubertus,[1]
so stürmen wir. Spute dich, Georg!"

„O Herr! Bedenket, eine Stadt, Eure beste Stadt! Wie
lange habt Ihr in diesen Mauern gelebt, wollt Ihr Euch
ein solches Brandmal aufrichten? Gebt noch Frist!"

25 „Ha!" lachte der Herzog grimmig und schlug mit dem
Stahlhandschuh auf den Brustharnisch, daß es weithin
tönte durch die Nacht, „ich sehe, dich gelüstet nicht sehr, in
Stuttgart einzuziehen und dein Weib zu verdienen. Aber
bei meiner Ungnade, jetzt kein Wort mehr, Georg von
30 Sturmfeder. Schnell ans Werk! Ich sag', roll' mein
Panier auf! Blast, Trompeter, blast! Schmettert sie aus
dem Schlaf, daß sie merken, ein Württemberger ist vor

dem Thor und will trotz Kaiser und Reich in sein Haus.
Ich sag', fordere sie auf, Sturmfeder!"

Georg folgte schweigend dem Befehl. Im Thore öffnete
sich ein Fenster; man fragte nach dem Begehr. Georg von
Sturmfeder erhob seine Stimme und rief: „Ulrich, von
Gottes Gnaden Herzog zu Württemberg und Teck, Graf
zu Urach und Mömpelgard, fordert zum zweiten= und
letztenmal seine Stadt Stuttgart auf, ihm willig und so=
gleich die Thore zu öffnen; widrigenfalls wird er die
Mauer stürmen und die Stadt als feindlich ansehen."

Noch während Georg dieses ausrief, hörte man das ver=
worrene Geräusch vieler Tritte und Stimmen in der Stadt,
es kam näher und näher und wurde zum Tumult und
Geschrei. Die Brücke fiel herab, drei alte, graue Männer
kamen aus dem Thor; sie trugen das Wappen der Stadt
und die Schlüssel.

Als der Herzog dies sah, ritt er etwas freundlicher hin=
zu. Georg folgte ihm. Die Männer beugten das Knie
vor dem Herrn und überreichten ihm die Zeichen ihrer
Unterwerfung. Er gab sie seinen Dienern und sagte zu
den Bürgern: „Ihr habt uns etwas lange warten lassen
vor der Thür. Wahrhaftig, wir wären bald über die
Mauer gestiegen und hätten eigenhändig eure Stadt zu
unserem Empfang beleuchtet, daß euch der Rauch die Augen
hätte beizen sollen. Der Teufel! Warum ließet ihr so
lange warten?"

„O Herr!" sagte einer der Bürger. „Was die Bürger=
schaft betrifft, die war gleich bereit, Euch aufzuthun. Wir
haben aber etliche vornehme Herren vom Bunde hier, die
hielten lange und gefährliche Reden an das Volk, um es
gegen Euch aufzuwiegeln. Das hat so lange verzögert."

„Ha! Wer sind diese Herren? Ich hoffe nicht, daß ihr

sie habt entkommen lassen! Mich gelüstet, ein Wort mit
ihnen zu sprechen."

„Bewahre, Euer Durchlaucht! Wir wissen, was wir
unserm Herrn schuldig sind. Wir haben sie sogleich ge=
fangen und gebunden. Befehlt Ihr, daß wir sie bringen?"

„Morgen früh ins Schloß! Will sie selbst verhören;
schicket auch den Scharfrichter; werde sie vielleicht köpfen
lassen."

„Schnelle Justiz, aber ganz nach Verdienst!" sprach
hinter den beiden Bürgern eine heisere, krächzende Stimme.

„Wer spricht da mir ins Wort?" fragte der Herzog und
schaute sich um; zwischen den beiden Bürgern heraus trat
eine sonderbare Gestalt. Es war ein kleiner Mann, der den
Höcker, womit ihn die Natur geziert hatte, unter einem
schwarzen, seidenen Mantel schlecht verbarg. Ein kleines
spitziges Hütlein saß auf seinen grauen schlichten Haaren,
tückische Äuglein funkelten unter buschigen, grauen Augen=
brauen, und der düune Bart, der ihm unter der hervor=
springenden Adlernase hing, gab ihm das Ansehen eines
sehr großen Katers. Eine widerliche Freundlichkeit lag
auf seinen eingeschrumpften Zügen, als er vor dem Herzog
das Haupt zum Gruß entblößte, und Georg von Sturm=
feder faßte einen unerklärlichen Abscheu und ein sonder=
bares Grauen vor diesem Mann gleich beim ersten An=
blick.

Der Herzog sah den kleinen Mann an und rief freudig:
„Ha! Ambrosius Volland, unser Kanzler! Bist du auch
noch am Leben? Hättest zwar früher schon kommen können,
denn du mußtest, daß wir wieder ins Land bringen —
aber sei uns deswegen dennoch willkommen."

„Allerdurchlauchtigster Herr!" antwortete der Kanzler
Ambrosius Volland, „bin wieder so hart vom Zipperlein

befallen worden, daß ich beinahe nicht aus meiner Be=
hausung kommen konnte; verzeihet daher, Euer —"

"Schon gut, schon gut!" rief der Herzog lachend. "Will
dich schon kurieren vom Zipperlein. Komm morgen früh
ins Schloß; jetzt aber gelüstet uns, Stuttgart wieder zu   5
sehen. Heran, mein treuer Bannerträger!" wandte er sich
mit huldreicher Miene zu Georg. "Du hast treulich Wort
gehalten, bis an die Thore von Stuttgart. Ich will's
vergelten. Bei Sankt Huberts, jetzt ist die Braut dein
nach Recht und Billigkeit."   10

24.

Das alte Schloß zu Stuttgart hatte damals, als es
Georg von Sturmfeder am Morgen nach des Herzogs Ein=
zug beschaute, nicht ganz die Gestalt, wie es noch in unsern
Tagen zu sehen ist, denn dieses Gebäude wurde erst von
Ulrichs Sohn, Herzog Christoph, aufgeführt. Georg maß   15
mit staunendem Auge die verschwenderische Pracht der
Hofburg. Er blickte hinab in den herrlichen Schloßgarten,
das Paradies genannt. Seine Phantasie bevölkerte diese
Lustgehege[1] und Gänge mit jenem fröhlichen Gewimmel
des fröhlichen Hofes, mit den Heldengestalten der Ritter,   20
mit den festlich geputzten Fräulein, mit allem Jubel und
Sang, der einst hier erscholl. Aber wie öde und leer
deuchten[2] ihm diese Mauern und Gärten, wenn er die
Gegenwart mit den Bildern seiner Phantasie verglich.
Vergebens strebte der Jüngling, diese trüben Gedanken zu   25
unterdrücken.

"So überaus ernst, junger Herr?" fragte eine heisere

Stimme hinter ihm und weckte ihn aus seinen Gedanken.
„Ich dächte[1] doch, Georg von Sturmfeder hätte alle Ursache,
heiter und guter Dinge zu sein!"

Der junge Mann wandte sich verwundert um und
5 schaute herab — auf den Kanzler Ambrosius Volland.

„Ihr kennet mich vielleicht nicht, wertgeschätzter junger
Freund, ich bin aber Ambrosius Volland, Sr.[2] Durchlaucht
Kanzler. Ich komme, um Euch einen guten Morgen zu
wünschen."

10 „Ich danke Euch, Herr Kanzler. Viele Ehre für mich,
wenn Ihr Euch deswegen herbemühtet."

„Ja, wer meinem Herrn so treu beigestanden ist in aller
Not und Fährlichkeit, der hat Anspruch auf meinen innig-
sten Dank und meine absonderliche Verehrung."

15 „Ihr hättet das wohlfeiler haben können, wenn Ihr
mitgezogen wäret nach Mömpelgard," erwiderte Georg, den
die Lobsprüche dieses Mannes beleidigten. „Treue muß
man nie loben, eher Untreue schelten."

Einen Augenblick blitzte ein Strahl des Zornes aus den
20 grünen Augen des Kanzlers, aber er faßte sich schnell
wieder zur alten Freundlichkeit. „Jawohl, das mein' ich
auch. Was mich betrifft, so lag ich am Zipperlein hart
danieder und konnte also nicht wohl nach Mömpelgard
reisen, werde aber jetzt mit meinem kleinen Licht, das mir
25 der Himmel verliehen, dem Herru desto thätlicher zur Hand
gehen.[3] — Würde mich gerne noch länger bei Euch auf-
halten, denn in Eurer Gegenwart ist mir ganz wohl ums
Herz; muß aber jetzt zum Herru. Er will heute früh Ge-
richt halten über die zwei Gefangenen, die gestern nacht
30 das Volk aufwiegeln wollten. Wird was geben, der Beltle
ist schon bestellt."

„Der Beltle?" fragte Georg, „wer ist er?"

„Das ist der Scharfrichter, wertgeschätzter junger
Freund."

„Ich bitte Euch! der Herzog wird doch nicht den ersten
Tag seiner neuen Regierung mit Blut beflecken wollen!"

Der Kanzler lächelte greulich und antwortete: „Man
muß ein Exempel statuieren. Der eine," fuhr er mit zarter
Stimme fort, „der eine wird geköpft, weil er von Abel ist,
der andere wird gehängt. Behüt' Euch Gott, Lieber!"

So sprach der Kanzler Ambrosius Volland und ging

mit leisen Schritten die Galerie entlang den Gemächern
des Herzogs zu. Georg sah ihm mit düsteren Blicken nach.
Er hatte gehört, daß dieser Mann früher durch seine Klug=
heit, vielleicht auch durch unerlaubte Künste großen Ein=
fluß auf Ulrich gewonnen hatte.

Er sah gerade den Höcker und den wehenden gelben
Mantel um die Ecke schweben, als eine Stimme neben ihm
flüsterte: „Trauet dem Gelben nicht!" Es war der Pfeifer
von Hardt, der sich unbemerkt an seine Seite gestellt hatte.

„Wie? Bist du es, Hans?" rief Georg und bot ihm

freundlich die Hand: „Kommst du ins Schloß, uns zu be=
suchen? Das ist schön von dir. Aber was wolltest du mit
dem Gelben, dem ich nicht trauen solle?"

„Das ist eben der Kanzler, der ist ein falscher Mann.
5 Ich habe auch den Herzog verwarnt,[1] er soll nicht alles
thun, was er ihm rät; aber er wurde zornig, und — es
mag wahr sein, was er sagte."

„Was sagte er denn? Hast du ihn heute schon ge=
sprochen?"

10 „Ich kam, um mich zu verabschieden, denn ich gehe wieder
heim nach Hardt zu Weib und Kind. Der Herr war erst
gerührt und erinnerte sich an die Tage seiner Flucht und
sagte, ich solle mir eine Gnade ausbitten. Ich aber habe
keine verdient, denn was ich gethan, ist eine alte Schuld,
15 die ich abgetragen. Da sagte ich, weil ich nichts anders
wußte, er soll mich meinen Fuchs frei schießen lassen und
es nicht strafen als Jagdfrevel. Des[2] lachte er und sprach:
das köune ich thun, das sei aber keine Gnade; ich solle
weiter bitten. Da faßte ich ein Herz und antwortete: ‚Nun,
20 so bitt' ich, Ihr möget dem schlauen Kanzler nicht allzu=
viel tranen und folgen; denn ich meine, wenn ich ihn sehe,
er meint es falsch.'"

„So geht es mir gerade auch," rief Georg. „Es ist, als
wolle er mir die Seele ausspionieren mit den grünen
25 Augen, und ich wette, er meint es falsch. Aber was gab
dir der Herzog zur Antwort?"

„‚Das verstehst du nicht,' sagte er und wurde bös. ‚In
Klüften und Höhlen magst du wohl bewandert sein, aber
im Regiment kennt der Kanzler die Schliche besser als
30 du.' Kann sein, ich habe unrecht, und es soll mir lieb
sein[3] um den Herzog. Nun lebet wohl, Junker, Gott sei
mit Euch! Amen."

„Und wolltest du also gehen? Wolltest nicht noch zu meiner Hochzeit bleiben? Ich erwarte den Vater und das Fräulein heute. Bleibe noch ein paar Tage. Du warst so oft der Liebesbote und darfst uns nicht fehlen!"

„Was soll so ein geringer Mann wie ich bei der Hochzeit eines Ritters? Mein Haus verlangt nach mir."

„Nun, so lebe wohl! Grüße mir dein Weib und Bärbele, dein schmuckes Töchterlein, und besuche uns fleißig auf Lichtenstein. Gott sei mit dir!"

„Noch eins!" rief Hans, als er eben nach dem letzten Händedruck des Junkers scheiden wollte. „Wisset Ihr auch, daß Euer ehemaliger Gastfreund und zukünftiger Vetter, Herr von Kraft, hier ist?"

Der Ratsschreiber? Wie sollt' der hieher kommen? Er ist ja bündisch!"

„Er ist hier und nicht gerade im anmutigsten Klosett, denn er sitzt gefangen. Gestern abend, als das Volk zusammenlief wegen des Herzogs, soll er für den Bund öffentlich gesprochen haben."

„Gott im Himmel! Das war Dietrich Kraft, der Ratsschreiber? Da muß ich schnell zum Herzog, er richtet schon über ihn, und der Kanzler will ihn köpfen lassen. Gehab' dich wohl!"

Mit diesen Worten eilte der Jüngling den Korridor entlang zu den Gemächern des Herzogs. Er trat hastig in das Gemach. Der Herzog sah ihn verwundert und etwas unwillig an, der Kanzler aber hatte das ewige süße Lächeln wie eine Larve vorgehängt.

„Guten Morgen, Sturmfeder!" rief der Herzog, der in einem grünen, goldgestickten Kleide, den grünen Jagdhut auf dem Kopf, am Tische saß. „Haft du gut geschlafen

in meinem Schloſſe? Was führt dich ſchon ſo früh zu
Uns? Wir ſind beſchäftigt."

Die Augen des jungen Mannes hatten indeſſen unruhig
im Zimmer umhergeſtreift und den Schreiber des Ulmer
Rates in einer Ecke gefunden. Er war blaß wie der Tod,
ſein ſonſt ſo zierliches Haar hing in Verwirrung herab,
und ein roſenfarbnes Mäntelein, das er über ein ſchwarzes
Kleid trug, war in Fetzen zerriſſen. Er warf einen rühren=
den Blick auf den Junker Georg und ſah dann auf zum
Himmel, als wollte er ſagen: „Mit mir iſt's aus!"

„Ich ſag', Wir haben zu thun," fuhr der Herzog fort.
„Was ſchauſt du nur immer nach dem roſenfarbenen
Menſchenkind? Das iſt ein verſtockter Sünder. Das
Schwert wird ſchon für ihn gewetzt."

„Euer Durchlaucht erlauben mir nur e i n Wort," ent=
gegnete Georg. „Ich kenne jenen Mann. Ich verbürge
mich mit meinem Leben für gegenwärtigen Edlen von
Kraft, Ratsſchreiber von Ulm, daß er ein friedlicher Mann
iſt und gewiß kein Verbrecher, der den Tod verdiente.
Ich hoffe, meine Bürgſchaft kann angenommen werden."

„Wie?" ſagte Ulrich, „das iſt wohl der zierliche Herr,
dein Gaſtfreund, von dem du mir ſo oft erzählteſt? Thut
mir leid um ihn, aber er wurde in einem Aufruhr unter
ſehr gefährlichen Umſtänden gefangen."

„Freilich!" krächzte Ambroſius, „ein crimen laesae majestatis.[1] Beſagter Herr von Kraft hat ſchrecklich gefähr=
liche Reden an das Volk gehalten."

„Nicht möglich! Es wäre ganz gegen ſeine Art und
Weiſe! Herr Herzog, das kann nicht ſein!"

„Georg!" ſagte dieſer ernſt, „Wir haben lange Geduld
gehabt, dich anzuhören. Es hilft deinem Freunde doch
nichts. Hier liegt das Protokoll. Der Kanzler hat, ehe ich

kam, ein Zeugenverhör angestellt, worin alles sonnenklar
bewiesen ist. Wir müssen ein Exempel statuieren. Wir
müssen Unsere Feinde recht ins Herz hinein verwunden;
der Kanzler hat ganz recht. Darum kann ich keine Gnade
geben."

„So erlaubt mir nur noch eine Frage an ihn und die
Zeugen, nur ein paar Worte."

„Ist gegen alle Form Rechtens,"[1] fiel der Kanzler ein;
„ich muß dagegen protestieren, Lieber! Es ist ein Ein=
griff in mein Amt."

„Laß ihn, Ambrosius. Mag er meinetwegen[2] noch ein
paar Fragen an den armen Sünder thun, er ist doch ver=
loren."

„Dietrich von Kraft," fragte Georg, „wie kommt Ihr
hieher?"

Der arme Ratschreiber, den der Tod schon an der
Kehle gefaßt hatte, verdrehte die Augen, und seine Zähne
schlugen aneinander. Endlich konnte er einige Worte
herausstoßen: „Bin hieher geschickt worden vom Rat, wurde
Schreiber beim Statthalter —"

„Wie kamet Ihr gestern nacht zu den Bürgern von
Stuttgart?"

„Der Statthalter befahl mir abends, wenn etwa die
Bürger sich aufrührerisch zeigten, sie anzureden und zu
ihrer Pflicht und ihrem Eid zu verweisen."

„Ihr sehet, er kam also auf höheren Befehl dorthin. —
Wer nahm Euch gefangen?" fuhr Georg zu fragen fort.

„Der Mann, der neben Euch steht."

„Ihr habt diesen Herrn gefangen? Also müßt Ihr auch
gehört haben, was er sprach? Was sagte er denn?"

„Ja, was wird er gesagt haben?" antwortete der
Bürger; „er hat keine sechs Worte gesprochen, so warf ihn

der Bürgermeister Hartmann von der Bank herunter. Ich
weiß noch, er hat gesagt: ,Aber bedenket, ihr Leute, was
wird der durchlauchtigste Bundesrat dazu sagen!' Das
war alles, da nahm ihn der Hartmann beim Kragen und
warf ihn herunter. Aber dort, der Doktor Calmus, der
hielt eine längere Rede."

Der Herzog lachte, daß das Gemach dröhnte, und sah
bald Georg, bald den Kanzler an, der ganz bleich und ver=
stört sich umsonst bemühte, sein Lächeln beizubehalten.
„Das war also die gefährliche Rede, das Majestätsver=
brechen? ,Was wird der Bundesrat dazu sagen!' Armer
Kraft! Wegen dieses kraftvollen Sprüchleins verfielst du
beinahe dem Scharfrichter. Nun, das haben selbst Unsere
Freunde oft gesagt: ,Was werden die Herren sagen, wenn
sie hören, der Herzog ist im Land.' Deswegen soll er nicht
bestraft werden, was sagst du dazu, Sturmfeder?"

„Ich weiß nicht, was Ihr für Gründe habt, Herr Kanz=
ler," sagte der Jüngling, indem sein Auge noch immer von
Unmut strahlte, „die Sachen so auf die Spitze zu stellen
und dem Herrn Herzog zu Maßregeln zu raten, die ihn
überall — ja, ich sage es, die ihn überall als einen
Thrannen ausschreien müssen. Wenn es nur Diensteifer
ist, so habt Ihr diesmal schlecht gedient."

Der Kanzler schwieg und warf nur einen grimmigen,
stechenden Blick aus den grünen Äuglein auf den jungen
Mann. Der Herzog aber stand auf und sprach: „Laß mir
mein Kanzlerlein gehen; diesmal freilich war er zu strenge.
Da — nimm deinen rosenroten Freund mit dir, gieb ihm
zu trinken auf die Todesangst, und dann mag er laufen,
wohin er will. Und du, Hund von einem Doktor, der
du[1] zu schlecht zu einem Hundedoktor bist, für dich ist ein
württembergischer Galgen noch zu gut. Gehängt wirst

du doch noch einmal, ich will mir die Mühe nicht geben. Langer Peter, nimm diesen Burschen, binde ihn rückwärts auf einen Esel und führe ihn durch die Stadt; und dann soll man ihn nach Eßlingen führen — zu den hochweisen Räten, wo er und sein Tier hingehört. Fort mit ihm!"

Der Ratschreiber von Ulm vergoß Thränen der Rührung und Freude. Er wollte dem Herzog den Mantel küssen, doch dieser wandte sich ab und winkte Georg, den Gerührten zu entfernen.

———

25.

Der Schreiber des großen Rates schien noch nicht Fassung genug erlangt zu haben, um auf dem Wege durch die Gänge und Galerien des Schlosses die vielen Fragen seines Erretters zu beantworten. Auf Georgs Zimmer angekommen, sank er erschöpft auf einen Stuhl, und es verging noch eine gute Weile, ehe er geordnet zu denken und zu antworten vermochte.

„Eure Politika, Vetter, hat Euch einen schlimmen Streich gespielt," sagte Georg; „was fällt Euch aber auch ein, in Stuttgart als Volksredner auftreten zu wollen?"

„Ach! Bertha ist es, die mich in den Tod geschickt hat. Sie ist an allem schuld. Ach, daß ich nie mein Ulm verlassen hätte!"

„Bertha hat Euch fortgeschickt?" fragte Georg. „Sie hat Euch abgewiesen, und aus Verzweiflung seid Ihr —"

„Gott behüte! Bertha ist so gut als meine Braut. Ach, das ist gerade der Jammer! Nun habt Ihr aber dem Mädchen durch Euer kriegerisches Wesen gänzlich den Kopf

verrückt. Sie wollte, ich solle vorher zu Feld ziehen und
ein Mann werden wie Ihr. — Dann wolle sie mich hei=
raten. Ach, du gerechter Gott!"

"Und da seid Ihr förmlich zu Feld gezogen gegen
5 Württemberg? Welche kühne Gedanken das Mädchen
hat!"

"Bin zu Feld gezogen; die Strapazen vergesse ich in
meinem Leben nicht! Ich vergesse den Schrecken nicht, und
wenn ich achtzig Jahre alt werde! Als wir dann das
10 Land völlig besiegt hatten, bekam ich die ehrenvolle Stelle
beim Statthalter. Ich dachte nicht, daß die Gefahr so groß
sei, ließ mich vom Doktor Calmus verführen, eine Rede
ans Volk zu halten, um Württemberg dem Bunde zu retten.
Das hätte gewiß Aufsehen gemacht, und Bertha wäre
15 noch eins¹ so freundlich gewesen."

Georg wollte ihn noch weiter über seine Schicksale be=
fragen, als ihn ein Geräusch vom Vorplatz des Schlosses
her ans Fenster lockte; er sah hinaus und winkte schnell
Herrn Dietrich herbei, um ihm das Schauspiel gefallener
20 irdischer Größe zu zeigen.

Der Doktor Calmus hielt seinen Umzug durch die
Stadt. Er saß verkehrt auf einem Esel; die Landsknechte
hatten ihn wunderlich ausgeschmückt. Ein ungeheurer
Volkshaufe umschwärmte ihn und warf ihn mit Eiern und
25 Erde.

Der Ratsschreiber schaute trübselig auf seinen Gefährten
hinab und seufzte: "'s ist hart, auf dem Esel reiten zu
müssen," sagte er, "aber doch immer noch besser, als ge=
hängt werden." Er wandte sich ab von dem Schauspiel
30 und blickte nach einer andern Seite des Schloßplatzes.
"Wer kommt denn hier?" fragte er den jungen Ritter.
"Schaut."

Georg wandte sich um. Er sah einen Zug von Reisigen, die eine Sänfte in ihrer Mitte führten. Ein alter Herr zu Pferd folgte dem Zug, der jetzt aufs Schloß einbeugte. Georg sah schärfer hinab: „Sie sind's," rief er. In e i n e m Sprung war er zur Thür hinaus, und der Rats= 5

schreiber sah ihm staunend nach. „Wer soll es sein?" fragte er. Er schaute noch einmal durchs Fenster, und in demselben Augenblicke stürzte Georg aus dem Thore. Herr Dietrich sah ihn die Thüre der Sänfte ungestüm aufreißen, eine verschleierte Dame stieg aus, sie schlug den Schleier 10

zurück — und wunderbar! es war das Bäschen Marie von
Lichtenstein. „Ei, seh doch einer;¹ er küßt sie auf öffent-
licher Straße," sprach der Ratsschreiber kopfschüttelnd vor
sich hin; „was das eine Freude ist! Aber wehe, jetzt kommt
5 der Alte um die Sänfte herum, der wird Augen machen!
Der wird schimpfen! — Doch wie? Er nickt dem Junker
freundlich zu, er steigt ab, er umarmt ihn. Nein, das geht
nicht mit rechten Dingen zu!"²

Und dennoch schien es durchaus mit rechten Dingen zu-
10 zugehen; denn als der Schreiber des großen Rates aus
dem Zimmer auf die Galerie trat, kam sein Oheim, der
alte Herr von Lichtenstein, die Treppe herauf. An der
rechten Hand führte er Georg von Sturmfeder, an der
linken — Bäschen Marie. Sprachlos hatte Dietrich von
15 Kraft diese Erscheinung angestarrt, und jetzt erst wurde er
auch von dem alten Ritter bemerkt. „Seh' ich recht," rief
dieser, „Dietrich Kraft, mein Neffe! Was führt denn dich
nach Stuttgart, kommst du etwa zur Hochzeit meiner
Tochter mit Georg von Sturmfeder? Aber wie siehst du
20 aus? Was fehlt dir doch? Du bist so bleich und elend,
und deine Kleider hängen dir in Fetzen vom Leibe!"

Der Ratsschreiber sah herab auf das rosenfarbene Mäntelein und errötete. „Weiß Gott," rief er, „ich kann mich
vor keinem ehrlichen Menschen sehen lassen! Diese ver-
25 dammten Württemberger, diese Weingärtner und Schuster-
jungen haben mich so zerfetzt."

„Ihr dürft froh sein, Vetter! daß Ihr so davon gekommen seid," sagte Georg, indem er die Angekommenen
in sein Gemach einführte; „bedenket, Herr Vater, gestern
30 nacht, als wir vor den Thoren standen, hielt er Reden an
die Bürger, um sie aufzuwiegeln³ gegen uns. Da hat ihn
heute früh der Kanzler wollen⁴ köpfen lassen. Mit großer

Mühe hat ich ihn los, und jetzt klagt er die Württemberger
wegen seines zerſetzten Mänteleins an."

„Mit gnädiger Erlanbuis," ſagte Frau Roſel und ver=
beugte ſich dreimal vor dem Ratsſchreiber, „wenn Ihr
meine Hilfe annehmen wollt, ſo will ich den Mantel
flicken, daß es eine Luſt iſt."

Herrn Dietrich war dieſe Hilfe ſehr angenehm. Er be=
quemte ſich, zu der Frau Roſel ans Fenſter zu ſitzen, um
ſich ſeine Gewänder zurecht richten zu laſſen. Sie unter=
hielt ihn dabei mit ergötzlichen Reden von der Haushal=
tung. Entfernt von dieſem Paar, um die ganze Breite
des Zimmers, ſaßen Georg und Marie im traulichen
Flüſtern der Liebe. Der Ritter von Lichtenſtein hatte
ſeine Tochter unter der Pflege Georgs, ſeinen Neffen unter
der kunſtreichen Hand der Fran Roſalie gelaſſen und
ſchritt nun den Gemächern des Herzogs zu. Dieſer Mann
hatte von ſeinen Vätern die Liebe zum Hanſe Württem=
berg geerbt, Gewohnheit und Neigung hatten ihn an die
Regenten gefeſſelt. Mit der Freude eines Bräutigams, der
zur Hochzeit zieht, mit der Kraft eines Jünglings hatte er
den weiten und beſchwerlichen Weg von ſeinem Schloß nach
Stuttgart zurückgelegt, als man ihm gemeldet hatte, daß
der Herzog Leonberg erobert habe und auf Stuttgart zu
ziehe. Keinen Augenblick zweifelte er an dem Siege des
Herzogs, und ſo traf es ſich, daß er ſchon am andern
Morgen der neuen Herrſchaft Ulrichs nach Stuttgart kam.

Nicht ſo fröhlicher Art waren die Nachrichten, die ihm
Georg mitteilte, als er mit ihm und Marien die Treppe
heraufſtieg. „Der Herzog," hatte ihm jener zugeflüſtert,
„iſt nicht ſo, wie er ſollte; er hat unterwegs ſonderbare
Reden fallen laſſen, und ich fürchte, er iſt nicht in den
beſten Händen. Der Kanzler Ambroſius Volland —"

dieser einzige Name reichte hin, in dem Ritter von Lichten=
stein große Besorgnisse aufzuregen.

„Wenn der Herzog diesem sein Vertrauen schenkt, wenn
er nur seine Ratschläge befolgt, dann sei Gott gnädig."
So sprach der alte Herr von Lichtenstein zu sich, als er
durch die Galerien ging. Er wurde sogleich vorgelassen
und traf den Herzog in großer Beratung mit Ambrosius.

„Ha! Willkommen!" rief der Herzog, „mein getreuer
Lichtenstein! Sogleich steh' ich Euch Rede,¹ lasset mich nur
zuvor dies Pergament unterzeichnen."

„Erlauben Euer Durchlaucht," sagte der alte Mann,
„Ihr habt mir eine Stimme zugesagt in Eurem Rat, darf
ich nicht auch wissen um die erste Verordnung, die Ihr an
Euer Land ergehen lasset?"

„Mit Eurer hochedlen Erlaubnis," fiel Ambrosius Vol=
land hastig ein, „das Ding hat Eile."

„Nun, Ambrosius!" sagte der Herzog, „so gar eilig ist
es nicht, daß wir Unserem alten Freund die Sache nicht
mitteilen sollten. Wir haben nämlich beschlossen, Uns hul=
digen zu lassen, und zwar nach neuen Verträgen und Ge=
setzen. Die alten sind null und nichtig."

„Das habt Ihr beschlossen? Um Gottes willen, habt Ihr
auch bedacht, zu was dies führt? Habt Ihr nicht erst vor
wenigen Jahren den Tübinger Vertrag beschworen?"

„Tübingen!" rief der Herzog mit schrecklicher Stimme,
indem seine Augen von Zorn glühten. „Tübingen! Nenne
dies Wort nicht mehr! Dort hatte ich all meine Hoffnung,
und dort haben sie mich verraten und verkauft. Haben sie
ihren Eid vergessen, bei Sankt Hubertus, so ist mein
Gedächtnis auch nicht länger."

„Aber bedenken Euer Durchlaucht!" sprach Lichtenstein,
von diesem Ausbruch der Leidenschaft erschüttert, „bedenket

doch, welchen Eindruck ein solcher Schritt auf das Land
machen muß. Noch habt Ihr nichts als Stuttgart und die
Gegend; noch liegen überall bündische Besatzungen. Wird
die Landschaft Euch beistehen, den Bund zu verjagen,
wenn sie hört, auf welche neue Ordnung sie huldigen
soll?"

„Ich sag': ist mir die Landschaft beigestanden, als ich
Württemberg mit dem Rücken ansehen mußte? Sie haben
mich laufen lassen und dem Bund gehuldigt!"

„Vergebt mir, Herr Herzog," entgegnete der Alte mit
bewegter Stimme, „dem ist nicht also. Ich weiß noch wohl
den Tag bei Blaubeuren. Wer hielt da zu Euch, als die
Schweizer abzogen? Wer bat Euch, nicht vom Land zu
lassen; wer wollte Euch sein Leben opfern? Das waren
achttausend Württemberger. Habt Ihr den Tag ver=
gessen?"

„Ei, ei, Wertester!" sagte der Kanzler, dem es nicht
entging, welchen mächtigen Eindruck diese Worte auf Ulrich
machten, „ei! Ihr sprechet doch auch etwas zu kühnlich.
Ist übrigens jetzt auch gar nicht die Rede von damals,
sondern von jetzt. Neuer Herr, neu Gesetz. Man kann
sich nach eigenem Gutdünken huldigen lassen. Soll ich die
Feder eintauchen, gnädiger Herr?"

„Herr Kanzler!" sagte Lichtenstein mit fester Stimme
„habe alle mögliche Ehrfurcht vor Eurer Gelahrtheit[1] und
Einsicht, aber was Ihr da sagt, ist grundfalsch und kein
guter Rat. Jetzt gilt es zu wissen, wen das Volk liebt.
O, bedenkt, bedenkt, die Liebe eines Volkes ist eine mächtige
Stütze!"

Der Herzog stand mit untergeschlagenen Armen da,
düster vor sich hinblickend, er antwortete nicht. Desto
eifriger that dies der Kanzler im gelben Mäntelein. „Hi,

hi, hi! Wo habt Ihr die schönen Sprüchlein her, Lieb=
werter, Hochgeschätzter? Liebe des Volkes, sagt Ihr?
Schon die Römer wußten, was davon zu halten sei.
Seifenblasen, Seifenblasen! Hätt' Euch für gescheiter ge=
halten. Wer ist denn das Land? Hier, h i e r steht es
in persona,¹ das ist Württemberg, dem gehört's, hat's
geerbt und jetzt noch dazu erobert. Volksliebe! Aprilen=
wetter! Wäre ihre Liebe so stark gewesen, so hätten sie
nicht dem Bunde gehuldigt."

„Der Kanzler hat recht!" rief Ulrich, aus seinen Gedanken
erwachend. „Du magst es gut meinen, Lichtenstein, aber er
hat diesmal recht. Meine Langmut hat mich zum Lande
hinausgetrieben; jetzt bin ich wieder da, und sie sollen
fühlen, daß i ch Herr bin. Die Feder her, Kanzler, ich sag',
so will ich's; so wollen wir uns huldigen lassen!"

„O Herr, thut nichts in der ersten Hitze! Wartet, bis
Euer Blut sich abkühlt. Gestattet nur noch eine kurze Frist."

„So?" unterbrach ihn der Kanzler, „daß man dann
wieder in das alte Wesen hineinkommt? Schmiedet das
Eisen solange es warm ist."

Der Herzog antwortete nicht. Er riß mit einer hastigen
Bewegung Feder und Pergament dem Kanzler aus der
Hand, warf einen schnellen durchdringenden Blick auf ihn
und den Ritter, und ehe noch dieser es verhindern konnte,
hatte Ulrich seinen Namen unterzeichnet. Der Ritter stand
in stummer Bestürzung; er senkte bekümmert das Haupt
auf die Brust herab. Der Kanzler blickte triumphierend
auf den Ritter und den Herzog. Dann trat dieser ans
Fenster und sah schweigend hinaus.

Der Ritter von Lichtenstein beharrte in seinem trüben
Schweigen. So standen sie geraume Zeit, bis sie von den
Dienern unterbrochen wurden. Es traten vier Edelknaben

ins Gemach, der erste trug den Mantel, der zweite den
Hut, der dritte eine Kette von Gold, und der vierte des
Herzogs Schlachtschwert. Sie bekleideten den Herzog mit
dem Fürstenmantel von purpurrotem Samt, mit Herme-
lin verbrämt. Sie reichten ihm den Hut, der die schwarz 5
und gelbe Farbe des Hanses Württemberg in reichen
wehenden Federn zeigte, diese wurden zusammengehalten
von einer Agraffe¹ von Gold und Edelsteinen, die eine
Grafschaft wert waren. Der Herzog bedeckte sein Haupt
mit diesem Hut. Seiue kräftige Gestalt schien in diesem 10
fürstlichen Schmuck noch erhabener als zuvor, und die
freie majestätische Stirne, das glänzende Auge sah gebietend unter den wallenden Federn hervor. Er ließ sich
die Kette umhängen, steckte das Schlachtschwert an und
winkte seinem Kanzler, aufzubrechen. 15

Noch immer sprach der Ritter von Lichtenstein kein
Wort. Der Herzog schritt mit leichtem Neigen des Hauptes
an dem alten Ritter vorüber zur Thür, und die wunderliche Figur des Kanzlers Ambrosius Volland folgte ihm
mit majestätischen Schritten. In der Thür stand der 20
Herzog still, er sah rückwärts, seine bessere Natur schien
über ihn zu siegen, er kehrte zur Verwunderung des Kanzlers zurück und trat zu Lichtenstein.

„Alter Mann!" sagte er, indem er vergeblich strebte,
seine tiefe Bewegung zu unterdrücken: „Du warst mein ein- 25
ziger Freund in der Not, und in hundert Proben habe
ich deine Treue bewährt gefunden, du kannst es mit Württemberg nicht schlimm meinen. Ich fühle, es ist einer der
wichtigsten Schritte meines Lebens, und ich gehe vielleicht
einen gewagten Gang — aber wo es das Höchste gilt, muß 30
man alles wagen."

Der Ritter von Lichtenstein richtete sein greises Haupt

auf; in den weißen Wimpern hingen Thränen. Er ergriff
Ulrichs Hand: „Bleibet," rief er, „nur diesmal, diesmal
folget meiner Stimme! Mein Haar ist gran, ich habe lange
gelebt, Ihr erst drei Jahrzehnte."

5 „Jacta alea esto!¹ war der Wahlspruch Cäsars," sagte
der Herzog mit mutiger Miene, „jetzt gehe ich über meinen
Rubikon. Aber dein Segen möchte mir frommen, alter
Manu, zum Rat ist es zu spät!"

Der Ritter blickte schmerzlich aufwärts. Die Stimme
10 versagte ihm, er drückte segnend seines Herzogs Rechte an
die Brust. Ulrich von Württemberg riß sich los und ging,
um sich von seiner Hauptstadt huldigen zu lassen.

26.

Die Besorgnisse des alten Herrn schienen nicht so un=
begründet gewesen zu sein, als Ambrosius Volland sie dar=
15 gestellt hatte. Die neue Huldigung, die alle früheren
Verträge umstieß, bewirkte wenigstens, daß der Herzog
keine Popularität gewann.

In Stuttgart glaubte man fest, der Herzog müsse in der
fröhlichsten Stimmung sein, denn wenn er mit seinem
20 glänzenden Gefolge durch die Straßen ritt, alle schönen
Jungfrauen grüßte und mit den Herren zu seiner Seite
scherzte und lachte, da sagten sie: „Herr Ulrich ist wieder
so lustig wie vor dem Armen Konrad." Er hatte seinen
Hofstaat wieder glänzend eingerichtet. Fest drängte sich
25 an Fest, und Ulrich schien eifrig nachholen zu wollen, was
er in der Zeit seines Unglücks versäumt hatte. Keines

dieser geringsten Feste war die Hochzeit Georgs von
Sturmfeder mit der Erbin von Lichtenstein.

Der Ritter und seine Tochter waren bisher noch immer
Gäste im Schloß zu Stuttgart gewesen, jetzt ließ der
Herzog ein schönes Haus, nächst der Kollegiatenkirche, mit 5
neuem Hausgerät versehen und übergab am Vorabend der
Hochzeit den Schlüssel dem Fräulein von Lichtenstein mit
dem Wunsche, sie möchte es, so oft sie in Stuttgart sei,
bewohnen.

Und jetzt endlich war der Tag gekommen, welchen Georg 10
oft in ungewisser Ferne, aber immer mit gleicher Sehn=
sucht geschaut hatte. Er rief sich am Morgen dieses Tages
das ganze Leben seiner Liebe zurück. Ein bescheidenes
Pochen an der Thür unterbrach die lange Gedankenreihe,
die sich an den heutigen Tag knüpfen und in die ferne 15
Zukunft hinausziehen wollte. Es war Herr Dietrich von
Kraft, der stattlich geschmückt zu ihm eintrat.

„Wie?“ rief dieser Schreiber des großen Rates zu Ulm
und schlug voll Verwunderung die Hände zusammen.
„wie? in diesem Wams wollet Ihr Euch doch hoffentlich 20
nicht trauen lassen?“

„Dort liegt der ganze Staat,“ erwiderte Georg lächelnd,
„Barett und Federn, Mantel und Wams, alles aufs
schönste zubereitet, aber Gott weiß, ich habe noch nicht daran
gedacht, daß ich dieses Flitterwerk an mich hängen solle. 25
Dies Wams ist mir lieber als jenes schöne neue. Ich
habe es in schweren, aber dennoch glücklichen Tagen ge=
tragen.“

„Ja, ja! Ich kenne es wohl; das habt Ihr bei mir in
Ulm getragen, und es ist mir noch wohl erinnerlich, wie 30
Euch Bertha in diesem blauen Kleid abschilderte, daß ich
recht eifersüchtig ward; aber Flitterwerk nennt Ihr die

Kleider da? Ei der Tausend![1] Hätte ich nur mein lebe=
lang solche Flitter. Ha, das weiße Gewand, mit Gold
gestickt, und der blaue Mantel von Samt! Kann man was
Schöneres sehen? Wahrlich, Ihr habt mit Umsicht aus=
5 gewählt, das mag trefflich stehen zu Euren braunen
Haaren!"

„Der Herzog hat es mir zugeschickt," antwortete Georg,
indem er sich ankleidete, „mir wäre alles zu kostbar ge=
wesen."

10 „Ist doch ein prächtiger Herr, der Herzog, und jetzt erst,
seit ich einige Zeit hier bin, sehe ich ein, daß man ihm bei
uns in Ulm zu viel gethan[2] hat. — Aber was sehe ich? Ihr
werdet doch nicht den alten Fetzen von einer Feldbinde zu
dem stattlichen Hochzeitsschmuck anlegen wollen? Pfui,
15 das paßt nicht zusammen, lieber Vetter."

Der Bräutigam betrachtete die Schärpe mit inniger
Liebe. „Das versteht Ihr nicht," sagte er, „wie gut sich
dies zum Hochzeitsgewande schickt. Es ist ihr erstes Ge=
schenk. Sie darf nicht fehlen, diese Binde; hat sie die Not
20 mit mir getragen, so sei sie mir ein heiliger Schmuck am
Tage des Glückes."

„Nun, wie Ihr wollt, hängt sie in Gottes Namen um.
Sputet Euch, lasset das Bräutlein nicht so lange warten!
— Kommt, kommt; ich fühle mich stolz, Euer Geselle zu
25 sein, wenn ich auch vierzehn Tage zu spät nach Ulm zurück=
kehre."

Georgs Wangen röteten sich, sein Herz pochte, als er sein
Gemach verließ. Die Thür ging auf, und Marie im
Glanze ihrer Schönheit stand umgeben von vielen Frauen
30 und Fräulein, die, vom Herzog eingeladen, heute ihre Be=
gleitung bilden sollten. Marie errötete, als sie den
Geliebten sah, sie betrachtete ihn staunend, als seien seine

Züge heute mit einem neuen Glanze übergoffen; sie schlug
die Augen nieder, als sie seinen freudetrunkenen Blicken
begegnete. Dem Bräutigam war es nicht erlaubt, die
Hand der Braut zu berühren, ehe sie der Priester in die
seinige legte, und der Braut wurde es übel aufgenommen,
wenn sie den Bräutigam gar zu viel und gar zu lange
ansah. Züchtig, ehrbar, die Augen auf den Boden geheftet,
die Hände unter der Brust gefaltet, mußte sie stehen — so
wollte es die Sitte.

Jetzt kam auch der Herzog, der den Ritter von Lichten=
stein an der Hand führte. Er musterte mit schnellen
Blicken den reichen Kreis der Damen, und auch er schien
sich zu gestehen, daß Marie die schönste sei. „Sturmfeder!"
sagte er, indem er den Glücklichen auf die Seite führte,
„dies ist der Tag, der dich für vieles belohnt. Gedenkst
du noch der Nacht, wo du mich in der Höhle besuchtest und
nicht erkanntest? Damals brachte Hans, der Pfeifer, einen
guten Trinkspruch aus: ‚Dem Fräulein von Lichtenstein!
Möge sie blühen für Euch!' — Jetzt ist sie dein, und
was nicht minder schön ist, auch dein Trinkspruch ist
erfüllt: Wir sind wieder eingezogen in die Burg Unserer
Väter."

„Möge Euer Durchlaucht dieses Glück so lange genießen,
als ich an Mariens Seite glücklich zu sein hoffe. Aber
Eurer Huld und Gnade habe ich diesen schönen Tag zu
verdanken, ohne Euch wäre vielleicht der Vater —"

„Ehre um Ehre, du hast Uns treulich beigestanden, als
Wir Unser Land wieder erobern wollten, drum gebührt es
sich, daß auch Wir dir beistanden, um sie zu besitzen. —
Wir stellen heute deinen Vater vor, und als solchem wirst
du Uns schon erlauben, nach der Kirche deine schöne Frau
auf die Stirne zu küssen."

Georg gedachte jener Nacht, als der Herzog unter dem
Thor von Lichtenstein sich auf diesen Tag vertröstete, un=
willkürlich mußte er lächeln, wenn er der Würde und
Hoheit gedachte, mit welcher die Geliebte den Mann der
Höhle damals zurückgewiesen hatte. „Immerhin, Herr 5
Herzog, auch auf den Mund! Ihr habt es längst verdient
durch Eure großmütige Fürsprache."

Die Flügelthüren öffneten sich jetzt, und man sah auf
der breiten Galerie das Hofgesinde des Herzogs in Ord=
nung aufgestellt. Die Braut wurde von Georg von Hewen 10
und Reinhardt von Gemmingen geführt. Viele Ritter und
Edelleute schlossen sich an diese an, in ihrer Mitte ging
Georg von Sturmfeder, Marx Stumpf zu seiner Rechten,
der Ratsschreiber Dietrich von Kraft zu seiner Linken.
Sein ganzes Wesen schien von einer würdigen Freude 15
gehoben, seine Augen blinkten freudig, sein Gang war der
Gang eines Siegers. Er ragte mit dem wallenden Haar,
mit den wehenden Federn des Baretts weit über seine
Gesellen hervor. Die Leute betrachteten ihn staunend, die
Männer lobten laut seine hohe, männliche Gestalt, seine 20
edle Haltung, aber die Mädchen flüsterten leise und priesen
seine schönen Züge und das freie, glänzende Auge.

So ging der Zug aus dem Thore des Schlosses nach
der Kirche, die nur durch einen breiten Platz von ihm ge=
trennt war. Kopf an Kopf standen die schönen Mädchen 25
und die redseligen Frauen, sie musterten die Anzüge der
Fräulein, strengten die Blicke an, als die schöne Braut
vorbeiging, und waren voll Lobes über den Bräutigam.

27.

Herzog Ulrich von Württemberg liebte eine gute Tafel,
und wenn in guter Gesellschaft die Becher kreisten, pflegte
er nicht so bald das Zeichen zum Aufbruch zu geben. Auch
am Hochzeitsfeste Mariens von Lichtenstein blieb er seiner
5 Gewohnheit treu. Um zwölf Uhr hatten die Trompeten zur
Tafel gerufen. Sie wurde in der Dyrnitz gehalten, einer
weiten hohen Halle, die viele hundert Gäste faßte. Diese
Halle war die Zierde des Schlosses zu Stuttgart. Heute
sah man hier einen gemischten Kreis schöner Frauen und
10 fröhlicher Männer um reichbesetzte Tafeln sitzen. Am
oberen Ende der Halle saß unter einem Thronhimmel der
Herzog. Er hatte seinen Hut weit aus der Stirne gerückt,
schaute fröhlich um sich und sprach dem Becher fleißig zu.[1]
Zu seiner Rechten, an der Seite des Tisches, saß Marie.
15 Ein fröhliches Leben war in ihre Augen, um ihren Mund
eingezogen; sie blickte oft nach ihrem neuen Gemahl, der ihr
gegenüber saß, es war ihr oft, als müsse sie sich über=
zeugen, daß dies alles kein Traum, daß sie wirklich eine
Hausfrau sei und den Namen, den sie achtzehn Jahre ge=
20 tragen, gegen den Namen Sturmfeder vertauscht habe; sie
lächelte, so oft sie ihn ansah, denn es kam ihr vor, als gebe
er sich, seitdem er aus der Kirche kam, eine gewisse Würde.
„Er ist mein Haupt," sagte sie lächelnd zu sich, „mein Herr,
mein Gebieter!"
25 In die Nähe des Herzogs war der Ritter von Lichten=
stein, Marx Stumpf von Schweinsberg und der Kanzler
gezogen worden, und auch der Ratsschreiber von Ulm saß
nicht ferne, weil er heute als Geselle des Bräutigams

diesen Ehrenplatz sich erworben hatte. Der Wein begann
schon den Männern aus den Augen zu leuchten und den
Frauen die Wangen höher zu färben, als der Herzog
seinem Küchenmeister ein Zeichen gab. Die Speisen
wurden weggenommen und im Schloßhof unter die Armen
verteilt; auf die Tafel kamen jetzt Kuchen und schöne
Früchte, und die Weinkannen wurden für die Männer mit
besseren Sorten gefüllt; den Frauen brachte man kleine
silberne Becher mit spanischem, süßem Weine. Sie be-
haupteten zwar, keinen Tropfen mehr trinken zu können,
doch nippten und nippten sie von dem süßen Nektar immer
wieder. Jetzt war der Augenblick gekommen, wo nach der
Sitte der Zeit dem neuen Ehepaar Geschenke überbracht
wurden. Man stellte Körbe neben Marien auf, und als
die Geiger und Pfeifer von neuem gestimmt hatten und
aufzuspielen anfingen, bewegte sich ein langer, glänzender
Zug in die Halle. Voran gingen die Edelknaben des fürstlichen Hofes, sie trugen goldene Deckelkrüge, Schaumünzen,
Schmuck von edlen Steinen als Geschenke des Herzogs.

„Mögen Euch diese Becher, wenn sie bei den Hochzeiten
Eurer Kinder, bei den Taufen Eurer Eukel kreisen, mögen
sie Euch an einen Mann erinnern, dem ihr beide im Unglück Liebe und Treue bewiesen, an einen Fürsten, der im
Glück Euch immer gewogen und zugethan ist."

Georg war überrascht von dem Reichtum der Geschenke.
„Euer Durchlaucht beschämen uns," rief er; „wollet Ihr
Liebe und Treue b e l o h n e n, so wird sie nur zu bald
um Lohn feil sein."

„Ich habe sie selten rein gefunden," erwiderte Ulrich,
indem er einen unmutigen Blick über die lange Tafel hin-
schickte und dem jungen Mann die Hand drückte, „noch
seltener, Freund Sturmfeder, hat sie mir Probe gehalten,

drum ist es billig, daß Wir die reine Treue mit reinem
Golde und edle Liebe mit edlen Steinen zu belohnen
suchen." Dann wandte er sich zu Marie: „Schöne Frau!"
sagte er, „mit Verlaub Eures Eheherrn will ich jetzt eine
5 alte Schuld einziehen. Ihr wißt noch, welche?"

Marie errötete und warf einen forschenden Blick nach
Georg hinüber. Georg wußte recht wohl, was der Herzog
meine, und fand Gefallen daran, den Herzog und Marien
zu necken, und antwortete, als diese noch immer schwieg:
10 „Herr Herzog, wir sind jetzt zusammen ein Leib und eine
Seele, wenn also meine Frau in früheren Zeiten Schulden
gemacht hat, so steht es m i r zu, sie zu bezahlen."

„Ihr seid zwar ein hübscher Junge," entgegnete Ulrich
mit Laune, „aber meine Urkunde lautet auf die roten
15 Lippen Eurer Frau."

Der Herzog stand bei diesen Worten auf und näherte
sich Marien, die bald errötend, bald erbleichend ängstlich
auf Georg herübersah. „Herr Herzog," flüsterte sie, indem
sie den schönen Nacken zurückbog, „es war nur Scherz; —
20 ich bitte Euch." Doch Ulrich ließ sich nicht irre machen,
sondern zog die Schuld samt Zinsen von ihren schönen
Lippen ein.

Es erschienen jetzt die Diener der Ritter und Edeln, die
zur Hochzeit geladen waren, die trugen allerlei seltenes
25 Hausgerät, Waffen, Stoff zu Kleidern und dergleichen;
man wußte zu Stuttgart, daß es der Liebling des Herzogs
sei, dem dieses Fest gelte, drum hatte sich auch eine Ge=
sandtschaft der Bürger eingestellt, ehrsame, angesehene
Männer in schwarzen Kleidern, kurze Schwerter an der
30 Seite, mit kurzen Haaren und langen Bärten. Der eine
trug eine aus Silber getriebene Weinkanne, der andere
einen Humpen aus demselben Metall, mit eingesetzten

Schaumünzen geschmückt. Sie nahten sich ehrerbietig zuerst
dem Herzog, verbeugten sich vor ihm und traten dann zu
Georg von Sturmfeder.

Sie verbeugten sich lächelnd auch vor ihm, und der mit
dem Humpen hub an: 5

> „Gegrüßet sei das Ehepaar
> Und leb' zusamt[1] noch manches Jahr!
> Um Euch zu fristen langes Leben,
> Will Stuttgart Euch ein Tränklein geben.
> Des Lebens Tränklein ist der Wein,   10
> Komm, guter Geselle, schenk' mir ein.“

Der andere Bürger goß aus der Flasche den Humpen
voll und sprach, während der erste trank:

> „Von diesem Tränklein steht ein Faß
> Vor Eurer Wohnung auf der Gaß':   15
> Es ist vom besten, den wir haben,
> Er soll Euch Leib und Seele laben;
> Er geb' Euch Mut, Gesundheit, Kraft:
> Das wünscht Euch Stuttgarts Bürgerschaft.“

Der erstere hatte indessen ausgetrunken, füllte den Becher   20
von neuem und sprach, indem er ihn dem jungen Mann
kredenzte:

> „Und wenn Ihr trinkt von diesem Wein,
> Soll Euer erster Trinkspruch sein:
> ‚Es leb' der Herzog und sein Haus!'   25
> Ihr trinkt bis auf den Boden aus;
> Dann schenkt Ihr wieder frischen ein:
> ‚Hoch leb' Sturmfeder und Lichtenstein!'
> Und lüstet Euch noch eins zu trinken,
> Mögt Ihr an Stuttgarts Bürger denken.“   30

Georg von Sturmfeder reichte beiden die Hand und
dankte ihnen für ihr schönes Geschenk; Marie ließ ihre

Weiber und Mädchen grüßen, und auch der Herzog be-
zeugte sich ihnen gnädig und freundlich. Sie legten den
silbernen Becher und die Kanne in den Korb zu den
übrigen Geschenken und entfernten sich ehrbaren und festen
Schrittes aus der Thrniß. Doch die Bürger waren nicht
die letzten gewesen, welche Geschenke gebracht hatten; denn
kaum hatten sie die Halle verlassen, so entstand ein Geräusch an der Thür. Man hörte tiefe Männerstimmen,
dazwischen ertönten hohe Weiberstimmen, von denen besonders eine der Gesellschaft am obersten Ende der Tafel
sehr bekannt schien.

„Das ist wahrhaftig die Stimme der Frau Rosel!"
flüsterte Lichtenstein seinem Schwiegersohn zu, „Gott weiß,
was sie wieder für Geschichten hat."

Der Herzog schickte einen Edelknaben hin, um zu erfahren, was das Lärmen zu bedeuten habe; er erhielt zur
Antwort, einige Bauernweiber wollen durchaus in die
Halle, um den Neuvermählten Geschenke zu bringen, da es
aber nur gemeines Volk sei, so wollen sie die Knechte
nicht einlassen. Ulrich gab Befehl, sie vorzubringen. Die
Knechte gaben Raum, und Georg erblickte zu seinem Erstaunen die runde Frau des Pfeifers von Hardt mit ihrem
schönen Töchterlein, geführt von der Fran Rosel, ihrer
Base.

„Siehe Marie," sagte Georg, „das ist das gute Kind,
das mich pflegte, als ich krank in ihres Vaters Hütte lag,
das mir den Weg nach Lichtenstein zeigte."

Marie wandte sich um und ergriff gütig ihre Hand; das
Mädchen zitterte, und ihre Wangen färbte ein dunkles Rot;
sie öffnete ihr Körbchen und überreichte ein Stück schöner
Leinwand und einige Bündel Flachs, so fein und zart wie
Seide. Sie versuchte zu sprechen, aber umsonst, sie küßte

die Hand der jungen Frau, und eine Thräne fiel herab auf
ihren Ehering.

„Ei, Bärbele," schalt Frau Rosel, „sei doch nicht so
schüchtern und ängstlich. Das Mädchen kann sonst so
fröhlich sein wie eine Schwalbe im Frühling.—" 5

„Ich danke dir, Bärbele!" sagte Marie. „Wie schön
deine Leinwand ist! Die hast du wohl selbst gesponnen?"

Das Mädchen lächelte durch Thränen; sie nickte ein Ja!
—zu sprechen schien ihr in diesem Augenblick unmöglich
zu sein. Sie seufzte leise, sie spielte mit den bunten 10
Bändern ihrer Zöpfe; sie sandte unwillkürlich einen Blick,
aber einen Blick voll Liebe auf Georg von Sturmfeder
und schlug dann errötend wieder die Augen nieder. Der
Herzog, dem dies alles nicht entging, brach in lautes
Lachen aus, in das die übrigen Männer einstimmten. 15
„Junge Frau!" sagte er zu Marien, „jetzt könnt Ihr billig
die Eifersucht Eures Herrn teilen; wenn Ihr gesehen
hättet, was ich sah, könntet Ihr allerlei deuteln und ver=
muten."

Marie lächelte und blickte teilnehmend auf das schöne 20
Mädchen; sie fühlte, wie wehe ihr der Spott der Männer
thun müsse. Sie flüsterte der Frau Rosel zu, sie und die
runde Frau zu entfernen. Auch dies bemerkte Ulrichs
scharfer Blick, und seine heitere Laune schrieb es der schnell
erwachten Eifersucht zu. Marie aber band ein schönes, 25
aus Gold und roten Steinen gearbeitetes Kreuzchen ab,
das sie an einer Schnur um den Hals getragen, und
reichte es dem überraschten Mädchen. „Ich danke dir,"
sagte sie ihr dazu; „grüße deinen Vater und besuche uns
recht oft hier und in Lichtenstein." Noch einmal beugte sich 30
Bärbele herab auf Mariens Hand und entfernte sich dann
mit ihrer Mutter und der Base.

Unter diesen Scenen war es vier Uhr geworden, und
der Herzog hob die Tafel auf. In dem Parterre der
Thrniß wurden schnell die Tafeln weggeräumt, Lanzen,
Schwerter, Schilde, Helme und der ganze Apparat zu
5 Ritterspielen herbeigeschleppt, und in einem Augenblicke
war diese große Halle, die noch soeben der Sitz der Tafel=
freuden gewesen war, zum Waffensaal eingerichtet.

Es wurden an diesem Abend sogar Pferde in die Halle
geführt, und Marie hatte die Freude, ihrem Geliebten den
10 zweiten Dank im Rennen überreichen zu können, denn er
machte den Herru von Hewen zweimal im Sattel wanken.
Der tapferste Kämpfer war Herzog Ulrich von Württem=
berg, eine Zierde der Ritterschaft seiner Zeit. Nachdem die
Ritterspiele einige Stunden gedauert hatten, zog man zum
15 Tanz in den Rittersaal, und den Siegern im Kampfe
wurden die Vortänze eingeräumt. Der fröhliche Reigen
ertönte bis in die Nacht.

Zum letzten Tanz vor dem Abendtrunk wollte Ulrich die
Krone des Festes, die junge, schöne Frau Marie, aufrufen;
20 doch im ganzen Saal suchte er und Georg sie vergebens
auf, und die lächelnden Frauen gestanden, daß sechs der
schönsten Fräulein sie entführt und in ihre neue Wohnung
begleitet haben, um ihr dort, wie es die Sitte wolle, die
mysteriösen Dienste einer Zofe zu erzeigen.

25 „Sic transit gloria mundi!"[1] sagte der Herzog lächelnd.
„Und siehe, Georg, da nahen sie schon mit den Fackeln,
deine Gesellen und zwölf Junker, sie wollen dir ‚heim=
zünden.'[2] Doch zuvor leere noch einen Becher mit uns.
Geh, Mundschenk! bring' vom Besten."

30 Der Mundschenk goß die Becher voll und kredenzte sie
seinem Herzog und Georg von Sturmfeder.

Ulrich sah ihn lange und nicht ohne Rührung an; er

brückte seine Hand und sagte: „Du haft Probe gehalten.
Als ich verlassen und elend unter der Erde lag, haft du dich
zu mir bekannt, bift mir aus dem Land gefolgt, haft mich
oft getröftet und auch auf diesen Tag verwiesen. Bleibe
mein Freund, wer weiß, was die nächsten Tage bringen.   5
Jetzt kann ich wieder Hunderten gebieten, und sie schreien
‚Hoch!‘ auf das Wohl meines Hanfes, und doch war mir
dein Trinkspruch mehr wert, den du in der Höhle aus=
brachteft und den das Echo beantwortete. Ich erwidere
es jetzt und gebe es dir zurück: Sei glücklich mit deinem   10
Weibe, möge dein Geschlecht auf ewige Zeiten grünen und
blühen; möge es Württemberg nie an Männern fehlen, so
mutig im Glück, so treu im Unglück wie du!“

Der Herzog trank, und eine Thräne fiel in seinen Becher.
Die Gäfte ftimmten jubelnd in seinen Ruf, die Fackelträger   15
ordneten sich, und seine Gesellen führten Georg von
Sturmfeder aus dem Schloß der Herzoge von Württem=
berg.

———

28.

Der Weg, den die berühmten Novelliften unserer Tage
bei ihren Erzählungen aus alter oder neuer Zeit ein=   20
schlagen, ift ohne Wegfäule zu finden und hat ein unver=
rücktes, beftimmtes Ziel. Es ift die Reise des Helden zur
Hochzeit. Auch wir hätten den Leser mit dem Fackelzug
des Bräutigams aus dem Buche hinaus begleiten können,
aber die höhere Pflicht der Wahrheit und jenes Interesse,   25
das wir an einigen Personen dieser Hiftorie nehmen,
nötigt uns, den geneigten Leser aufzufordern, uns noch
einige wenige Schritte zu begleiten und den Wendepunkt

eines Schicksals zu betrachten, das, in seinem Anfang un=
glücklich, in seinem Fortgang günstiger, durch seine eigene
Notwendigkeit sich wieder in die Nacht des Elends ver=
hüllen mußte.

5   Jene Warnung[1] des alten Ritters von Lichtenstein tönte
oft in Ulrichs Seele wieder, und vergeblich strengte er sich
an, die künstlichen Folgerungen seines Kanzlers sich zu
wiederholen, um ein Verfahren bei sich zu entschuldigen,
das ihm jetzt zum wenigsten nicht genug überdacht schien;
10   denn seine alten Feinde rüsteten sich mit Macht. Der Bund
hatte ein neues Heer geworben und drang herab ins Land,
näher und näher an das Herz von Württemberg.   Die
Reichsstadt Eßlingen bot für diese Unternehmungen einen
nur zu günstigen Stützpunkt.   Das Landvolk nahm an
15   vielen Orten den Bund günstig auf, denn der Herzog hatte
sie durch die neue Art, wie er sich huldigen ließ, ängstlich
gemacht.   Denn der Württemberger liebt von jeher das
Alte und Hergebrachte.

Diese Liebe zum Alten hatte der Herzog an seinem Volk
20   erfahren, als er einige Jahre zuvor seinen Räten folgte
und zur Verbesserung seiner Finanzen ein neues Maß und
Gewicht einführte.   Der „Arme Konrad," ein förmlicher
Aufstand armer Leute, hatte ihn nachdenklich gemacht und
den Tübinger Vertrag eingeleitet. Diese Liebe zum Alten
25   hatte sich auf eine rührende Weise an ihm gezeigt, als der
Bund ins Land fiel und das Haupt des alten Fürsten=
stammes verjagen wollte.   Ihre Väter und Großväter
hatten unter den Herzogen und Grafen von Württem=
berg gelebt, darum war ihnen jeder verhaßt, der diese
30   verdrängen wollte.   Wie wenig sie das Neue lieben, hatten
sie dem Bunde und seinen Statthaltern oft genug be=
wiesen.

Der alte angestammte Herzog, ein Württemberger, kam wieder ins Land, sie zogen ihm freudig zu. Sie glaubten, jetzt werde es wieder hergehen wie „v o r a l t e r s";[1] sie hätten recht gerne Steuern bezahlt, Zehnten gegeben, Gülten aller Art entrichtet und Fronen geleistet. Sie hätten über Schwereres nicht gemurrt, wenn es nur nach hergebrachter Art geschehen wäre. Kein Wunder, wenn sie den Herzog als einen neuen Herrn ansahen und murrend nach dem alten Recht verlangten. Sie hatten zu Ulrich kein Zutrauen mehr, nicht weil seine Hand schwerer auf ihnen ruhte als vorher, nicht weil er bedeutend mehr von ihnen wollte als früher, sondern weil sie die neuen Formen mit argwöhnischen Augen ansahen.

Seine Unruhe über diese Bemerkungen suchte Ulrich jedem Auge zu verbergen. Er versuchte, um seinem Volke und dem Heer, das er in und um Stuttgart versammelt hatte, Vertrauen und Mut einzuflößen, einige Einfälle, welche die Bündischen von Eßlingen aus in sein Land ge= macht hatten, verdoppelt heimzugeben. Er schlug sie zwar und verwüstete ihr Gebiet, aber er verhehlte sich nicht, wenn er nach einem solchen Siege in seine Stellungen zurückging, daß das Kriegsglück ihn vielleicht verlassen könnte, wenn der Bund einmal mit dem großen Heere im Felde erscheinen werde.

Und er erschien frühe genug für Ulrichs zweifelhaftes Geschick. Noch wußte man in Stuttgart wenig oder nichts von dem Aufgebot des Bundes, noch lebte man am Hof und in der Stadt in Ruhe und in Freude. Aber end= lich nahte der entscheidende Schlag. Der Herzog von Bayern war bis in die Mitte des Landes vorgedrungen, und der Ruf zu den Waffen schreckte Georg aus den Armen seines geliebten Weibes.

Die Natur hatte ihr eine starke Seele und eine ent=
schiedene Erhabenheit über jedes irdische Verhängnis ge=
geben. Sie wußte, was Georg der Ehre seines Namens
und seinem Verhältnis zum Herzog schuldig sei, darum
erstickte sie jeden lauten Jammer und brachte ihrer schwäche=
ren Natur nur jenes Opfer schmerzlicher Thränen, die
dem Auge, das den Geliebten tausend Gefahren preis=
gegeben sieht, unwillkürlich entströmen.

„Siehe, ich kann nicht glauben, daß du auf immer
von mir gehst," sagte sie, indem sie ihre schönen Züge
zu einem Lächeln zwang; „wir haben jetzt erst zu leben
begonnen, der Himmel kann nicht wollen, daß wir schon
aufhören sollen. Drum kann ich dich ruhig ziehen
lassen, ich weiß ja zuversichtlich, daß du mir wieder=
kehrst!"

Georg küßte die schönen, weinenden Augen, die ihn so
mild und voll Trost anblickten. Er preßte sie heftiger in
die Arme, als wolle er dadurch alle schwarzen Gedanken
verscheuchen, und es gelang ihm; wenigstens trug er ein
schönes Bild der Hoffnung und der Zuversicht mit sich
hinweg.

Die Ritter stießen vor dem Thor gegen Kannstatt zu
dem Herzog. Es war dunkle Nacht; Georg glaubte zu be=
merken, daß der Herzog finster und in sich gekehrt[1] sei;
denn seine Augen waren niedergeschlagen, seine Stirne
kraus, und er ritt stumm seinen Weg weiter, nachdem er sie
flüchtig mit der Hand gegrüßt hatte.

Ein nächtlicher Marsch hat immer etwas Geheimnis=
volles, Bedeutendes an sich. Georg ritt neben dem alten
Herrn von Lichtenstein und warf hie und da ängstliche
Blicke auf diesen, denn er hing wie von Kummer gebückt
im Sattel und schien ernster als je zu sein.

„Glaubt Ihr, es werde morgen zum Gefecht kommen, Vater?" flüsterte Georg nach einer Weile.

„Zum Gefecht? Zur Schlacht."

„Wie? Ihr glaubt also, das Bundesheer sei so stark? Ich glaube nicht, daß sie viel über sechstausend stark sind."

„Zwanzigtausend," antwortete der Alte mit dumpfer Stimme.

„Bei Gott, das hab' ich nicht gedacht," entgegnete der junge Mann mit Staunen. „Freilich, da werden sie uns hart zusetzen. Doch wir haben geübtes Volk, und des Herzogs Augen sind schärfer als irgend eines im Bundes= heere, selbst als Frondsbergs. Glaubt Ihr nicht auch, daß wir sie schlagen werden?"

„Nein."

„Nun, ich gebe die Hoffnung nicht auf. Ein großer Vor= teil für uns liegt schon darin, daß wir für das Land fechten, die Bündischen aber dagegen; das macht unseren Truppen Mut; die Württemberger kämpfen für ihr Vater= land."

„Gerade darauf traue ich nicht," sprach Lichtenstein; „ja, wenn der Herzog sich anders hätte huldigen lassen, so aber — hat er das Landvolk nicht für sich; sie streiten, weil sie müssen, und ich fürchte, sie halten nicht lange aus."

Der Alte schwieg, und sie ritten wieder eine geraume Zeit stille nebeneinander hin. „Höre, Georg!" hub er nach einer Weile an; „ich habe schon oft dem Tod Aug' in Auge gesehen und bin alt genug, mich nicht vor ihm zu fürchten; es kann jedem etwas Menschliches begegnen[1] — tröste dann mein liebes Kind, Marie."

„Vater!" rief Georg und reichte ihm die Hand hinüber; „deutet nicht solches! Ihr werdet noch lange und glücklich mit uns leben."

„Vielleicht," entgegnete der alte Mann mit fester Stimme, „vielleicht auch nicht. Es wäre thöricht von mir, dich aufzufordern, du sollst dich im Gefecht schonen. Du würdest es doch nicht thun. Doch bitte ich, denk' an dein junges Weib und begieb dich nicht blindlings und un= überlegt in Gefahr. Versprich mir dies."

„Gut, hier habt Ihr meine Hand, was ich thun muß, werde ich nicht ablehnen, leichtsinnig will ich mich nicht aussetzen; aber auch Ihr, Vater, könntet dies geloben."

„Schon gut, laß das jetzt. Wenn ich etwa morgen tot= geschossen werden sollte, so gilt mein letzter Wille, den ich beim Herzog niedergelegt habe: Lichtenstein geht auf dich über, du wirst damit belehnt werden. Mein Name stirbt hier zu Land mit mir, möge der beinige desto länger tönen."

Der junge Mann war von diesen Reden schmerzlich be= wegt; er wollte antworten, als eine bekannte Stimme seinen Namen rief. Es war der Herzog, der nach ihm ver= langte. Er drückte Mariens Vater die Hand und ritt dann schnell zu Ulrich von Württemberg.

„Guten Morgen, Sturmfeder!" sprach dieser, indem seine Stirne sich etwas aufheiterte. „Ich sag' guten Morgen, denn die Hähne krähen dort unten in dem Dorf. Was macht dein Weib? Hat sie gejammert, als du wegritst?"

„Sie hat geweint," antwortete Georg; „aber sie hat nicht mit einem Wort geklagt."

„Das sieht ihr gleich; bei Sankt Huberts! Wir haben selten eine mutigere Frau gesehen. Wenn nur die Nacht nicht so finster wäre, daß ich recht in deine Augen sehen könnte, ob du zum Kampf gestimmt bist und Lust hast, mit den Bündlern anzubinden?"

„Sprecht, wohin ich reiten soll; mitten drauf soll es

gehen im Galopp. Glauben Euer Durchlaucht, ich habe in meinem kurzen Eheſtand ſo ganz vergeſſen, was ich von Euch erlernte, daß man in Glück und Unglück den Mut nicht ſinken laſſen dürfe?"

„Haſt recht: Impavidum ferient ruinae.¹ Wir haben es auch gar nicht anders von Unſerem getreuen Banner=träger erwartet. Heute trägt meine Fahne ein anderer, denn dich habe ich zu etwas Wichtigerem beſtimmt. Du nimmſt dieſe hundertundſechzig Reiter, die hier zunächſt ziehen, läßt dir von einem den Weg zeigen und reiteſt Trab gerade auf Untertürkheim zu. Es iſt möglich, daß der Weg nicht ganz frei iſt, daß vielleicht die von Eßlingen ſchon herabgezogen ſind, uns den Paß zu verſperren; was willſt du thun, wenn es ſich ſo verhält?"

„Nun, ich werfe mich in Gottes Namen mit meinen hundertundſechzig Pferden auf ſie und hau' mich durch, wenn es kein Heer iſt. Sind ſie zu ſtark, ſo decke ich den Weg, bis Ihr mit dem Zug heran ſeid."

„Recht gut geſagt, geſprochen wie ein tapferer Degen, und hanſt du ſo gut auf ſie wie auf mich bei Lichtenſtein, ſo ſchlägſt du dich durch ſechshundert Bündler durch. Die Leute, die ich dir gebe, ſind gut."

„Und bei Untertürkheim ſoll ich mich aufſtellen?"

„Dort triffſt du auf einer Anhöhe die Landsknechte unter Georg von Hewen und Schweinsberg. Die Loſung iſt: „Ullericus für immer." Den beiden Herren ſagſt du, ſie ſollen ſich halten bis fünf Uhr; ehe der Tag aufgeht, ſei ich mit ſechstauſend Mann bei ihnen, und dann wollen wir den Bund erwarten. Gehab' dich wohl, Georg!"

Der junge Mann erwiderte den Gruß, indem er ſich ehrerbietig neigte; er ritt an der Spitze der tapferen Reiter und trabte mit ihnen das Thal hinauf.

„Was Ihr dort unten unterscheiden könnet zwischen den
beiden Bäumen,“ unterbrach ihn der Reiter, welcher ihm
den Weg zeigte, „ist die Turmspitze von Untertürkheim.
Es geht jetzt wieder etwas ebener, und wenn wir Trab
5 reiten, können wir bald dort sein.“

Der junge Mann trieb sein Pferd an, der ganze Zug
folgte seinem Beispiel, und bald waren sie im Angesicht
dieses Dorfes. Hier war eine doppelte Linie von Lands=
knechten aufgestellt, welche ihnen drohend die Hellebarden
10 entgegenstreckten. An vielen Punkten sah man den röt=
lichen Schimmer glühender Lunten, die wie Scheinwürm=
chen durch die Nacht funkelten.

„Halt, wer da?“ rief eine tiefe Stimme aus ihren
Reihen. „Gebt die Losung!“

15 „Ulericus für immer!“ rief Georg von Sturmfeder.
„Wer seid Ihr?“ „Gut¹ Freund!“ rief Marx Stumpf von
Schweinsberg, indem er aus den Reihen der Landsknechte
heraus und auf den jungen Mann zuritt. „Guten Morgen,
Georg! Ihr habt lange auf Euch warten lassen, schon
20 die ganze Nacht sind wir auf den Beinen und harren
sehnlich auf Verstärkung, denn dort drüben im Wald
sieht es nicht geheuer aus, und wenn Frondsberg den
Vorteil verstanden hätte, wären wir schon längst über=
mannt.“

25 „Der Herzog zieht mit sechstausend Mann heran,“ er=
widerte Sturmfeder, „längstens in zwei Stunden muß er
da sein.“

„Sechstausend, sagst du? Bei Sankt Nepomuk,² das
ist nicht genug; wir sind zu dritthalbtausend,³ das macht
30 zusammen gegen neuntausend. Weißt du, daß sie über
zwanzigtausend stark sind, die Bündischen? Wie viel Ge=
schütz bringt er mit?“

„Ich weiß nicht; es wurde erst nachgeführt, als wir ausritten."

„Komm, laß die Reiter abſitzen und ruhen," ſagte Marx Stumpf; „ſie werden heute Arbeit genug bekommen."

Die Reiter ſaßen ab und lagerten ſich; auch Georg legte ſich, in ſeinen Mantel gehüllt, nieder, um noch einige Stunden zu ruhen.

———

29.

Georg erwachte am Wirbeln der Trommeln, die das kleine Heer unter die Waffen riefen. Ein ſchmaler Saum war am Horizont helle, der Morgen kam, die Truppen des Herzogs ſah man in der Ferne daherziehen. Der junge Mann ſetzte den Helm auf, ließ ſich den Bruſtharniſch wieder anlegen und ſtieg zu Pferd, den Herzog an der Spitze ſeiner Mannſchaft zu empfangen. Aus Ulrichs Zügen war zwar nicht der Ernſt, wohl aber alle Düſterkeit verſchwunden. Er war ganz in Stahl gekleidet und trug über ſeinem ſchweren Eiſenkleid einen grünen Mantel mit Gold verbrämt. Die Farben ſeines Hanſes wehten in ſeinem großen wallenden Helmbuſch. Er begrüßte freundlich Hewen, Schweinsberg und Georg von Sturmfeder und ließ ſich von ihnen über die Stellung des Feindes berichten.

Noch war von dieſem nichts zu ſehen; nur an dem Saume des Waldes gegen Eßlingen hin ſah man hin und wieder ſeine Poſten ſtehen. Der Herzog beſchloß, den Hügel, den die Landsknechte beſetzt gehalten hatten, zu verlaſſen und ſich in die Ebene hinabzuziehen. Er hatte wenig Reiterei, der Bund aber, ſo berichteten überläufer,

zählte dreitausend Pferde. Im Thal hatte er auf einer
Seite den Neckar, auf der andern einen Wald, und so war
er wenigstens auf den Flanken vor einem Reiterangriff
sicher.

5　　Lichtenstein und mehrere andere widerrieten zwar diese
Stellung im Thal, weil man vom Hügel zu nahe beschossen
werden könne; doch Ulrich folgte seinem Sinn und ließ das
Heer hinabsteigen. Er stellte zunächst vor Türkheim die
Schlachtordnung auf und erwartete seinen Feind. Georg
10　von Sturmfeder wurde beordert, in seiner Nähe mit den
Reitern, die er ihm anvertraut hatte, zu halten; sie sollten
gleichsam seine Leibwache bilden; zu diesen berittenen
Bürgern gesellten sich noch Lichtenstein und vierundzwanzig
andere Ritter, um bei einem Reiterangriff den Stoß zu
15　verstärken. Neben dem Herzog hielt eine sonderbare Figur,
beinahe wie eine Schildkröte, die zu Pferde sitzt, anzusehen.
Ein Helm mit großen Federn saß auf einem kleinen Körper,
der auf dem Rücken mit einem gewölbten Panzer versehen
war; der kleine Reiter hatte die Kniee weit heraufgezogen
20　und hielt sich fest am Sattelknopf. Das herabgeschlagene
Visier verhinderte Georg, zu erkennen, wer dieser lächer=
liche Kämpfer sei; er ritt daher näher an den Herzog heran
und sagte:

　　„Wahrhaftig, Euer Durchlaucht haben sich da einen
25　überaus mächtigen Kämpen zum Begleiter ausersehen.
Sehet nur die dürren Beine, die zitternden Arme, den
mächtigen Helm zwischen den kleinen Schultern — wer ist
denn dieser Riese?"

　　„Kennst du den Höcker so schlecht?" fragte der Herzog
30　lachend. „Sieh nur, er hat einen ganz absonderlichen
Panzer an, der wie eine große Nußschale anzusehen, um
seinen teuern Rücken zu verwahren, wenn es etwa zur

Flucht käme. Es ist mein getreuer Kanzler, Ambrosius Volland."

„Dem habe ich bitter unrecht gethan," entgegnete Georg; „ich dachte, er werde nie ein Schwert ziehen und ein Roß besteigen, und da sitzt er auf einem Tier, so hoch wie ein Elefant, und trägt ein Schwert, so groß als er selbst ist. Diesen kriegerischen Geist hätte ich ihm nimmer zu= getraut."

„Meinst du, er reite aus eigenem Entschluß zu Felde? Nein, ich habe ihn mit Gewalt dazu genötigt. Er hat mir zu manchem geraten, was mir nicht frommte, und ich fürchte, er hat mich mit böslicher Absicht aufs Eis geführt; drum mag er auch die Suppe mit verzehren, die er ein= gebrockt hat. Er hat geweint, wie ich ihn dazu zwang, er sprach viel vom Zipperlein und von seiner Natur, die nicht kriegerisch sei; aber ich ließ ihn in seinen Harnisch schnüren und zu Pferd heben; er reitet den feurigsten Renner aus meinem Stall."

Während dies der Herzog sprach, schlug der Ritter vom Höcker das Visier auf und zeigte ein bleiches, kummervolles Gesicht. „Um Gottes Barmherzigkeit willen, wertgeschätz= ter Herr von Sturmfeder, viellieber Freund und Gönner, leget ein gutes Wort ein beim gestrengen Herrn, daß er mich aus diesem Fastnachtspiel entläßt. Es ist des aller= höchsten Scherzes jetzt genug. Der Ritt in den schweren Waffen hat mich grausam angegriffen, der Helm drückt mich aufs Hirn, daß meine Gedanken im Kreise tanzen, und meine Kniee sind vom Zipperlein gekrümmt: bitte! bitte! leget ein gutes Wort ein für Euren demütigen Knecht Ambrosius Volland; will's gewißlich vergelten."

Der junge Mann wandte sich mit Abscheu von dem grauen, feigen Sünder. „Herr Herzog," sagte er, indem

ein edler Zorn seine Wangen rötete, „vergönnt ihm, daß
er sich entferne. Warum soll ein Feigling in den Reihen
von Männern streiten?"

„Er bleibt, sage ich," entgegnete der Herzog mit fester
5 Stimme; „bei dem ersten Schritt rückwärts hau' ich ihn
selbst vom Gaul herunter. Der Teufel saß auf deinen
blauen Lippen, Ambrosius Volland, als du Uns geraten,
Unser Volk zu verachten und das Alte umzustoßen. Heute,
wenn die Kugeln sausen und die Schwerter rasseln, magst
10 du schauen, ob dein Rat Uns frommte."

Des Kanzlers Augen glühten vor Wut, seine Lippen
zitterten, und seine Mienen verzerrten sich greulich. „Ich
habe Euch nur geraten; warum habt Ihr es gethan?"
sagte er. „Ihr seid Herzog, Ihr habt befohlen und Euch
15 huldigen lassen; was kann denn ich dafür?"

. Der Herzog riß sein Pferd so schnell um, daß der Kanzler bis auf die Mähnen seines Elefanten niedertauchte,
als erwarte er den Todesstreich. „Bei Unserer fürstlichen
Ehre," rief er mit schrecklicher Stimme, indem seine Augen
20 blitzten, „Wir bewundern Unsere eigene Langmut. Du
hast Unseren ersten Zorn benützt, du hast dich in Unser
Vertrauen einzuschwatzen gewußt; hätten Wir dir nicht gefolgt, du Schlange, so stünden heute zwanzigtausend Württemberger hier, und ihre Herzen wären eine feste Mauer
25 für ihren Fürsten. O, mein Württemberg! mein Württemberg! Daß ich deinem Rat gefolgt wäre, alter Freund;
ja, es heißt was, von seinem Volk geliebt zu sein!"

„Entfernet diese Gedanken vor einer Schlacht," sagte der
alte Herr von Lichtenstein; „noch ist es Zeit, das Ver-
30 säumte einzuholen. Noch stehen sechstausend Württemberger um Euch, und bei Gott, sie werden mit Euch siegen,
wenn Ihr mit Vertrauen sie in den Feind führet. O Herr!

Hier sind lauter Freunde, vergebet Euren Feinden, ent=
laßt den Kanzler, der nicht fechten kann!"

„Nein! her zu mir, Schildkröte! An meine Seite her,
Hund von einem Schreiber! Jetzt sollst du sehen, wie
Württemberg siegt oder untergeht. Ha! seht Ihr sie dort auf
dem Hügel? Seht Ihr die Fahnen mit dem roten Kreuz?
Seht Ihr das Banner von Bayern? — Guten Tag, ihr
Herren vom Schwabenbund! Jetzt geht mir das Herz auf,
das ist ein Anblick für einen Württemberg."

„Schaut, sie richten schon die Geschütze," unterbrach ihn
Lichtenstein; „zurück von diesem Platz, Herr! Hier ist Euer
Leben in augenscheinlicher Gefahr; zurück, zurück, wir
halten hier; schickt uns Eure Befehle von dort zu, wo Ihr
sicher seid!"

Der Herzog sah ihn groß an. „Wo hast du gehört,"
sagte er, „daß ein Württemberg gewichen sei, wenn der
Feind zum Angriff blasen ließ? Meine Ahnen kannten
keine Furcht, und meine Enkel werden noch aushalten wie
sie, furchtlos und treu!"

„Lasset uns beten," sagte Marx von Schweinsberg, „und
dann drauf in Gottes Namen!"

Der Herzog faltete andächtig die Hände, seine Begleiter
folgten seinem Beispiel und beteten zum Anfang der
Schlacht, wie es Sitte war in den alten Tagen. Der
Donner der feindlichen Geschütze tönte schauerlich in diese
tiefe Stille, in welcher man jeden Atemzug, jedes leise
Flüstern der Betenden hörte.

Ulrich von Württemberg hatte gebetet und zog sein
Schwert aus der Scheide. Die Ritter und Reisigen folgten
ihm, und in einem Augenblick blitzten tausend Schwerter
um ihn her. „Gott befohlen, Ihr Herren; sollten wir uns
hier unten nicht wieder sehen, so grüßen wir uns desto

freudiger oben." Er grüßte sie, indem er sein großes
Schwert gegen sie neigte. Die Ritter erwiderten den Gruß
und zogen mit ihren Scharen dem Feinde zu, und ein
tausendstimmiges „Ulrich für immer!" ertönte aus ihren
5 Reihen.

Das bündische Heer, das auf dem Hügel angekommen
war, begrüßte seinen Feind aus vielen Feldschlangen und
Kartaunen;¹ dann zogen sie allmählig herab ins Thal.
Sie schienen durch ihre ungeheure Anzahl das kleine Heer
10 des Herzogs erdrücken zu wollen. In dem Augenblick, als
die letzten Glieder den Hügel verlassen wollten, wandte sich
der Herzog zu Georg von Sturmfeder. „Siehst du ihre
Feldstücke auf dem Hügel?" fragte er.

„Wohl; sie sind nur durch wenige Mannschaft bedeckt."

15 „Frondsberg glaubt, weil wir nicht über ihn wegfliegen
können, sei es unmöglich, sein Geschütz zu nehmen. Aber
dort am Wald biegt ein Weg links ein und führt in ein
Feld. Das Feld stößt an jenen Hügel. Kannst du mit
deinen Reitern ungehindert bis in jenes Feld vordringen,
20 so bist du beinahe schon im Rücken der Bündischen. Dort
läßt du die Pferde verschnauben, legst dann an und im
Galopp den Hügel hinauf; die Geschütze müssen unser
sein!"

Georg verbeugte sich zum Abschied, aber der Herzog bot
25 ihm die Hand. „Lebe wohl, lieber Junge!" sagte er. „Es
ist hart von Uns, einen jungen Ehemann auf so gefähr=
liche Reise zu schicken, aber Wir wußten keinen Rascheren
und Besseren als dich."

Die Wangen des jungen Mannes glühten, als er diese
30 Worte hörte, und seine Augen blinkten mutig. „Ich danke
Euch, Herr, für diesen neuen Beweis Eurer Gnade," rief
er, „Ihr belohnt mich schöner, als wenn Ihr mir die

schönste Burg geschenkt hättet. — Lebt wohl, Vater, und grüßt mein Weibchen."

„So ist's nicht gemeint!" entgegnete lächelnd der alte Lichtenstein; „ich reite mit dir unter deiner Führung —"

„Nein, Ihr bleibet bei mir, alter Freund," bat der Herzog, „soll mir denn der Kanzler hier im Felde raten? Bleibet mir zur Seite; machet den Abschied kurz, Alter! Euer Sohn muß weiter!"

Der Alte drückte Georgs Hand. Lächelnd und mit freudigem Mute erwiderte dieser den Abschiedsgruß, schwenkte mit seinen Reitern ab, und „Ulrich für immer!" riefen die Stuttgarter Bürger zu Pferd, welche er in dieser entscheidenden Stunde gegen den Feind führte.

Der Wald nahm Georg und seine Schar bald auf; sie rückten still und vorsichtig weiter, denn Georg wußte wohl, wie schwierig es für einen Reiterzug sei, im Wald von Fußvolk angegriffen zu werden. Vor ihnen lag der Hügel, von dessen Gipfel eine gute Anzahl Kartaunen in die Reihen der Württemberger spielte; dieser Hügel erhob sich von der Seite des Wäldchens allmählich, und Georg bewunderte den schnellen Blick des Herzogs, der diese Seite sogleich erspäht hatte, denn von jeder andern Seite wäre, wenigstens für Reiter, der Angriff unmöglich gewesen. Das Geschütz wurde nur durch eine schwache Mannschaft bedeckt, und als daher die Pferde ein wenig geruht hatten, ordnete Georg seine Schar und brach im Galopp an der Spitze der Reiter vor. In einem Augenblick waren sie auf dem Gipfel des Hügels angekommen, und mit gewaltigen Streichen hieben sie den bündischen Soldaten Helme und Köpfe durch, daß von der Bedeckung bald wenige mehr übrig waren. Georg warf einen frohlockenden Blick auf die Ebene hinab seinem Herzog zu; er hörte das Freuden-

geschrei der Württemberger aus vielen tausend Kehlen auf=
steigen, er sah, wie sie frischer vordrangen, denn ihre
Hauptfeinde, die Feldstücke auf dem Hügel, waren jetzt
zum Schweigen gebracht.

Aber in diesem Augenblicke der Siegesfreude gewahrte er
auch, daß jetzt der zweite und schwerere Teil seiner schnellen
Operation, d e r R ü c k z u g, gekommen sei; denn auch die
Bündischen hatten bemerkt, wie ihr Geschütz plötzlich ver=
stummt sei, und ihre Obersten hatten alsobald eine Reiter=
schar gegen den Hügel aufbrechen lassen. Es war keine Zeit
mehr, die schweren erbeuteten Feldstücke wegzuführen;
darum befahl Georg, mit Erde und Steinen ihre Mün=
dungen zu verstopfen und sie auf diese Weise unbrauchbar
zu machen. Dann warf er einen Blick auf den Rückweg;
zwischen ihm und den Seinigen lag der Wald auf der
einen, das feindliche Heer auf der andern Seite. Es blieb
nur e i n Weg, und auch auf diesem war der Tod gewisser
als die Rettung. Zur Linken des feindlichen Heeres floß
der Neckar. Am andern Ufer war kein Mann von bündi=
scher Seite; konnte er dieses Ufer gewinnen, so war es
möglich, sich zum Herzog zu schlagen. Schon waren die
Reiter des Bundes, wohl fünfhundert stark, am Fuß des
Hügels angelangt; er glaubte an ihrer Spitze den Truchseß
von Waldburg zu erblicken; jedem andern, selbst dem Tod
wollte er sich lieber ergeben als diesem.

Drum winkte er den tapfern Württembergern nach der
steilern Seite des Hügels hin, die zum Neckar führte. Sie
stutzten; es war zu erwarten, daß unter zehn immer acht
stürzen würden, so jähe war diese Seite, und unten stand
zwischen dem Hügel und dem Fluß ein Haufen Fußvolk,
das sie zu erwarten schien. Aber ihr junger, ritterlicher
Führer schlug das Visier auf und zeigte ihnen sein schönes

Antlitz, aus welchem der Mut der Begeisterung sie an=
wehte; sie hatten ihn ja noch vor wenigen Wochen eine
holde Jungfrau zur Kirche führen sehen, durften sie an
Weib und Kinder denken, da er diesen Gedanken weit
5 hinter sich geworfen hatte?

"Drauf, wir wollen sie schlachten!" riefen die Fleischer,
"drauf, wir wollen sie hämmern!" riefen die Schmiede,
"immer drauf, wir wollen sie lederweich klopfen!" riefen
ihnen die Sattler nach; "drauf, mit Gott, Ulrich für
10 immer!" rief der hochherzige Jüngling, drückte seinem
Roß die Sporen ein und flog ihnen voran, den steilen
Hügel hinab. Die feindlichen Reiter trauten ihren Augen
nicht, als sie den Hügel heraufkamen, die verwegene Schar
gefangen zu nehmen, und sie schon unten, mitten unter dem
15 Fußvolk erblickten. Jetzt waren die Reihen des Fußvolkes
gebrochen, jetzt drängten sich die Reiter nach dem Neckar —
jetzt — setzte ihr Führer an und war der erste im Fluß.
Sein Pferd war stark, und doch vermochte es nicht mit der
Last seines gewappneten Reiters gegen die Gewalt des vom
20 Regen angeschwellten Stromes anzukämpfen, es sank, und
Georg von Sturmfeder rief den Männern zu, nicht auf ihn
zu achten, sondern sich zum Herzog zu schlagen und ihm
seinen letzten Gruß zu bringen. Aber in demselben Augen=
blick hatten zwei Waffenschmiede sich von ihren Rossen in
25 den Fluß geworfen; der eine faßte den jungen Ritter
am Arm, der andere ergriff die Zügel seines Pferdes, und
so brachten sie ihn glücklich ans Land heraus.

Die Bündischen hatten ihnen manche Kugel nachgesandt,
aber keine hatte Schaden gethan, und im Angesicht beider
30 Heere, durch den Fluß von ihnen getrennt, setzte die kühne
Schar ihren Weg zum Herzog fort. Es war unweit seiner
Stellung eine Furt, wo sie ohne Gefahr übersetzen konnten,

und mit Jubel und Freudengeschrei wurden sie wieder von
den Ihrigen empfangen.

Ein Teil des feindlichen Geschützes war zwar durch diesen
ebenso schnellen als verwegenen Zug Georgs von Sturm=
feder zum Schweigen gebracht worden, aber das Verhäng=
nis Ulrichs von Württemberg wollte, daß ihm diese kühne
Waffenthat zu nichts mehr nützen sollte. In diesem Augen=
blick wurde dem Herzog gemeldet, daß der Herzog von
Bayern Stuttgart plötzlich überfallen und eingenommen
habe, daß ein neues feindliches Heer in seinem Rücken am
Fluß heraufziehe und kaum noch eine Viertelstunde ent=
fernt sei. Da merkte er, daß er an diesem Tage sein Reich
zum zweitenmal verloren habe, daß ihm nichts mehr übrig
bleibe als Flucht oder Tod, um nicht in die Hände seiner
Feinde zu fallen. Seine Begleiter rieten ihm, sich in sein
Stammschloß Württemberg zu werfen und sich dort zu
halten, bis er Gelegenheit fände, heimlich zu entrinnen; er
schaute hinauf nach dieser Burg, die, von dem Glanz des
Tages bestrahlt, ernst auf jenes Thal herabblickte. Aber
er erbleichte und deutete sprachlos hinauf, denn auf den
Türmen und Mauern dieser Burg erschienen rote, glän=
zende Fähnlein, die im Morgenwind spielten; die Ritter
blickten schärfer hin, sie sahen, wie die Fähnlein wuchsen
und größer wurden, und ein schwärzlicher Rauch, der jetzt
an vielen Stellen aufstieg, zeigte ihnen, daß es die Flamme
sei, welche ihre glühenden Paniere siegend auf den Zinnen
aufgesteckt hatte. Württemberg brannte an allen Ecken,
und sein unglücklicher Herr sah mit dem greulichen Lachen
der Verzweiflung diesem Schauspiel zu.

Schon tönten die Trommeln des im Rücken heranziehen=
den Heeres vernehmlicher, schon wich an vielen Orten das
Landvolk, da sprach Ulrich: „Wer es noch redlich mit Uns

meint, folge nach! Wir wollen uns durchschlagen durch
ihre Tausende oder zu Grunde gehen. Nimm mein Banner
in die Hand, tapferer Sturmfeder, und reite mutig mit
uns in den Feind!" Georg ergriff das Panier von Würt=
5 temberg, der Herzog stellte sich neben ihn, die Ritter und
die Bürger zu Pferd umgaben sie und waren bereit, ihrem
Herzog Bahn zu brechen. Der Herzog deutete auf eine
Stelle, wo die Feinde dünner standen, dort müsse man
durchkommen, oder alles sei verloren. Noch fehlte es an
10 einem Anführer, und Georg wollte sich an die Spitze stellen,
da winkte ihm der Ritter von Lichtenstein, seinen Platz
an der Seite des Herzogs nicht zu verlassen, und stellte sich
vor die Reiter; noch einmal wandte er die ehrwürdigen
Züge dem Herzog und seinem Sohne zu, dann schloß er
15 das Visier und rief: „Vorwärts, hie gut Württemberg
alleweg!"

Dieser Reiterzug war wohl zweihundert Pferde stark
und bewegte sich in Form eines Keiles im Trab vorwärts.
Der Kanzler Ambrosius Volland sah sie mit leichtem Her=
20 zen abziehen, denn der Herzog schien ihn ganz vergessen
zu haben, und er hielt jetzt mit sich Rat, wie er ohne Ge=
fahr von seinem hochbeinigen Tier herabkommen sollte.
Doch der edle Renner des Herzogs hatte mit klugen Augen
den Reitern nachgeschaut; solange sie sich im Trab fort=
25 bewegten, stand er stille und regungslos, jetzt aber ertönten
die Trompeten zum Angriff, man sah das Panier von
Württemberg hoch in den Lüften wehen und die tapfere
Reiterschar im Galopp auf den Feind ansprengen. Auf
diesen Moment schien der Renner gewartet zu haben; mit
30 der Schnelligkeit eines Vogels strich er jetzt über die Ebene
hin, den Reitern nach; dem Kanzler vergingen die Sinne,
er hielt sich krampfhaft am Sattelknopf, er wollte schreien,

aber die Blitzesschnelle, womit sein Roß die Luft teilte,
unterdrückte seine Stimme; in einem Augenblick hatte er
den Zug eingeholt. Der Feind stutzte über die sonderbare
Gestalt, die mehr einem geharnischten Affen als einem
Krieger glich; noch ehe sie sich recht besinnen konnten, war
der fürchterliche Mann mitten in ihren Reihen, die Würt=
temberger brachen, trotz des entscheidenden Augenblickes,
in ein lustiges Gelächter aus, und auch dieses mochte bei=
tragen, die tapfern Truppen von Ulm, Gmünd, Aalen,
Nürnberg und noch zehn andern Reichsstädten zu ver=
wirren; sie zerstiebten[1] vor der ungeheuren Wucht der
zweihundert Pferde, und die ganze Schar war im Rücken
des Feindes. Sie setzte eilig ihren Marsch fort, und ehe
noch die bündische Reiterei zum Nachsetzen herbeigerufen
werden konnte, hatte der Herzog mit wenigen Begleitern
sich zur Seite geschlagen; er gewann einen großen Vor=
sprung, denn die Reiterei des Bundes erreichte die berittene
Schar der Bürger erst vor den Thoren von Stuttgart, und
es fand sich unter ihnen weder der Herzog noch einer seiner
wichtigeren Anhänger, außer dem Kanzler Ambrosius Vol=
laud, den man halbtot vom Pferde hob. Die bündischen
Kriegsleute behandelten ihn, nachdem man ihm die ge=
wölbte Rüstung vom Leib geschält hatte, sehr übel, denn
nur seiner fürchterlichen, alle Begriffe übersteigenden
Tapferkeit schrieben sie es zu, daß ihnen der Herzog und
mit ihm eine Belohnung von tausend Goldgulden ent=
gangen war. So geschah es, daß dieser tapfere Kanzler,
nicht wie sein Herzog in der Schlacht, sondern nach der
Schlacht geschlagen wurde.

30.

Die Nacht, welche diesem entscheidenden Tag folgte,
brachten Herzog Ulrich und seine Begleiter in einer engen
Waldschlucht zu, die durch Felsen und Gesträuche einen
sicheren Versteck gewährte und noch heute bei dem Landvolk
5 die „Ulrichshöhle" genannt wird. Es war der Pfeifer von
Hardt, der ihnen auf ihrer Flucht als ein Retter in der
Not erschienen war und sie in diese Bucht führte, die nur
den Bauern und Hirten der Gegend bekannt war.   Der
Herzog hatte beschlossen, hier zu rasten, um dann, sobald
10 der Tag graute, seine Flucht nach der Schweiz fortzu=
setzen.

Die Männer hatten sich um ein spärliches Feuer gelagert.
Der Herzog war längst dem Schlummer in die Arme ge=
sunken und vergaß vielleicht in seinen Träumen, daß er
15 ein Herzogtum verloren habe; auch der alte Herr von
Lichtenstein schlief, und Marx Stumpf von Schweins=
berg hatte seine mächtigen Arme auf die Kniee gestützt, sein
Gesicht in die Hände verborgen, und man war ungewiß,
ob er schlafe oder, in Kummer versunken, über das Schick=
20 sal des Herzogs nachdachte, das sich mit einem Schlag so
furchtbar gewendet hatte. Georg von Sturmfeder besiegte
die Macht des Schlummers, der sich immer wieder über
ihn lagern wollte; er war der jüngste unter allen und hatte
freiwillig in dieser Nacht die Wache übernommen. Neben
25 ihm saß Hans, der Pfeifer von Hardt; er sah unverwandt
ins Feuer, und seine Gedanken schienen sich in einem Lied=
chen zu sammeln, dessen melancholische Weise er mit leiser,
unterdrückter Stimme vor sich hin sang. Wenn das Feuer

heller aufflackerte, schaute er mit einem trüben Blick nach
dem Herzog, und wenn er sah, daß jener noch immer
schlafe, versank er wieder in den flüsternden, traurigen
Gesang.

„Du singst eine traurige Weise, Hans!" unterbrach
ihn Georg; „es tönt wie Totengesang und Sterbelieder,
ich kann es nicht ohne Schauder hören."

„Wir können alle Tage sterben," sagte der Spielmann;
„drum sing' ich gern ein solches Lied."

„Wie kommst du auf einmal zu diesen Todesgedanken,
Hans? Du warst doch sonst ein fröhlicher Bursche."

„Meine Freude ist aus," erwiderte er und wies auf
den Herzog; „all meine Mühe, all meine Sorge war ver=
gebens; es ist aus mit dem Herrn, und ich — ich bin sein
Schatten; auch mit mir ist's aus; hätte ich nicht Frau und
Kind, ich möchte heute nacht noch sterben."

„Wohl warst du immer sein getreuer Schatten," sagte
der junge Mann gerührt, „und oft habe ich deine Treue
bewundert; höre, Hans! wir sehen uns vielleicht lange nicht
mehr. Jetzt haben wir Zeit zu schwatzen, erzähle mir, was
dich so ausschließlich und eng an den Herzog knüpft, wenn
es etwas ist, das du erzählen kannst."

Er schwieg einige Augenblicke und schürte das Feuer
zurecht. „Das hat seine eigene Bewandtnis," sagte er end=
lich, „und ich spreche nicht gern davon. Doch Ihr habt recht,
Herr, auch mir ist es, als werden wir uns lange nicht mehr
sehen, so will ich Euch denn erzählen. Habt Ihr nie von
dem Armen Konrad gehört?"

„O ja," erwiderte Georg, „war es nicht ein Aufstand
der Bauern? Wollte man nicht sogar dem Herzog ans
Leben?"

„Ihr habt ganz recht, der Arme Konrad war ein böses

Ding. Es mögen nun sieben Jahre sein, da gab es unter
uns Bauern viele Männer, die mit der Herrschaft unzu-
frieden waren; es waren Fehljahre gewesen, den Reicheren
ging das Geld aus, die Armen hatten schon lange keines
mehr, und doch sollten wir zahlen ohne Ende, denn der
Herzog brauchte gar viel Geld für seinen Hof, wo es alle
Tage zuging wie im Paradies."

„Gaben denn Eure Landstände nach, wenn der Herr so
viel Geld verlangte?" fragte Georg.

„Sie wagten eben auch nicht immer ‚nein‘ zu sagen, des
Herzogs Beutel hatte aber gar ein großes Loch, das wir
Bauern mit unserm Schweiß nicht zuleimen konnten. Da
gab es nun viele, die ließen die Arbeit liegen, weil das
Korn, das sie pflanzten, nicht zu ihrem Brot wuchs, und
der Wein, den sie kelterten, nicht für sie in die Fässer floß.
Diese, als sie dachten, daß man ihnen nichts mehr nehmen
könne als das arme Leben, lebten lustig und in Freuden, nannten sich Grafen zu Nirgendsheim,¹ sprachen viel
von ihren Schlössern auf dem Hungerberge und von
ihren bedeutenden Besitzungen in der Fehlhalde und am
Bettelrain; und diese Gesellschaft war der Arme Konrad."

Der Pfeifer legte sinnend seine Stirne in die Hand und
schwieg.

„Von d i r wolltest du ja erzählen, Hans," sagte Georg,
„von dir und dem Herzog." —

„Das hätte ich beinahe vergessen," antwortete dieser. —
„Nun," fuhr er fort, „es kam endlich dahin, daß man Maß
und Gewicht geringer machte und dem Herzog gab, was
damit gewonnen wurde. Da ward aus dem Scherz bitterer
Ernst. Es mochte mancher nicht ertragen, daß ringsum-
her volles Maß und Gewicht, und nur bei uns kein Recht

sei. Im Remsthale trug der Arme Konrad das neue Ge=
wicht hinaus und machte die Wasserprobe."

"Was ist das?" fragte der junge Mann.

"Ha!" lachte der Bauer, "das ist eine leichte Probe.
Man trug den Pfundstein mit Trommeln und Pfeifen an
die Rems und sagte: ,Schwimmt's oben, hat der Herzog
recht; sinkt's unter, hat der Bauer recht.' Der Stein sank
unter, und jetzt zog der Arme Konrad Waffen an. Im
Remsthal und im Neckarthal bis hinauf gegen Tübingen
und hinüber an die Alp standen die Bauern auf und ver=
langten das alte Recht. Es wurde gelandtagt[1] und ge=
sprochen, aber es half doch nichts. Die Bauern gingen nicht
auseinander."

"Aber du, von d i r sprichst du ja gar nicht."

"Daß ich's kurz sage, ich war einer der Ärgsten," ant=
wortete Hans, "ich war kühn und trotzig, mochte nicht gern
arbeiten und wurde wegen Jagdfrevel unmenschlich abge=
straft; da trat ich in den Armen Konrad, und bald war
ich so arg als der G a i s p e t e r und der B r e g e n z e r.[2]
Der Herzog aber, als er sah, daß der Aufruhr gefährlich
werden könne, ritt selbst nach Schorndorf. Man hatte uns
zur Huldigung zusammenberufen, wir erschienen zu vielen
Hunderten, aber bewaffnet. Der Herzog sprach selbst zu
uns, aber man hörte ihn nicht an. Da stand der Reichs=
marschall auf, erhob seinen goldenen Stab und sprach:
,Wer es mit dem Herzog Ulrich von Württemberg hält,
trete auf seine Seite!' Der Gaispeter aber trat auf einen
hohen Stein und rief: ,Wer es mit dem Armen Konrad
vom Hungerberg hält, trete hierher!' Siehe, da stand der
Herzog verlassen unter seinen Dienern. Wir andern hiel=
ten zu dem Bettler."

"O, schändlicher Aufruhr," rief Georg, vom Gefühl des

Unrechts ergriffen; „schändlich vor allen die, welche es so
weit kommen ließen! Da war gewiß Ambrosius Volland,
der Kanzler, an vielem schuld?"

„Ihr könnet recht haben," erwiderte der Spielmann;
5 „doch höret weiter: der Herzog, als er sah, daß seine Sache
verloren sei, schwang sich auf sein Roß, wir aber drängten
uns um ihn her; doch noch wagte es keiner, den Fürsten
anzutasten, denn er sah gar zu gebietend aus seinen großen
Augen auf uns herab. ‚Was wollt Ihr, Lumpen!' schrie
10 er und gab seinem Hengst die Sporen, daß er sich hoch aufbäumte und drei Männer niederriß. Da erwachte unser
Grimm; sie fielen seinem Roß in die Zügel, sie stachen nach
ihm mit Spießen, und ich, ich vergaß mich so, daß ich ihn
am Mantel packte und rief: ‚Schießt den Schelmen tot!'

15 „Das warst du, Hans?" rief Georg und sah ihn
mit scheuen Blicken an.

„Das war ich," sagte dieser langsam und ernst;
„aber es ward mir dafür, was mir gebührte. Der Herzog
entkam uns damals und sammelte ein Heer; wir konnten
20 nicht lange anshalten und ergaben uns auf Gnad' und
Ungnad'. Es wurden zwölf Anführer des Aufruhrs nach
Schorndorf geführt und dort gerichtet; ich war auch unter
diesen. Aber als ich so im Kerker lag und mein Unrecht
und den nahen Tod überdachte, da graute mir vor mir
25 selbst, und ich schämte mich, mit so elenden Gesellen, wie
die elf anderu waren, gerichtet zu werden."

„Und wie wurdest du gerettet?" fragte Georg teilnehmend.

„Wie ich Euch schon in Ulm sagte, durch ein Wunder.
30 Wir zwölf wurden auf den Markt geführt, es sollte uns
dort der Kopf abgehauen werden. Der Herzog saß vor dem
Rathaus und ließ uns noch einmal vor sich führen. Jene

elfe stürzten nieder, daß ihre Ketten fürchterlich rasselten,
und schrieen mit jammernder Stimme um Gnade. Er sah
sie lange an und betrachtete dann mich. ‚Warum bittest du
nicht auch?‘ fragte er. ‚Herr,‘ antwortete ich, ‚ich weiß,
was ich verdient habe, Gott sei meiner Seele gnädig.‘ Noch   5
einmal sah er auf uns, dann aber winkte er dem Scharf=
richter. Wir wurden nach dem Alter gestellt, ich als der
jüngste war der letzte.

„Neun Köpfe meiner Gesellen staken auf den Spießen,
da rief der Herzog: ‚Zehn sollen bluten, zwei frei sein.   10
Bringt Würfel her und laßt die drei dort würfeln!‘ Man
brachte Würfel, der Herzog bot sie mir zuerst; ich aber
sagte: ‚Ich habe mein Leben verwirkt und würfle nicht mehr
darüber!‘ Da sprach der Herzog: ‚Nun, so würfle ich für
dich.‘ Er bot den zwei andern die Würfel hin. Zitternd   15
schüttelten sie in den kalten Händen die Würfel, zitternd
zählten sie die Augen: der eine warf neun, der andere vier=
zehn; da nahm der Herzog die Würfel und schüttelte sie.
Er faßte mich scharf ins Auge, ich weiß, daß ich nicht ge=
zittert habe. Er warf — und deckte schnell die Hand darauf.   20
‚Bitte um Gnade,‘ sagte er, ‚noch ist es Zeit.‘ ‚Ich bitte,
daß Ihr mir verzeihen möget, was ich Euch Leids[1] gethan,‘
antwortete ich; ‚um Gnade aber bitt’ ich nicht, ich habe sie
nicht verdient und will sterben.‘ Da deckte er die Hand auf,
und siehe, er hatte achtzehn geworfen. Es war mir sonderbar   25
zu Mut, es kam mir vor, als habe er gerichtet an Gottes
Statt. Ich stürzte auf meine Kniee nieder und gelobte,
fortan in seinem Dienst zu leben und zu sterben. Der
zehnte ward geköpft, wir beide waren frei.“

Mit immer höher steigender Teilnahme hatte Georg der   30
Erzählung des Pfeifers von Hardt zugehört; aber als er
schloß, als sich das sonst so kühn und listig blickende Auge

mit Thränen füllte, da konnte er sich nicht enthalten, seine
Hand zu fassen, sie fest und herzlich zu drücken. „Es ist
wahr," sagte der junge Mann, „du hast Schweres an
deinem Landesherrn verschuldet, aber du hast auch schreck=
lich gebüßt. Wie oft hast du ihm Freiheit, vielleicht das
Leben gerettet! Wahrlich, deine Schuld ist reichlich ab=
getragen."

Der arme Mann hatte, nachdem er seine Erzählung ge=
schlossen, wieder mit düsterem Sinnen ins Feuer geschaut.
„Meint Ihr," sagte er, „ich hätte gebüßt und meine Schuld
abgetragen? Nein, solche Schulden tilgen sich nicht so
bald, und ein geschenktes Leben muß für den ausgesetzt
werden, der es uns fristete. Das Umherschleichen in den
Bergen, Kundschaft bringen aus Feindes Lager, Höhlen
zeigen, wo man sich verbergen kann, das ist keine schwere
Sache, Herr, und das allein thut's nicht. Ich weiß, ich
werde noch einmal für ihn sterben müssen. Doch dazu bin ich
noch gut genug, wie jeder Kriegsmann; o, könnte ich durch
meinen Tod seine Huldigung abändern und ihm das Land
wieder verschaffen, noch in dieser Stunde wollte ich sterben!"

Der Herzog erwachte; er richtete sich auf, er sah mit
verwunderten Blicken um sich her. Dann stützte er die
Stirne in die Hand und schien schmerzlich bewegt. Der
alte Herr von Lichtenstein kannte Ulrich und wußte, daß
man ihn nicht über seinen schmerzlichen Verlust brüten
lassen dürfe; er rückte ihm daher näher und sprach:

„Herr! seid getrosten Mutes. Eure Feste hat der Feind
verbrannt, Ihr habt an einem Tage ein Herzogtum ver=
loren, aber dennoch wird Euer Name nicht verlöschen, und
Euer Gedächtnis wird nicht verloren sein in Württem=
berg."

„Wohlan, so will ich hoffen," erwiderte Ulrich von

Württemberg. „Mögen unsere Enkel nie so harte Zeiten
sehen wie Wir; möge man auch von ihnen sagen, sie sind
— furchtlos!"

„Und treu!" sprach der Bauer mit Nachdruck und
stand auf. „Doch ist es Zeit, Herr Herzog, daß Ihr auf-
brechet. Das Morgenrot ist nicht mehr fern, und über den
Neckar wenigstens müssen wir kommen, so lange es noch
dunkel ist."

Sie standen auf und waffneten sich; die Pferde wurden
herbeigeführt, sie saßen auf, und der Pfeifer ging voran,
den Weg aus der Schlucht zu zeigen. Die Reise des Herzogs zum Land hinaus war mit großer Gefahr verbunden,
denn der Bund suchte seiner mit aller Mühe habhaft zu
werden.

Als sie aus dem Wald ins Feld herauskamen, säumte
schon das Morgenrot den Horizont. Sie ritten jetzt auf
besserem Wege schärfer zu, und bald sahen sie den Neckar
schimmern, und die hochgewölbte Brücke lag nicht ferne
mehr von ihnen. In diesem Augenblicke sah sich Georg um
und gewahrte eine bedeutende Anzahl Reiter, die von der
Seite her hinter ihnen zogen. Er machte seine Begleiter
darauf aufmerksam. Sie sahen sich besorgt um und musterten den Zug, der wohl fünfundzwanzig Pferde betragen
mochte. Es schienen bündische Reiter zu sein, denn des
Herzogs Völker waren gesprengt und zogen nicht mehr in
so geordneten Scharen wie diese.

Noch zogen jene ruhig ihren Weg und schienen die kleine
Gesellschaft nicht zu bemerken, aber dennoch schien es rat-
sam, die Brücke zu gewinnen, wo sich drei Wege schieden,
ehe man von ihnen angerufen und befragt würde. Der
Pfeifer lief voran, so schnell er konnte, der Herzog und die
Ritter folgten ihm in gestrecktem Trab, und je weiter sie

sich von den Bündischen entfernten, desto leichter wurde
ihnen ums Herz, denn alle bangten nicht für ihr eigenes
Leben, wohl aber für die Freiheit Ulrichs.

Sie hatten die Brücke erreicht, sie zogen hinauf, aber in
5 demselben Augenblick, wo sie oben auf der Mitte der hohen
Wölbung angekommen waren, sprangen zwölf Männer,
mit Spießen, Schwertern und Büchsen bewaffnet, hinter
der Brücke hervor und besetzten den Ausgang. Der Herzog
sah, daß er entdeckt war, und winkte seinen Begleitern
10 rückwärts. Lichtenstein und Schweinsberg, die letzten,
wandten ihre Rosse, aber schon war es zu spät, denn die
bündischen Reiter, die ihnen im Rücken nachgezogen waren,
hatten sich in Galopp gesetzt und den Eingang der Brücke
in diesem Augenblick erreicht und besetzt.

15 Noch war es zu dunkel, als daß man den Feind genau
hätte unterscheiden können, doch nur zu bald zeigten sich
seine feindlichen Absichten. „Ergebet Euch, Herzog von
Württemberg," rief eine Stimme, die den Rittern nicht
unbekannt schien, „Ihr sehet, es ist kein Ausweg da zur
20 Flucht!"

„Wer bist du, daß Württemberg sich dir ergeben soll?"
antwortete Ulrich mit grimmigem Lachen, indem er sein
Schwert zog, „du sitzest ja nicht einmal zu Roß; bist du
ein Ritter?"

25 „Ich bin der Doktor Calmus," entgegnete jener, „und
bin bereit, die vielen Liebesdienste zu vergelten, die Ihr
mir erwiesen habt. Ein Ritter bin ich, denn Ihr habt mich
ja zum Ritter vom Esel gemacht; aber ich will Euch da=
für zum Ritter ohne Roß machen. Abgestiegen, sag' ich,
30 im Namen des durchlauchtigsten Bundes!"

„Gieb Raum, Hans," flüsterte der Herzog mit unter=
drückter Stimme dem Spielmann zu, der mit gehobener

Art zwischen ihm und dem Doktor stand; „geh, tritt auf
die Seite! Ihr Freunde, schließt euch an, wir wollen plötz=
lich auf sie einfallen, vielleicht gelingt es, durchzubrechen!"
Doch nur Georg vernahm diesen Befehl des Herzogs, denn
die zwei andern Ritter hielten wohl zehn Schritte hinter
ihnen den Eingang besetzt und waren schon mit den bündi=
schen Reitern im Gefecht, die umsonst dieses ritterliche
Paar zu durchbrechen und zu dem Herzog durchzubringen
versuchten. Georg schloß sich an Ulrich an und wollte mit
ihm auf den Doktor und die Knechte einsprengen, aber
diesem war das Flüstern des Herzogs nicht entgangen.
„Drauf, ihr Männer! der im grünen Mantel ist's; lebendig
oder tot!" rief er, drang mit seinen Knechten vor und griff
zuerst an. Sein langer Arm führte einen fünf Ellen langen
Spieß. Er zückte ihn nach Ulrich, und es wäre vielleicht
um ihn geschehen gewesen, da er ihn in der Dunkelheit
nicht gleich bemerkte, doch Hans kam ihm zuvor, und in=
dem der berühmte Doktor Kahlmäuser nach der Brust
seines Herrn stieß, war ihm die Art des Pfeifers tief in
die Stirne gedrungen. Er fiel, so lang er war, mit Ge=
brüll auf die Knechte zurück. Sie stutzten, der Bauers=
mann schien ein schrecklicher Kämpfer, denn seine Art
schwirrte immer noch in den Lüften, er bewegte sie wie eine
Feder hin und her; sie zogen sich sogar einige Schritte zu=
rück. Diesen Augenblick benützte Georg, riß dem Herzog
den grünen Mantel ab, hing ihn sich selbst um und flüsterte
ihm zu, sein Pferd zu spornen und sich über die Brüstung
der Brücke hinabzustürzen. Der Herzog warf einen Blick
auf die hochgehenden Wellen des Neckars und hinauf zum
Himmel. Es schien keine andere Rettung möglich, und er
wollte lieber auf Leben und Tod den Sprung wagen, als
seinen Feinden in die Hände fallen.

Die Knechte hatten indeß die Speere vorgestreckt und
drangen vor. Der Pfeifer stand noch immer, obgleich aus
mehreren Wunden blutend, und schlug mit der Axt ihre
Speere nieder. Seine Augen blitzten. Noch einen schlug
er mit seiner starken Rechten zu Boden, da stieß ihm einer
der Knechte von der Seite her die Hellebarde in die Brust,
in diese treue Brust, die noch im Tod ein Schild für den
unglücklichen Fürsten war, dem nie ein treueres Herz ge=
schlagen hatte. Er wankte, er sank zusammen, er heftete
das brechende Auge auf seinen Herrn: „Herr Herzog, w i r
s i n d q u i t t !" rief er freudig aus und senkte sein Haupt
zum Sterben.

An ihm vorüber ging der Weg der Knechte, die mit
Freudengeschrei näher zudrangen — da warf sich Georg
von Sturmfeder in die Mitte, seine Klinge schwirrte in der
Luft, und so oft sie niederfiel, zuckte einer der Feinde am
Boden. Er war der letzte Schild des Herzogs Ulrich von
Württemberg; sank dieser noch, so war Gefangenschaft
oder Tod unvermeidlich. Drum wandte er sich zum letzten
Mittel. Er warf noch einen thränenschweren Blick auf
die Leiche jenes Mannes, der seine Treue mit dem Tod
besiegelt hatte, dann riß er sein mächtiges Streitroß zur
Seite, spornte es, daß es sich hoch aufbäumte, wandte es
mit einem starken Drucke rechts, und — in einem majestä=
tischen Sprung setzte es über die Brüstung der Brücke und
trug seinen fürstlichen Reiter hinab in die Wogen des
Neckars.

Georg hielt inne mit Fechten, er sah dem Herzog nach.
Roß und Reiter waren niedergetaucht, doch das mächtige
Tier kämpfte mit den Wirbeln, schwamm, arbeitete sich
herauf, und wie die beste Barke schwamm es mit dem Her=
zog den Strom hinab. Dies alles war das Werk weniger

Augenblicke, einige der Knechte wollten hinabspringen ans
Ufer, um sich des kühnen Reiters zu bemächtigen, doch
einer, der Georg am nächsten war, rief ihnen zu: „Laßt
ihn schwimmen, an d e m ist nichts gelegen, das hier ist
5 der grüne Vogel, das ist der grüne Mantel; den laßt uns
fassen." Georg blickte dankbar auf zum Himmel! Er ließ
sein Schwert sinken und ergab sich den Bündischen. Sie
schlossen einen Kreis um ihn und ließen es willig ge=
schehen, daß er abstieg und zu der Leiche jenes Mannes
10 trat, der ihnen so schrecklich erschienen war. Georg faßte
die Hand, welche immer noch die blutige Axt festhielt. Sie
war kalt. Er suchte, ob das treue Herz noch schlage, aber
der tötliche Stoß der Lanze hatte es nur zu gut getroffen.
Georgs Thränen fielen auf ihn herab. Er drückte noch
15 einmal die Hand des Pfeifers, schloß ihm die Augen zu
und schwang sich auf, um den Knechten in ihr Lager zu
folgen.

<hr>

31.

Nach einem Marsch von beinahe drei Stunden näherte
sich der Trupp der bündischen Knechte, den Gefangenen in
20 ihrer Mitte, dem Lager. Sie hatten nicht gewagt, sich laut
zu unterreden, aber ihre Mienen verkündeten großen
Triumph, und Georgs scharfem Ohr entging es nicht, wie
sie flüsternd den Gewinn berechneten, den sie aus dem
Herzog im grünen Mantel ziehen werden.

25 Durfte er aber hoffen, vom Bunde zum zweitenmal so
leicht entlassen zu werden wie damals in Ulm? Gefangen
mit den Waffen in der Hand, bekannt als eifriger Freund

des Herzogs! Die Knechte schickten einen aus ihrer Mitte
ab, um die Bundesobersten von ihrem Fang zu benach=
richtigen und Befehle einzuholen, wohin man ihn führen
solle.

Der Knecht kam zurück; der Gefangene sollte so still als 5
möglich und ohne Aufsehen in das große Zelt geführt
werden, wo die Obersten gewöhnlich Kriegsrat hielten.
Man schlug zu diesem Gang einen Seitenweg ein, und die
Knechte baten Georg, seinen Helm zu schließen, daß man
ihn nicht erkenne, ehe er vor den Rat geführt würde. Drei 10
jener Knechte, die ihn begleitet hatten, durften folgen; sie
glühten vor Freude und glaubten nicht anders, als jene
Goldgülden sogleich in Empfang nehmen zu können, die
auf die Person des Herzogs von Württemberg gesetzt
waren. 15

Der Vorhang that sich auf, und Georg trat mutig und
festen Schrittes ein und überschaute die Männer, die
über sein Schicksal entscheiden sollten. Es waren wohl=
bekannte Gesichter, die ihn so fragend und durchdringend
anschauten. Noch waren die düsteren Blicke und die feind= 20
liche Stirne des Truchseß von Waldburg seinem Gedächt=
nis nicht entfallen, und der spöttische, beinahe höhnische
Ausdruck in den Mienen dieses Mannes weißsagte ihm
nichts Gutes. Eine Thräne füllte sein Auge, als es auf
jene teure Gestalt, auf jene ehrwürdigen Züge fiel, die sich 25
tief in sein dankbares Herz gegraben hatten. Es war nicht
Hohn, nicht Schadenfreude, was man in Georg von
Frondsbergs Mienen las, nein, er sah den Nahenden mit
jenem Ausdruck von würdigem Ernst, von Wehmut an,
womit ein edler Mann den tapfern, aber besiegten Feind 30
begrüßt.

Als Georg diesen Männern gegenüberstand, hub der

Truchseß von Waldburg an: „So hat doch endlich der
schwäbische Bund einmal die Ehre, den erlauchten Herzog
von Württemberg vor sich zu sehen; freilich war die Ein=
ladung zu uns nicht allzu höflich, doch —"

5 „Ihr irrt Euch," rief Georg von Sturmfeder und schlug
das Visier seines Helmes auf. Als sähen sie Minervas
Schild und sein Medusenhaupt,[1] so bebten die Bundesräte
vor dem Anblick der schönen Züge des jungen Ritters.
„Ha! Verräter! Ehrlose Buben! Ihr Hunde!" rief Truch=
10 seß den drei Knechten zu. „Was bringt Ihr uns diesen
Laffen, dessen Anblick meine Galle aufregt, statt des Her=
zogs? Geschwind, wo ist er? Sprecht!"

Die Knechte erbleichten. „Ist's nicht dieser?" fragten sie
ängstlich. „Er hat doch den grünen Mantel an."

15 Der Truchseß zitterte vor Wut, und seine Augen sprüh=
ten Verderben; und Hutten, zornbleich, aber gefaßter als
jener, fragte: „Wo ist der Doktor Calmus, laßt ihn herein=
kommen, er soll Rechenschaft ablegen, er hat den Zug
übernommen."

20 „Ach Herr," sagte einer der Knechte, „der legt Euch
keine Rechenschaft mehr ab; er liegt erschlagen auf der
Brücke bei Köngen!"

„Erschlagen?" rief Sickingen, „und der Herzog ist ent=
kommen? Erzählet, ihr Schurken!"

25 „Wir legten uns, wie uns der Doktor befahl, bei der
Brücke in Hinterhalt. Es war beinahe noch dunkel, als wir
den Hufschlag von vier Rossen hörten, die sich der Brücke
näherten. ‚Jetzt ist's Zeit,' sagte der Kahlmäuser. Wir
standen schnell auf und besetzten den Ausgang der Brücke.
30 Es waren, soviel wir im Halbdunkel unterscheiden konnten,
vier Reiter und ein Bauersmann; die zwei hintersten
wandten sich um und fochten mit unsern Reitern, die zwei

vorderen und der Bauer machten sich an uns. Doch wir
streckten ihnen die Lanzen entgegen, und der Doktor rief
ihnen zu, sich zu ergeben. Da drangen sie wütend auf uns
ein; der Doktor sagte uns, der im grünen Mantel sei der
Rechte; und wir hätten ihn bald gehabt, aber der Bauer,
wenn es nicht der Teufel selbst war, schlug den Doktor
und noch zwei von uns nieder. Jetzt stach ihm einer die
Hellebarde in den Leib, daß er fiel, und dann ging es auf
die Reiter. Wir packten allesamt den im grünen Mantel,
wie uns der Kahlmäuser geheißen, der andere aber stürzte
sich mit seinem Roß über die Brücke hinab in den Neckar
und schwamm davon. Wir aber ließen ihn ziehen, weil wir
den Grünen hatten, und brachten diesen hierher."

„Das war Ulrich und kein anderer!" rief Alban von
Closen. „Ha! über die Brücke hinab in den Neckar! Das
thut ihm keiner nach!"

„Man muß ihm nachjagen!" fuhr der Truchseß auf; „die
ganze Reiterei muß aufsitzen und hinab am Neckar streifen,
ich selbst will hinaus —"

„O Herr," entgegnete einer der Knechte, „da kommt Ihr
zu spät; es ist drei Stunden jetzt, daß wir von der Brücke
abzogen, der hat einen guten Vorsprung und kennt das
Land wohl besser als alle Reiter!"

„Kerl, willst du mich noch höhnen? Ihr habt ihn entkommen lassen, an Euch halte ich mich, man rufe die Wache;
ich laß' Euch aufhängen."

„Mäßigt Euch," sagte Frondsberg; „die armen Bursche
trifft der Fehler nicht; sie hätten sich gerne das Gold
verdient, das auf den Herzog gesetzt war. Der Doktor hat gefehlt, und Ihr hört, daß er es mit dem Leben
zahlte."

„Also Ihr habt heute den Herzog vorgestellt?" wandte

sich Waldburg zu Georg, der still dieser Scene zugesehen
hatte. „Müßt Ihr mir überall in den Weg laufen mit
Eurem Milchgesicht? überall hat Euch der Teufel, wo
man Euch nicht braucht. Es ist nicht das erste Mal, daß
Ihr meine Plane durchkreuzet —"

„Wenn Ihr es gewesen seid, Herr Truchseß," antwortete
Georg, „der bei Neuffen den Herzog menchlings überfallen
lassen wollte, so bin ich Euch leider in den Weg gekommen,
denn Eure Knechte haben mich niedergeworfen."

Die Ritter erstaunten über diese Rede und sahen den
Truchseß fragend an. Er errötete, man wußte nicht aus
Zorn oder Beschämung, und entgegnete: „Was schwatzt
Ihr da von Neuffen? Ich weiß von nichts; doch wenn
man Euch dort niedergeworfen hat, so wünsche ich, Ihr
wäret nimmer aufgestanden, um mir heute vor Augen zu
kommen. Doch es ist auch so gut; Ihr habt Euch als einen
erbitterten Feind des Bundes bewiesen, habt heimlich und
offen für den geächteten Herzog gehandelt, teilet also seine
Schuld gegen den Bund und das ganze Reich, seid über=
dies heute mit den Waffen in der Hand gefangen worden
— Euch trifft die Strafe des Hochverrats an dem aller=
durchlauchtigsten Bund des Schwaben= und Franken=
landes."

„Dies dünkt mir eine lächerliche Beschuldigung," er=
widerte Georg mit mutigem Tone; „Ihr wisset wohl, wann
und wo ich mich von dem Bunde losgesagt habe; Ihr habt
mich auf vierzehn Tage Urfehde schwören lassen; so wahr
Gott über mir ist, ich habe sie gehalten. Was ich nachher
gethan, davon habt Ihr nicht Rechenschaft zu fordern,
weil ich Euch nicht mehr verpflichtet war, und was meine
Gefangennehmung mit den Waffen in der Hand betrifft,
so frage ich Euch, edle Herren, welcher Ritter wird, wenn

er von sechs oder acht angegriffen wird, sich nicht seines Lebens wehren? Ich verlange von Euch ritterliche Haft und erbiete mich, Urfehde zu schwören auf sechs Wochen; mehr könnet Ihr nicht von mir verlangen."

„Wollt Ihr uns Gesetze vorschreiben? Ihr habt gut ge= 5 lernt bei dem übermütigen Herzog; ich höre ihn aus Euch sprechen; doch keinen Schritt sollt Ihr zu Eurer Sippschaft thun, bis Ihr gesteht, wo der alte Fuchs, Euer Schwieger= vater, sich aufhält, und welchen Weg der Herzog genommen hat." 10

„Der Ritter von Lichtenstein wurde von Euern Reitern gefangen genommen; welchen Weg der Herzog nahm, weiß ich nicht und kann es mit meinem Wort bekräftigen."

„Ritterliche Haft?" rief der Truchseß bitter lachend, „da irrt Ihr Euch gewaltig; zeiget vorher, wo Ihr die golde= 15 nen Sporen verdient habt! Nein, solches Gelichter wird bei uns ins tiefste Verließ geworfen, und mit Euch will ich den Anfang machen."

„Ich denke, dies ist unnötig," fiel ihm Frondsberg ins Wort; „ich weiß, daß Georg von Sturmfeder zum Ritter 20 geschlagen wurde; überdies hat er einem bündischen Edlen das Leben gerettet; Ihr werdet Euch wohl an die Aussage des Dietrich von Kraft erinnern. Auf Verwenden dieses Ritters wurde er von einem schmählichen Tod befreit und sogar in Freiheit gesetzt. Er kann dieselbe Behandlung 25 von uns verlangen."

„Ich weiß, daß Ihr ihm immer das Wort geredet, daß er Euer Schoßkind war; aber diesmal hilft es ihm nicht, er muß nach Eßlingen in den Turm, und jetzt den Augen= blick —" 30

„Ich leiste Bürgschaft für ihn," rief Frondsberg, „und habe hier so gut mitzusprechen wie Ihr. Wir wollen ab=

stimmen über den Gefangenen, man führe ihn einstweilen
in mein Zelt."

Einen Blick des Dankes warf Georg auf die ehrwür=
digen Züge des Mannes, der ihn auch jetzt wieder aus der
drohenden Gefahr rettete. Der Truchseß aber winkte mür=
risch den Knechten, dem Befehl des Oberfeldhauptmanns
zu folgen, und Georg folgte ihnen durch die Straßen des
Lagers nach Frondsbergs Zelt.

Nicht lange nachher stand der Mann vor ihm, dem er
so unendlich viel zu danken hatte. Er wollte ihm danken,
er wußte nicht, wie er ihm seine Ehrfurcht bezeigen sollte;
doch Frondsberg sah ihn lächelnd an und zog ihn in seine
Arme. „Keinen Dank, keine Entschuldigung!" sprach er;
„sah ich doch alles dies voraus, als ich in Ulm von dir
Abschied nahm; doch du wolltest es nicht glauben, wolltest
dich vergraben in die Burg deiner Väter. Ich kann dich
nicht schelten; glaube mir, das Feldlager und die Stürme
so vieler Kriege haben mein Herz nicht so verhärtet, daß
ich vergessen könnte, wie mächtig die Liebe zieht!"

„Mein Freund, mein Vater!" rief Georg, indem er
freudig errötete.

„Ja, das bin ich; der Freund deines Vaters, dein Vater;
drum war ich oft stolz auf dich, wenn du auch in den feind=
lichen Reihen standest; dein Name wurde, so jung du bist,
mit Ehrfurcht genannt, denn Treue und Mut ehrt ein
Mann auch an dem Feinde. Und glaube mir, es kam den
meisten von uns erwünscht, daß der Herzog entkam; was
konnten wir mit ihm beginnen? Der Truchseß hätte viel=
leicht einen übereilten Streich gemacht, den wir alle zu
büßen gehabt hätten."

Frondsberg wurde hier durch drei Männer unterbrochen,
die in das Zelt stürmten; es war der Feldhauptmann von

Breitenſtein und Dietrich von Kraft, die den Ritter von
Lichtenſtein in ihrer Mitte führten.

Der Ritter von Lichtenſtein umarmte ſeinen Sohn. „Er
iſt in Sicherheit,“ flüſterte er ihm zu, und beider Augen
glänzten von Freude, zu der Rettung des unglücklichen
Fürſten beigetragen zu haben. Da fielen die Blicke des alten
Ritters auf den grünen Mantel, der noch immer um
Georgs Schultern hing; er erſtaunte, er ſah ihn näher an.
„Ha! jetzt erſt verſtehe ich ganz, wie alles ſo kommen
konnte,“ ſprach er bewegt, und eine Thräne der Freude hing
in ſeinen grauen Wimpern; „ſie nahmen d i c h für ihn;
was wäre aus ihm geworden, wenn dich der Mut nur einen
Augenblick verlaſſen hätte? Du haſt mehr gethan als wir
alle, du haſt geſiegt, wenn wir jetzt auch Beſiegte heißen;
komm an mein Herz, du würdiger Sohn.“

„Und Marx Stumpf von Schweinsberg?“ fragte Georg;
„auch er gefangen?“

„Er hat ſich durchgehauen, wer vermöchte auch ſeinen
Hieben zu widerſtehen? Doch den Pfeifer ſah ich nicht;
ſage, wie iſt er entkommen aus dem Streit?“

„Als ein Held,“ erwiderte der junge Mann, von der
Wehmut der Erinnerung bewegt; „er liegt erſtochen an der
Brücke.“

„Tot?“ rief Lichtenſtein, und ſeine Stimme zitterte.
„Die treue Seele! Doch wohl ihm, er hat gethan wie ein
Edler, und iſt geſtorben, treu, wie es Männern ziemt!“

Frondsberg näherte ſich ihnen und unterbrach ihre
Reden. „Ihr ſcheint mir ſo niedergeſchlagen,“ ſagte er;
„ſeid mutig und getroſt, alter Herr! Das Kriegsglück iſt
wandelbar, und Euer Herzog wird wohl auch wieder zu
ſeinem Lande kommen; wer weiß, ob es nicht beſſer iſt,
daß wir ihn noch auf einige Zeit in die Fremde ſchickten.

Leget Helm und Panzer ab; das Gefecht zum Frühstück
wird Euch die Luft zum Mittagsessen nicht verdorben haben.
Setzet Euch zu uns. Ich erwarte gegen Mittag den Wächter,
unter dessen Obhut Ihr auf eine Burg gebracht werden
5 sollet. Bis dahin lasset uns noch zusammen fröhlich sein!"

„Das ist ein Vorschlag, der sich hören läßt," rief Breiten=
stein. „Zu Tisch, ihr Herren; wahrlich, Georg, mit dir
habe ich nicht mehr gespeist seit dem Imbiß im Ulmer
Rathaussaal."

10 Hans von Breitenstein zog Georg zu sich nieder, die
anderen folgten seinem Beispiel, die Knechte trugen auf,
und der edle Wein machte den Ritter von Lichtenstein und
seinen Sohn vergessen, daß sie in mißlichen Verhältnissen,
im feindlichen Lager seien, daß sie vielleicht einem un=
15 gewissen Geschick, und wenn sie die Reden Frondsbergs
recht deuteten, einer langen Gefangenschaft entgegen gehen.
Gegen das Ende der Tafel wurde Frondsberg hinaus=
gerufen; bald kam er zurück und sprach mit ernster Miene:
„So gerne ich noch länger Eure Gesellschaft genossen hätte,
20 liebe Freunde, so thut es jetzt not, aufzubrechen. Der
Wächter ist da, dem ich Euch übergeben muß, und Ihr
müßt euch sputen, wollet Ihr heute noch die Feste erreichen."

„Ist er ein Ritter, dieser Wächter?" fragte Lichtenstein,
indem sich seine Stirne in finstere Falten zog. „Ich hoffe,
25 man wird auf unseren Stand Rücksicht genommen haben
und uns ein anständiges Geleite geben?"

„Ein Ritter ist er nicht," antwortete Frondsberg
lächelnd, „doch ist er ein anständiges Geleite; Ihr werdet
Euch selbst davon überzeugen." Er lüftete bei diesen
30 Worten den Vorhang des Zeltes, und es erschienen die
holden Züge Mariens; mit dem Weinen der Freude
stürzte sie an die Brust ihres Gatten, und der alte Vater

stand stumm vor Überraschung und Rührung, küßte sein
Kind auf die schöne Stirne und drückte die Hand des
biedern Frondsberg.

„Das ist Euer Wächter," sprach dieser, „und der Lichten=
stein die Feste, wo sie Euch gefangen halten soll. Ich sehe
es ihren Augen an, sie wird den jungen Herru nicht zu
strenge halten, und der Alte wird sich nicht über sie be=
klagen können; doch rate ich Euch, Töchterchen, habet ein
wachsames Auge auf die Gefangenen, lasset sie nicht wieder
von der Burg, gestattet nicht, daß sie wieder Verbindungen
mit gewissen Leuten anknüpfen; Ihr haftet mit Eurem
Kopf dafür!"

„Aber, lieber Herr," entgegnete Marie, indem sie den
Geliebten inniger an sich drückte und lächelnd zu dem
strengen Herrn aufblickte: „bedenket, e r ist ja mein Haupt,
wie kann ich ihm etwas befehlen?"

„Eben deswegen hütet Euch, daß Ihr dieses Haupt nicht
wieder verlieret; bindet ihn mit einem Liebesknoten recht
fest, daß er Euch nicht entlaufe, er ändert nur gar zu leicht
die Farbe; wir haben Beispiele!"

„Ich trug nur e i n e Farbe, mein väterlicher Freund!"
entgegnete der junge Mann, indem er in die Augen seiner
schönen Frau und auf die Feldbinde niedersah, die seine
Brust umzog; „nur e i n e, und dieser blieb ich treu."

„Wohlan! So halte ferner nur zu ihr," sagte Fronds=
berg und reichte ihm die Hand zum Abschied. „Lebe wohl!
Die Pferde harren vor dem Zelt; bringet Eure Gefangenen
sicher auf die Feste, schöne Frau, und gedenket huldreich des
alten Frondsberg."

Marie schied von diesem Edlen mit Thränen in den
Augen; auch die Männer nahmen bewegt seine Hand, denn
sie wußten wohl, daß ohne seine Hilfe ihr Geschick sich nicht

so freundlich gewendet hätte. Noch lange sah ihnen Georg
von Frondsberg nach, bis sie an der äußersten Zeltgasse
um die Ecke bogen. „Er ist in guten Händen," sagte er,
„wahrlich, der Segen seines Vaters ruht auf ihm. Ein
5 gutes schönes Weib und ein Erbe, wie wenige sind im
Schwabenland."

Als der schwäbische Bund Württemberg wieder erobert
hatte, richtete er seine Regierung wieder ein und beherrschte
das Land wieder wie im Sommer 1519. Die Anhänger
10 des vertriebenen Herzogs mußten Urfehde schwören und
wurden auf ihre Burgen verwiesen. Georg von Sturm=
feder und seine Lieben, die dieses Schicksal mit betraf,
lebten zurückgezogen auf Lichtenstein, und Marien und
ihrem Gatten ging in ihrem stillen häuslichen Glück ein
15 neues Leben auf.

Noch oft, wenn sie am Fenster des Schlosses standen und
hinabschauten auf Württembergs schöne Fluren, gedachten
sie des unglücklichen Fürsten, der einst hier mit ihnen auf
sein Land hinabgeblickt hatte; und dann dachten sie nach
20 über die Verkettung seiner Schicksale, und wie durch eine
sonderbare Fügung auch ihr eigenes Geschick mit dem
seinigen verbunden war; und wenn sie sich auch gestanden,
daß ihr Glück vielleicht nicht so frühe, nicht so schön auf=
geblüht wäre ohne diese Verknüpfung, so wurde doch ihre
25 Freude durch den Gedanken getrübt, daß der Stifter ihres
Glückes noch immer ferne von seinem Lande, im Elend der
Verbannung lebe. Erst viele Jahre nachher gelang es dem
Herzog, Württemberg wieder zu erobern. Doch als er,
geläutert durch Unglück, als ein weiser Fürst zurückkehrte,
30 als er die alten Rechte ehrte und die Herzen seiner Bürger
für sich gewann, als er jene heiligen Lehren, die er in
fernem Lande gehört, die so oft sein Trost in einem langen

Unglück geworden waren, seinem Volke predigen ließ und einen geläuterten Glauben mit den Grundgesetzen seines Reiches verband, da erkannten Georg und Marie den Finger einer gütigen Gottheit in den Schicksalen Ulrichs von Württemberg, und sie segneten den, der dem Auge des Sterblichen die Zukunft verhüllt und auch hier wie immer durch Nacht zum Lichte führte.

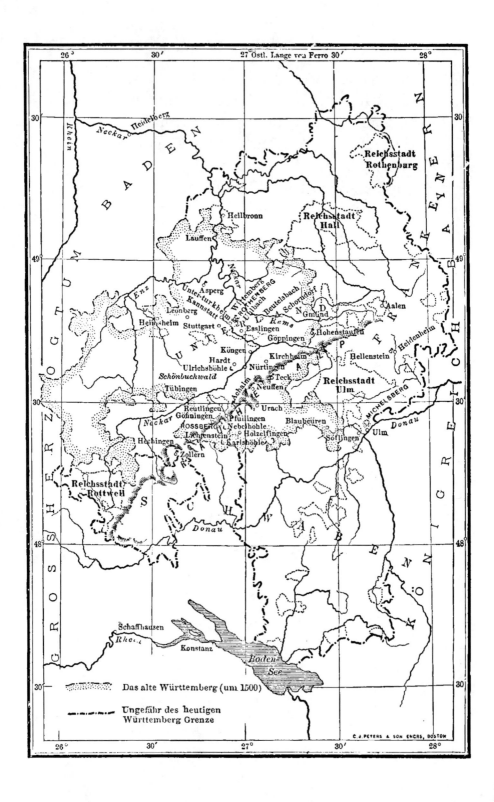

Das alte Württemberg (um 1500)

Ungefähr des heutigen
Württemberg Grenze

NOTES

CHAPTER I

Page 3. — 1. Reid)³ftabt Ulm. In the Middle Ages freedom and independence were first developed in the towns. Such as made their own laws and acknowledged no sovereign had a vote in the Diet of the Empire (Reid)³tag) and were called Reid)³ftäbte. When the power of the cities was at its height, there were fifty-one Reid)³ftäbte in the Empire, which were gradually absorbed by powerful neighboring princes, so that, after the "War of Liberation" in 1815, only Bremen, Frankfort on the Main, Hamburg, and Lubeck remained. Frankfort was annexed to Prussia in 1866, and in 1888 the remaining three were more closely united with the Empire. For Ulm see map.

2. Herbbrucfergaffe. Gaffe is more frequent in South Germany and now suggests a narrow or small street or lane. Straße is the more common term in North Germany. Either of these words is appended to the name and forms a compound.

3. voll, predicate adjective; in modern German such adjectives are uninflected. Note that voll is followed by the genitive. See page 4, line 15.

4. gewährte wohl; note the difference between gewährte and gewahrte. — wohl, *I presume*, or *undoubtedly*. For Erferfenfter see illustration, page 6.

Page 4. — 1. wohl, *indeed, forsooth.* Cf. previous note and observe the difference.

2. blaue Auge, in English the plural is required.

3. Ulmer, adjective regularly formed from the name of the town. Such adjectives are always indeclinable.

249

4. **beſſen,** genitive of the relative pronoun; note order.

5. **Es ging ſchon ſtark auf Mittag,** "it was already getting hard on to noon." *it was already nearly noon.*

6. **Stückſchüſſe,** *cannonshots.* Cf. similar use of English "piece," referring to a cannon.

7. **Lug=ins=Land** (**Lug,** imperative of **lugen,** provincial. Cf. English cognate "look"), a name frequently given in the Middle Ages to elevations crowned by towers or castles whence one could "look out into the country."

8. **beſſen ſie harrten,** *for which they were waiting;* **harren** with the genitive is rather poetic. Usually **warten** and **auf** with the accusative is used in prose.

Page 5. — 1. **Ehrenpfennig** (**Ehrenmünze**), *medal.*

2. **ſchwarzen Herrn,** *gentleman in black.* Cf. page 4, line 19.

3. **Georg von Frondsberg** (1475-1528), one of the most famous generals and military authorities of his age.

4. **bündiſchen,** refers to the Suabian League. Cf. page 9, note 3.

5. **gut bündiſch,** *very loyal, patriotic.* Cf. previous note.

6. **ohne ſich irre machen zu laſſen,** *without allowing himself to be disconcerted.* Note the idiom. The dependent infinitive is often best translated as a passive. Thus: **er läßt ſich einen Rock machen,** lit., "he allows (the tailor) to make a coat for him" = "he (has) is having a coat made"; **er ließ ſich hören,** lit., "he allowed (people) to hear him" = "he allowed himself to be heard," "he was heard."

7. **Truchſeß Waldburg,** *High Steward Waldburg.* The Waldburgs were Lord High Stewards for several centuries. Georg Truchsess Waldburg was appointed in 1525 **Reichs=Erz=truchſeß,** "Imperial Lord High Steward," with seniority succession, by Emperor Charles V. (1519-1556). He was governor of Württemberg from 1525 until his death in 1531.

8. **dem... wohl anſtünde,** *who would also like (something) a part of our Württemberg, I presume;* **ſtehen** has an older form, common in South Germany, **ſtund** in the imperfect indicative, whence the imperfect subjunctive **ſtünde** is formed. The subjunctive stands here in the conclusion of a condition,

contrary to fact, with the condition implied. Note force of
wohl.

9. **ob es wohl auch der Mühe wert war,** *I wonder whether it
was even worth while.* Note again wohl.

Page 6. — 1. **Sieh nur,** *just see;* nur makes a command or
exhortation more urgent.

2. **Ich hab's gewagt,** the motto of Ulrich von Hutten after he
became acquainted with Luther. His motto had hitherto been :
jacta est alca, "the die is cast," from Julius Cæsar's words at
the passage of the Rubicon. Note that German type can not
be italicized; spacing is employed instead.

3. **Ulrich von Hutten** (1488-1523) was a champion of the Reformation, who wrote much and fought hard to promote the
ideas of reform. He was probably the first one who advanced
the thought of freeing Germany, spiritually and politically, from
Rome.

Page 7. — 1. **Sickingens Farben,** Franz von Sickingen (1481
to 1523) was a powerful knight and a renowned contemporary
of Hutten and Luther; he is esteemed as one of the latter's
protectors.

2. **Götz von Berlichingen** (1480-1562) was a typical robber-
knight of the Middle Ages. He lost his right hand in battle,
and had an artificial one of iron made to replace it. He is
the hero of Goethe's play of the same name.

3. **Städten** (des schwäbischen Bundes). Cf. page 9. note 3.

4. **Städtler,** refers to the members of the League. Cf. previous note.

5. **hinabschaue,** indirect discourse, present subjunctive.

6. **zur Rede stellen,** *to question, call to account.*

7. **doch einmal,** *indeed;* einmal or doch einmal adds emphasis
to a phrase.

Page 8. — 1. **nichts anzufangen,** an infinitive after any part
of sein is usually best translated by a passive, here: "there is
nothing to be (begun) done with you after all" (doch), or
there's no doing anything with you after all.

2. **Fronleichnam** (M H.G. *vron* = ' belonging to the lord,"
and *lichnam* = ' body "), *Corpus Christi.* i.e., the Thursday fol-

lowing Trinity Sunday, and usually in June. A procession led
by the priest bearing the monstrance with the Host then passed
through the streets. This practice is still in vogue in Catholic
districts of Germany.

3. 𝔑𝔢𝔦𝔫, in this elliptical use, implies - surprise or disap-
proval; here, *I declare.*

4. 𝔣𝔬 𝔢𝔱𝔴𝔞𝔰, *such a thing;* it is here the subject of 𝔨𝔞𝔫𝔫. —
𝔡𝔬𝔠𝔥, *after all.*

Page 9. — 1. 𝔡𝔬𝔠𝔥, *I am sure,* or *did I not.* Cf. previous
note.

CHAPTER II

2. 𝔤𝔞𝔩𝔱, *was meant for;* gelten is very idiomatic, it has the
English cognate "yield," and means, with various shadings:
"to be worth," "have a value," "be valid," "count for." Compare and study the following: 𝔚𝔞𝔰 𝔤𝔦𝔩𝔱 𝔡𝔞𝔰 𝔦𝔫 𝔍𝔥𝔯𝔢𝔫 𝔄𝔲𝔤𝔢𝔫?
"What does that count for in your estimation?" 𝔇𝔞𝔰 𝔤𝔞𝔩𝔱
𝔫𝔦𝔠𝔥𝔱, "that did not count (pass)"; 𝔇𝔞𝔰 𝔣𝔬𝔩𝔩 𝔪𝔦𝔯 𝔴𝔬𝔥𝔩 𝔤𝔢𝔩𝔱𝔢𝔫!
"that is meant for (aimed at) me, I suppose"; 𝔖𝔠𝔥𝔴𝔢𝔦𝔤𝔢𝔫 𝔤𝔦𝔩𝔱
𝔣ü𝔯 𝔈𝔦𝔫𝔴𝔦𝔩𝔩𝔦𝔤𝔲𝔫𝔤, "silence (yields) gives consent"; of bar-
gains, etc.; 𝔡𝔞𝔰 𝔤𝔦𝔩𝔱, "that is settled"; 𝔢𝔰 𝔤𝔦𝔩𝔱, "agreed"; 𝔢𝔯
𝔤𝔦𝔩𝔱 𝔣ü𝔯 𝔤𝔢𝔩𝔢𝔥𝔯𝔱, "he passes for a learned man"; 𝔡𝔞𝔰 𝔤𝔦𝔩𝔱 𝔳𝔬𝔫
𝔞𝔩𝔩𝔢𝔫 𝔷𝔢𝔦𝔱𝔢𝔫, "that holds good (may be said) of all times";
𝔢𝔰 𝔤𝔦𝔩𝔱 𝔣𝔢𝔦𝔫 𝔏𝔢𝔟𝔢𝔫, "it counts as regards his life" = his life is
at stake; 𝔢𝔰 𝔤𝔦𝔩𝔱 𝔞𝔩𝔩𝔢𝔰 𝔡𝔞𝔯𝔞𝔫𝔣𝔢𝔱𝔷𝔢𝔫, "it is a question of making
a last effort (setting everything on it)."

3. 𝔣𝔠𝔥𝔴ä𝔟𝔦𝔣𝔠𝔥𝔢𝔫 𝔅𝔲𝔫𝔡𝔢𝔰, *Suabian League,* a confederation of
the Suabian cities that opposed Ulrich von Württemberg.
Suebia, from the Latin *Suevia,* was the name of an old dukedom that was finally divided between Württemberg, Baden,
and Bavaria. In 1500 it was designated as a district, 𝔡𝔢𝔯 𝔣𝔠𝔥𝔴ä=
𝔟𝔦𝔣𝔠𝔥𝔢 𝔎𝔯𝔢𝔦𝔰, by Maximilian I. See map.

4. 𝔘𝔩𝔯𝔦𝔠𝔥 𝔳𝔬𝔫 𝔚ü𝔯𝔱𝔱𝔢𝔪𝔟𝔢𝔯𝔤 (1487-1550). Hauff has en-
deavored to give a fair picture of the man, though he takes
the usual liberties of the novelist. See Introduction.

Page 10. — 1. 𝔥𝔲𝔱𝔱𝔦𝔣𝔠𝔥𝔢𝔫, relatives, adherents, and follow-
ers of Hans von Hutten (a cousin of Ulrich mentioned above;

cf. page 6, notes 2 and 3) whom Ulrich von Wurttemberg killed in a fit of jealousy.

2. **Dietrich von Spät** had assisted the Duchess in her flight to her brothers, the Dukes of Bavaria. This led Ulrich to seek to avenge himself upon Dietrich's lands.

3. **Städte und Städtchen,** *the free cities, large and small.*

4. **erweckt,** the auxiliary is expressed but once, at the end of the last clause.   ·

5. **Mariens;** feminine proper names ending in e add ns for the genitive. Sometimes the form in n is retained in the dative and accusative.

6. **Frankens,** *Franconia,* a dukedom of the old German Empire, was of varying extent at different periods. See map.

7. **gelehrte Bildung,** *higher education.*

8. **hohen Schule in Tübingen,** *University* (not High School) *of Tübingen.* Das Gymnasium is the German equivalent for the Latin School or preparatory school for college. Die Real=schule is the preparatory school for a technical institution or for business. Tübingen on the Neckar in the Black Forest is a very ancient town and the seat of the Eberhard-Karl University, founded in 1477. See map.

9. **nur einem gelang es,** *only one succeeded.* Gelingen is used impersonally with the dative of the person, the latter being translated as the subject. A complete conjugation of the verb can be formed by putting the dative of the personal pronouns with any required tense of the verb used impersonally.

Page 11. — 1. **das Zeitliche gesegnet,** lit., "blessed the temporal," *departed this life.* Note that the auxiliary is very often omitted in dependent clauses.

2. **Valet** (pronounce as in Latin) is the equivalent of Lebe=wohl, "farewell."

3. **gelte,** cf. page 9, note 2; subjunctive of indirect discourse.

4. **Neckars.** See map.

Page 12. — 1. **glaubt im Kopf und Arm Kraft genug zu tragen.** Note the frequent construction of an infinitive or an infinitive clause after glauben. It may usually be best translated by a dependent clause: "one believes that one (bears) has strength enough in (head) mind and (arm) body in order to." etc.

2. **Schönbuchwald.** See map.

3. **Fortes fortuna juvat,** *fortune favors the brave.* A Latin phrase found in various Roman authors, as Cicero, Livy. and Pliny. Cf. also Schiller's *Wilhelm Tell,* 313: „dem Mutigen hilft Gott."

4. **Landstadt,** a city belonging to a country. as distinguished from a **Reichsstadt,** a free city. Cf. page 3. note 1.

5. **alles;** the neuter singular of *all* is frequently used to refer to persons collectively, in the sense of *everybody.*

6. **glaubte.** Cf. page 12, note 1.

Page 13. — 1. **gegen Ulm und Bayern hin,** *off toward Ulm and Bavaria.*

2. **wenn ... auch,** *even if, although.*

3. **da gewahrte.** Cf. page 3. note 4.

4. **da war es um die Besinnung des guten Georg geschehen.** Um (etwas) geschehen sein used impersonally, "to have happened concerning, or in regard to," "to be over with," "be done for"; translate the noun after um as if the subject of the verb.

Page 14. — 1. **es hätte nicht viel gefehlt;** es is expletive. nicht viel is the real subject; "not much would have been wanting, then (so) his longing," etc., *his longing came near making him forget,* etc. Note the difference of idiom in English.

2. **wußte ... Dank,** *was grateful to.*

CHAPTER III

3. **die zu der Größe des Saales unverhältnismäßig niedere Decke,** *the ceiling, which was disproportionally low for the size of the hall.*

4. **brennenden,** *brilliant, bright.*

Page 15. — 1. **Honneurs,** pronounce as if onnörs.

2 ſtachen … wunderlich ab gegen, *contrasted strangely with, stood out in strange contrast with.*

Page 16. — 1. indem er … füllte, *by filling,* etc.

2. als daß is used to introduce a dependent clause when zu or allzu and an adverb or adjective in the positive precede, and then the dependent verb is in the potential subjunctive and is best translated by the infinitive; here, "too much occupied … to follow," etc.

3. den Becher in der Hand, *with cup in hand;* an accusative absolute. Cf. in English: "he stood, cup in hand."

4. weiß ich Rat, *know what to do.* Rat, "council," "advice," has a secondary meaning, "expedient," "means."

5. Uhlbacher, the name of a brand of wine produced at Uhlbach; see map.

6. der wächſt, the demonstrative = an emphatic personal pronoun.

Page 17. — 1. deren. Cf. page 16, note 6.

Page 18. — 1. welchen Inhaltes. Note interrogative adjective, construction, and order of words.

2. Es gehörte nämlich … zum Ton, *for* (nämlich) *it was considered the proper thing;* lit., "for it belonged to the fashion."

3. geladen, *invited;* in this sense eingeladen would be more usual. See page 26, line 12.

4. ex officio, Latin, *by virtue of its office,* or *authority.*

5. So eſſet doch, *do eat, pray.*

6. So war es nun, *well, that was the way things were done.*

Page 19. — 1. Zutrinken, *pledging, drinking healths,* which became such a vice in the land that laws were enacted against it.

2. nicht lange, ſo, *before long.*

3. tranken einander das Tübinger Schloß im Weine ab, *won the Tubingen Castle from each other by drinking.*

4. unberühmter Mönch, Luther, who, in 1517, attracted the attention of the whole of Europe by nailing his ninety-five theses against the sale of indulgences to the door of the castle church at Wittenberg. This was the first overt act of the Reformation.

5. **in Streit geraten,** *had fallen into a dispute.* Geraten means to get, enter, or fall into: with the thought, from one place or position into another.

6. **will mir gar nicht behagen,** *fails utterly to please me.* Note idiomatic use of will. Wollen is very idiomatic in its use, and, therefore, requires careful attention. It is perhaps the most difficult of the modal auxiliaries. It denotes (1) The purpose or will of the subject, as,

> Willst du genau erfahren, was sich ziemt,
> So frage nur bei edlen Frauen an. — *Goethe.*

(2) On the point of, about to, as, Es will schneien;

> Will sich Hektor ewig von mir wenden? — *Schiller.*

(3) The claim or statement of the subject, as, Was will er ge= than haben? which might, however, come under (1) as well as under (3), or, Er will krank sein, he claims to be ill.

Page 20. — 1. **Euch,** ethical dative. The dative of personal pronouns is frequently used in a sort of independent construction referring to the person concerned or interested. In imperative sentences its force can often be reproduced by our colloquial expressions; so here: *just look at him thoroughly for yourself.*

Page 21. — 1. **zu einer Nessel werden,** note that werden, machen, and ernennen take zu and the dative for the predicate or appositive, as: er machte ihn zum Offizier, or ernannte ihn zum Offizier.

2. **der letzte bist,** note the present as often with a future signification.

Page 22. — 1. **das Wort reden,** *plead for,* or *take the part of.*

2. **Er soll . . . lernen,** an emphatic command or authoritative order is often expressed by the indicative present of sollen and an infinitive: *he shall learn;* or, *let him learn.*

3. **grün gewesen,** colloquial, *been well disposed toward.*

4. **ganz und gar noch nicht,** *by no means yet.*

5. **darnach,** not to be translated, it anticipates the following clause.

6. **ſid ... inŝ Mittel ſchlug,** *intervened.*

7. **wir heben die Tafel auf,** *if we brought the feast to an end.* Note the coördination instead of subordination of clause.

CHAPTER IV

8. **daß ... gehört hätte,** *as not to hear.*

Page 23. — I. **daran gedacht habe; denfen** with **an** and the accusative, "to think of"; cf. biblical English, "think *on* these things." A personal pronoun governed by a preposition is not used when the pronoun refers to an inanimate object; in that case the preposition is appended to **da,** which replaces the pronoun. The subjunctive is here in indirect discourse, with the tenses the same as used in the direct statement.

2. **Darauf möchte ich doch ... bauen,** *I would not count so surely on that, after all* (**doch**) ; cf. previous note.

3. **nicht Anſtand nahm,** *did not hesitate.*

4. **Jackeln und Windlichter,** *torches and lanterns.*

Page 24. — I. **Hin= und Herrennen,** *running to and fro.* When two or more compound words have the same initial or final component. the German expresses the common component but once, and indicates its omission in the other case by an appended or prefixed hyphen.

2. **unter der Halle,** *under the portico,* or *porch.*

3. **ſchnell gefaßt,** *with ready composure.*

4. **im Weiterſchreiten,** *as they proceeded.*

Page 25. — I. **denn ſie wollte der Ehre deŝ Kraftiſchen Hauſeŝ nichtŝ vergeben,** *for she did not wish to compromise the Kraft household;* lit., "make a concession to the honor of," etc.

CHAPTER V

Page 26. — I. **völlig im Puß,** "completely dressed up," *in gala attire.*

2. **Ihm ... fam eŝ zu,** *he had to. or it was his duty.*

3. **wie ... nur,** *as ever,* etc.

4. **mir,** *I tell you.* Cf page 20. note I.

Page 27.— 1. wohledlen, *highly respected.*

Page 28.— 1. mag es ihm hingehen, *let it pass in his case.*

Page 29.— 1. unter der Thür, *in the doorway.*

Page 30.— 1. laden. Cf. page 18, note 3.

2. dem Ratsschreiber; dative here best rendered as if nominative, subject of the sentence. Cf. page 10, note 9.

Page 31.— 1. Kaum gedacht, etc., the last three stanzas of Hauff's *Reiters Morgengesang*, after an old Suabian folksong; see Introduction, page vi.

2. Prangst...prangen, *Although* (gleich) *you make a show with your cheeks that glisten like milk and purple.*

Page 32.— 1. die längste Zeit, *long enough.*

2. Alp, the broadest part of the Suabian Jura mountains. See map.

3. bei, *on penalty of.*

Page 33.— 1. heißt das nicht, *is that not.* Note the meanings of heißen, "to call," "be called," "be said," "be."

2. z. B., abbreviation for zum Beispiel, *for example.*

3. dem großen Bären, an allusion to the government at Bern, the capital of Switzerland, which has a bear on its coat of arms.

4. das hieße ja, *why, that would be.* Note the force of ja and of the subjunctive imperfect.

Page 34.— 1. sie werden es ruhig mit ansehen, *they too will look on quietly.* Note the force of mit, participation or accompaniment.

2. dazu kann Rat werden, *means can be found for that.* Cf. page 16, note 4.

3. so stolzen Schrittes, adverbial genitive of manner.

4. Ficht, imperative of fechten.

CHAPTER VI

Page 35.— 1. blies schon längst zum ersten auf, *had long since blown on the horn the summons for the first dance.*

Page 36. — 1. wollte es ihm scheinen, "it was about to seem to him," or *on the point of seeming to him.* Cf. page 19, note 6.

Page 38. — 1. als, after a negative, *other than, except.*
2. Jesus Maria! exclamation of surprise, *Good Heavens!*

Page 39. — 1. Marien. Cf. page 10, note 5, page 40, lines 10, 21, 24, and page 41, line 9.
2. höfliche Ritter. Cf. page 7, line 26 ff.

Page 40. — 1. hohen Schule. Cf. page 10, note 8.
2. Ketzern in Wittenberg, an allusion to Luther and the beginning of the Reformation. Cf. page 19, note 4.
3. begrüßt ... geweint. Cf. page 11, note 1.

Page 41. — 1. sei es ... sei es, *either ... or.*
2. erst recht schwer, *all the more heavily.*
3. Du willst also nicht wissen, *therefore you claim not to know.* Cf. page 19, note 6.

Page 42. — 1. hub an, from anheben, "to begin," which has two forms in the imperfect, hob and hub.
2. In den nächsten Tagen, *within a few days, in a day or so.*
3. doch, *surely.*

Page 43. — 1. wußte = konnte. Cf. the use of *savoir* for *pouvoir* in French, = "to know," = "to know how," = "to be able."

CHAPTER VII

Page 44. — 1. jetzt ... erst recht, *now*, with emphasis; "*now* the hubbub will begin *with a vengeance.*"
2. ins Gras beißen = sterben. Cf. analogous English, "to bite the dust."

Page 45. — 1. jetzt erst, *only just now.* Cf. page 44, note 1.
2. Ihr müßt mir schon den Gefallen thun, *you must surely do me the favor.*
3. nicht weit her, "not from far off," *of no great moment.*
4. als gar nichts mehr helfen wollte, *when nothing whatever would avail.*

Page 46. — 1. ᚼerrn 𝔚alther, Walther von der Vogel-weide, the chief *minnesinger* (love poet) and the greatest lyric poet of medieval Germany. The dates of his birth and death are uncertain, but 1160 and 1230 mark the extreme limits.

2. es = ᚼerz.

3. ſein = ſeien, the subjunctive present contracted for the meter.

4. mein = meiner, genitive of idɉ = meines ᚼerzens.

Page 47. — 1. wir andern nicht zu kurz kommen, *that the rest of us may not be the losers.*

Page 48. — 1. Enkel Eberhards (im Bart) (1445-1496) = Ulrich.

Page 49. — 1. gilt. Cf. page 9, note 2.

Page 50. — 1. bringen weiß. Cf. page 43. note 1.

2. didɉ; koſten takes the dative in modern German, but in older German the accusative. Therefore we often find both in the same author now. Cf. Es hätte midɉ einen Fußfall gekoſtet. Schiller's *Räuber.* Die Steine koſten ihn keinen ᚼeller. Schiller's *Kabale und Liebe.* Es hat mir Qualen genug gekoſtet. Schiller's *Maria Stuart.*

3. mir. Cf. page 20, note 1.

Page 51. — 1. welch ſchweres Opfer; welcher and ſolcher remain undeclined when they precede the definite article, also when they precede another inflected adjective.

2. zurückzuhalten ſei, an infinitive dependent on any part of ſein is usually best translated as a passive. Cf. page 8, note 1. ſei is subjunctive in indirect discourse. Cf. page 11, note 3.

3. wohl, *I suppose.* Cf. page 51, line 10.

Page 52. — 1. Gott bewahre! an elliptical exclamation. subjunctive of wish or desire; uns, the object, is omitted. Trans., *God forbid!*

2. der Tauſend! exclamation of surprise or astonishment. *the dickens!*

3. veni, vidi, vici, Latin, *I came, I saw, I conquered,* words used by Cæsar in his laconic announcement of victory at Zela, 47 B. C.

4. vor dem 𝔐und, *before my face.*

CHAPTER VIII

Page 54. — 1. e𝔰 fanb ſid), *it turned out.*

2. Spießbürger; ordinary citizens, as distinguished from knights or nobles, were armed with a spear; from indicating the class the word Spießbürger took on the meaning of a narrow-minded or poorly educated person, and is therefore now used as a derisive epithet.

3. ʒu teil warb, *fell to his lot.*

4. gälte. Cf. page 9, note 2.

5. Cbermeiſter, the oldest or chief master of the guild; cf. "master-workman."

6. gäbe, imperfect subjunctive in the conclusion of a condition contrary to fact.

7. beugen lernen, should be beugen lehren. Not even Goethe was always correct in the use of this word; lernen is "to learn" and lehren, "to teach." Cf. English misuse of "learn" and "teach."

8. Potentat (accent on last syllable), *potentate.*

9. ſein Sohn, note the colloquial turn here instead of be𝔰 Bürgermeiſter𝔰 bon Köln Sohn. Cf. Lessing (*Minna von Barnhelm*): be𝔰 Major𝔰 ſeinen Ring. Schiller (*Die Jungfrau*): ber Pariſer ihrer Jungfrau. Goethe: meiner Lili ihre Menagerie.

10. unter bem Heer mitreiten ſoll, *they say is also riding with the army.* Note the force of mit as prefix, "along," "together with"; also the idiom ſoll, "is said," and compare with it willſt, page 41, note 3.

11. Weiß Gott, a colloquial expression of surprise, *sure enough;* note the order of words.

Page 55. — 1. ob with genitive, archaic for über with accusative.

Page 56. — 1. verſtanben ſei, subjunctive in indirect question, *was to be understood.* Cf. page 11, note 3.

2. St. Johanni𝔰, Sanft Johanni𝔰 (from the alternate Latin form *Joannis*), which is often found instead of Johanne𝔰. Cf. page 58, line 3.

Page 57. — 1. **Dacht ich's doch,** *indeed, I thought so.* Note the emphatic order and the force of **doch.**

Page 58. — 1. **Weibsbild** in M.H.G. was used in the highest and noblest sense, but has now become vulgar and contemptuous for **Frau.** Here in its older sense, in which it is still used by the peasantry in some dialects of southern Germany.

2. **Woher des Wegs?** *where do you come from?* elliptical; note the adverbial genitive.

3. **seh' doch einer!** lit., " let one just see "; here best rendered by, *ah! indeed! to think of it;* or, *how things come about.*

4. **etwas,** provincially used in the sense of **etwa,** *perhaps.*

Page 59. — 1. **wie es eben unsereins versteht,** *just as well as I could;* lit., " just as one of us (of my class) knows how."

Page 61. — 1. **sind den Württembergern nicht grün.** Cf. page 22, note 3.

CHAPTER IX

Page 63. — 1. **lauter gute Württemberger;** **lauter** as adjective means " clear," " pure," " unmixed "; as adverb, *nothing but, merely.*

2. **zweiunddreißig Jahre** (alt). Cf. page 4, line 4.

Page 64. — 1. **hat jeder,** note the colloquial emphatic order.

2. **unserer zu wenig,** *but we are too few* (of us). Pleonastic use of pronoun; **unserer,** a colloquial lengthening of genitive plural for **unser.**

Page 66. — 1. **Jörg,** familiar contraction for **Georg,** much used in South Germany.

Page 67. — 1. **als fänden sie,** a subjunctive in a conditional clause; **als = als ob;** as the introductory word for the condition is omitted, the inverted order is used.

2. **ist dem also?** *is that so?* **dem** is demonstrative.

Page 68. — 1. **wie fest er auch,** note that **auch** is often separated from its introductory component by a word or two, so also **wenn...auch** or **gleich; ob...gleich; wie...auch =** *however.*

Page 69. — 1. **wo nichts ist, da hat der Kaiser das Recht verloren,** a phrase much used as a popular proverb. Cf. in English: "You cannot get blood from a stone."

CHAPTER X

Page 71. — 1. **So Gott will, habe ich ...untergehen sehen.** So = wenn. Note the order, also sehen for gesehen.

2. **Ach, geht mir doch!** *O, nonsense!* Cf. colloquial expressions: "go away!" "go along!"

Page 72. — 1. **als daß er ... hätte ausreden lassen.** Cf. page 16, note 2; also note order.

Page 73. — 1. **müßt ihr mit,** note order and the use of mit. After modal auxiliaries and lassen the verb *to go* is often implied by an adverb. Cf. page 34, note 1.

CHAPTER XI

2. **den Gefangenen in der Mitte.** Cf. page 16, note 3.

Page 74. — 1. **vor das Auge.** Cf. page 4, note 2.

Page 76. — 1. **noch ein halb Stündchen.** Note colloquial dropping of adjective ending in the neuter.

Page 77. — 1. **Du aber schüttetest das Kind mit dem Bade aus,** *You, however, upset everything.* A proverbial expression implying "to act rashly."

Page 78. — 1. **Was wollt Ihr ... wissen?** Cf. page 19, note 6.

Page 79. — 1. **den nächsten besten,** *any one whatever, the first one who comes along.* Cf. French *le premier venu.*

Page 80. — 1. **Pfeifer von Hardt,** Hardt is a village near Nürtingen. See map and cf. page 85, line 14.

2. **vom armen Konrad** (1513). A fair outline of this peasant uprising is given on page 225, line 27 and following

Page 81. — 1. **war er über alle Berge,** *he had gotten away;* "was over the hills."

2. **Lege dich noch einmal aufs Ohr,** familiar, *go to sleep once more.*

3. **Handtreue,** a solemn pledge (accompanied by a shake of the hand).

CHAPTER XII

Page 82. — 1. **benutzen ... entführen,** both depend on **wolle,** which is subjunctive in indirect discourse.

Page 84. — 1. **voll,** cf. page 3, note 3. Occasionally **voll** is followed by the uninflected or accusative form.

2. **hätte aufs schnellste befolgen wollen,** note the order and the form **wollen.**

Page 85. — 1. **Unthat,** note the force of the prefix **un-** = "mis" or "ill."

Page 86. — 1. **Kurz und gut,** *in short.*

2. **ein paar Tage,** paar with small initial means *few, several;* with capital, "a pair," "couple."

Page 87. — 1. **die Schale,** lit., "the scale pan," trans., *the balance.*

CHAPTER XIII

Page 89. — 1. **Viktualien.** Pronounce in five syllables with accent on a, and **V** like English V.

Page 91. — 1. **okkupiertes,** a foreign word from the Latin *occupare,* "to occupy"; here, *occupied by the enemy.*

CHAPTER XIV

Page 92. — 1. **zwischen Morgen und Mittag,** *between East and South.*

2. **Hohenstaufen,** seat of the Hohenstaufen family that furnished German emperors from 1138 to 1254, the most noted of whom was Friedrich I. Barbarossa (1152-1190). The family became extinct with the execution of Konradin in Italy, 1268.

Page 94. — 1. **Schuhu,** provincial for **Uhu,** *eagle owl.*

2. **das Wiesenthal noch hinüber,** note the colloquial omission of über before **das Wiesenthal.**

CHAPTER XV

Page 98. — 1. Ach was! *O pshaw!*

2. haft wirklich recht, note colloquial omission of pronoun and the idiom.

Page 102. — 1. Habermus, provincial for Hafermus, *oatmeal mush.*

2. Georg lagen vornehmlich zwei Dinge am Herzen, *two things especially were on George's mind.* Georg is dative.

Page 103. — 1. Unmut. Cf. page 85, note 1.

2. Wiſſet Er was? = Wiſſet Ihr was? colloquial, *I'll tell you what.*

CHAPTER XVI

Page 104. — 1. eine Viertelstunde hinwärts, *a mile along on the road,* strictly less than a mile, as a Stunde = about three and a half miles.

Page 105. — 1. einer kleinen halben Stunde, *a mile and a half;* "a short half league."

Page 106. — 1. Zollern, seat of the Hohenzollern family to which the present emperor of Germany belongs. The old castle was built in the eleventh century, and has now almost wholly disappeared; but a restored castle, in the style of the fourteenth century, was erected about 1850.

Page 107. — 1. keine Rute Landes, *not a rod of land;* in expressions of measure, extent and quantity, the article measured stands without the case ending unless it is modified by an adjective; however, exceptions occur, and with especial frequency in this text.

Page 109. — 1. Denket Euch, wie recht ſchlecht, *just think, how thoroughly bad.*

Page 110. — 1. Ei geht doch. Cf. page 71, note 2.

Page 111. — 1. gegenüber von der Burg, gegenüber usually stands after the dative which it governs. Note here the provincial use of two prepositions

CHAPTER XVII

2. **ʒu ſtellen unb ein Wort mit iḧm ʒu ſprechen,** *to hold him up and have a few words with him.*

Page 114. — 1. **Unſtern.** Cf. page 85, note 1.

Page 115. — 1. **beut,** an old form from **bieten,** now found only in poetry and provincialisms.

2.   Si fractus illabatur orbis,
        Impavidum ferient ruinae.

If the arch of heaven becomes weak and falls, the ruins shall strike him undaunted. Horace, Bk. III, Ode III, to Augustus Cæsar on the theme: " Nothing can turn the upright and firm man from his purpose."

Page 116. — 1. **berʒeit,** *at the time;* **ber** with demonstrative force and **Ʒeit,** both words forming an adverb from the adverbial use of the genitive.

Page 117. — 1. **ſo waŝ,** *some such thing;* **waŝ** as often for **etwaŝ.** Cf. page 8, note 4.

Page 118. — 1. **in welch unwirtlicher.** Cf. page 51, note 1.
2. **ſeinen Becher Weinŝ.** Cf. page 107, note 1.

Page 120. — 1. **Hora,** refers to the canonical hours; specified times when the monks and nuns assembled for their devotions. Beginning at 9 A.M., they continued every three hours until 9 A.M. the next day; thus, from three original hours for devotion (the 3d, 6th, and 9th = 9 A.M., 12 M., 3 P.M.) the number increased to eight.
2. **all,** for **alleŝ,** neuter; the ending is here omitted for the meter.
3. **ob** = ob ... **auch**; **auch** is omitted for the meter. It can be translated, *even if,* or *although.* Cf. page 55, note 1, and page 134, note 1.

Page 121. — 1. **flimmte,** a provincialism; this verb is irregular.

CHAPTER XVIII

Page 122. — 1. $\mathfrak{Palatium}$, pronounce as if written $\mathfrak{Pala}$=
zium.

Page 123. — 1. $\mathfrak{Ich\ bring'\ es\ Euch}$, *I pledge you.*

Page 125. — 1. $\mathfrak{daß\ dem\ Herzog\ zu\ viel\ geschehe}$, *that the
duke was being too harshly treated;* lit., "that too much was
happening to the duke." $\mathfrak{geschehe}$, subjunctive in indirect discourse. Cf. page 11, note 3.

Page 126. — 1. $\mathfrak{Er\ hätte\ können}$, note the colloquial order.
2. $\mathfrak{Handschlag}$. Cf. page 81, note 3.

Page 127. — 1. $\mathfrak{Bescheid\ thun}$, *pledge;* $\mathfrak{Euch}$ is here recip-
rocal in force.
2. $\mathfrak{wie\ ist\ mir\ doch}$? *how about this?*
3. $\mathfrak{also}$, "thus." *by that name;* i.e., $\mathfrak{Uhlbacher}$. See page 16,
note 5.

Page 129. — 1. $\mathfrak{dem\ nächsten\ Besten}$. Cf. page 79, note 1.

CHAPTER XIX

Page 134. — 1. $\mathfrak{ob\ldots auch} = \mathfrak{obgleich}$. Cf. page 55, note 1.

Page 135. — 1. $\mathfrak{Ihr}$, note the change to pronoun of formal
address.

Page 137. — 1. $\mathfrak{Ei,\ du\ meine\ Güte,\ hätt'\ ich\ glaubt}$. Note
the colloquial form for $\mathfrak{geglaubt}$; so $\mathfrak{worden}$, line 16 below, for
$\mathfrak{geworden}$.
2. $\mathfrak{Steh'\ da}$, note colloquial omission of pronoun, so also
with $\mathfrak{denke}$, line 18 below.

Page 138. — 1. $\mathfrak{verschossen}$, past participle of $\mathfrak{verschießen}$
with the special meaning "faded."

Page 139. — 1. $\mathfrak{Dickthaler}$, a $\mathfrak{Thaler}$ thicker than the ordinary and therefore worth more. Say "a double dollar,"
although the $\mathfrak{Thaler}$ is worth only about 75 cents: cf. "double
eagle."

2. 𝔗rittеіlе, *third;* 𝔗rittеl is the more usual form of the word.

3. 𝔇a fönnt 𝔍hr (𝔲ch brauf verlaffen, "you can rely on that," *you can rest assured of that.*

CHAPTER XX

Page 141. — 1. nichtŝ weniger alŝ, *anything but.* Note the idiom.

Page 143. — 1. (Geоrg ſchwindelte eŝ vor ben 𝔲ugen; ſchwin⸗ beln is used personally or impersonally with a dative; trans., *everything whirled before George's eyes.*

Page 147. — 1. ſie gut 𝔚ürttemberg alleзeit, this was the motto and slogan of Duke Ulrich's party. Cf. page 158, line 7.

CHAPTER XXI

Page 152. — 1. 𝔎ommt 𝔷eit, fommt 𝔑at, "time brings counsel," a common proverb.

2. Atempto (= Latin *attempto*), *I try, I attack;* here, the word agreed upon as the countersign.

3. 𝔉emgericht (from O.H.G. *veme,* "punishment"), a secret criminal tribunal of olden Germany.

Page 153. — 1. ſolche refers to 𝔉ehbe; trans., *it,* or *the same.*

2. heißt eŝ, *it is said,* or *they say.* Cf. page 33, notes 1 and 4.

Page 154. — 1. allerorten, *everywhere,* a compound adverb formed from the genitive of the adjective and noun.

2. 𝔐ömpelgarb, a German corruption of the French *Mont-béliard,* a district of France that belonged to the dukes of Würt-temberg from 1408 to 1801.

Page 157. — 1. mein; gehören governs the dative, but in the popular language the uninflected form of the possessive pronoun is often used instead of the dative of a personal pro-noun, arising probably from a confusion of ideas after the analogy of das ist mein. So even Goethe in a letter to Frau v. Stein, I, 106, Mein gehört die ganze Welt.

Page 158. — 1. harrte...auf. Cf. page 4, note 8.

CHAPTER XXII

Page 159. — 1. Landsknechte, the first German infantry, established in the fifteenth century and perfected in the sixteenth, especially by Georg von Frondsberg, mentioned early in this story.

Page 160. — 1. Canto cacramento, a corruption of the Italian *santo sacramento,* lit., " by the holy sacrament." The pronunciation of *s* causes this man trouble, as he has a slight tendency to lisp; he pronounces *s* like *z,* excepting before *a* (as here).

2. der kleine Wenzel, *the low jack.* The game played here is the one instituted by the Landsknechte and still known by the name of Landsknecht or *Lansquenet.*

3. Eichel=König, *acorn king.* The old German cards had the following suits: Eichel, " an acorn," green; Spaten or Schüppen, " spade," a green leaf; Herz, " a heart," or red beat; Schelle, " a bell," or a yellow sunflower.

4. Eichel=Sau, *acorn ace* = ace of clubs.

5. Schellen=Wenzel, *bell jack* = jack of diamonds.

6. Schellenkönig, *bell king* = king of diamonds.

7. Mordblei, a corruption of the French exclamation *morbleu,* " zounds!"

8. 'rauf, colloquial contraction for herauf.

9. Ave Maria und ein Gratias, two prayers named after their opening words. Pronounce as if written Gra'zias.

10. zo wie and Petruz, line 30 below. Cf. page 160, note 1.

Page 161. — 1. schlugen Kreuze, *made the sign of the cross;* " crossed themselves."

2. Von dem Zinken, Quater und As,
  Kommt mancher in des Teufels Gass, u. s. w.

Zinken (cf. page 5, line 2), a corruption of the French *cinque;* Quater = *four spot;* As = *ace.* — u. s. w. = und so weiter, "and so forth." These are the opening lines of a popular song of the time.

Page 162. — 1. 𝕸𝖔𝖗𝖇𝖊𝖑𝖊𝖒𝖊𝖓𝖙, a German corruption formed after the analogy of French oaths. Cf. page 160, note 7.

2. 𝖟𝖚𝖒 𝕳𝖊𝖗𝖟𝖔𝖌 𝖍𝖔𝖇' 𝕰𝖗 𝖌'𝖋𝖈𝖍𝖎𝖈𝖙; to show the general make-up of the 𝕷𝖆𝖓𝖉𝖘𝖋𝖓𝖊𝖈𝖍𝖙𝖊, the author lets the various representatives speak their own dialect; this one is an Austrian. = 𝖍𝖆𝖇𝖊 𝕰𝖗 𝖌𝖊𝖋𝖈𝖍𝖎𝖈𝖙. Cf. line 26 below, where a North German speaks in Low German. In the seventeenth century 𝕰𝖗 and 𝕾𝖎𝖊 (singular) were the height of politeness in address.

3. 𝖊𝖎𝖓 𝕲𝖔𝖑𝖉𝖌ü𝖑𝖉𝖊𝖓, as there were gold and silver florins, it became necessary to distinguish among them; note colloquial 𝖊𝖎𝖓 uninflected. — 𝖆𝖑𝖙𝖊𝖓 𝖂𝖊𝖎𝖓, cf. page 107, note 1.

4. **Bassa manelka,** a corruption of a Hungarian oath; trans., *by my soul!*

5. 𝕸𝖆𝖑𝖈𝖍𝖚𝖟, refers to John xviii: 10. Cf. page 160, note 1.

Page 163. — 1. '𝖓𝖆𝖚𝖘 𝖋𝖑𝖔𝖌, colloquial for 𝖍𝖎𝖓𝖆𝖚𝖘𝖋𝖑𝖔𝖌.

Page 165. — 1. 𝖉𝖎𝖊, the demonstrative, equal to an emphatic personal pronoun. Cf. page 16, note 6.

Page 167. — 1. **Vivat Ulericus!** Latin = "may Ulrich live," *Hurrah for Ulrich!*

Page 168. — 1. 𝕸𝖆𝖗𝖎ä 𝕳𝖎𝖒𝖒𝖊𝖑𝖋𝖆𝖍𝖗𝖙, *assumption day of the Virgin Mary* (August 15). 𝕸𝖆𝖗𝖎ä is in the genitive case. Biblical names often retain the Latin inflection.

CHAPTER XXIII

Page 169. — 1. 𝕲𝖊𝖛𝖆𝖙𝖙𝖊𝖗, familiar, *good friend,* or *neighbor;* lit., "godfather," "sponsor."

2. 𝖜𝖔 𝖋𝖎𝖊 𝖍𝖊𝖗 𝖋𝖎𝖓𝖉, "where they come from"; i.e., *where they belong.*

Page 170. — 1. 𝖇𝖊𝖎𝖒 𝖍𝖊𝖎𝖑𝖎𝖌𝖊𝖓 𝕳𝖚𝖇𝖊𝖗𝖙𝖚𝖘, *by Saint Hubert* (the patron of huntsmen).

CHAPTER XXIV

Page 173. — 1. Luftgehege, *pleasure parks, enclosures.*

2. deuchten ihm, from dünken, deuchte, gedeucht, which is used with the accusative or with the dative. When the subject is indefinite or inanimate then either is used, while with a personal subject the accusative is preferred.

Page 174. — 1. Ich dächte doch, the potential subjunctive to soften the positiveness of the assertion; trans., *I should think.*

2. Sr., abbreviation for Seiner (genitive case).

3. desto thätlicher zur Hand gehen, *to assist the more effectively.*

Page 176. — 1. verwarnt, provincial for gewarnt.

2. des, the genitive after lachen, an obsolescent construction; über and the accusative is now used.

3. es soll mir lieb sein um den Herzog, *I shall be glad for the Duke;* note the loose colloquial order.

Page 178. — 1. crimen laesae majestatis, Latin = "treason"; lit., "the crime of injured majesty."

Page 179. — 1. Rechtens, a provincial genitive of Recht, after the analogy of Herzens, from Herz.

2. meinetwegen, *for ought I care;* not as usual "on my account," "for my sake."

Page 180. — 1. der du, after a relative pronoun in the nominative, referring to a personal pronoun of the first or second person, the latter is repeated in the nominative and the verb made to agree.

CHAPTER XXV

Page 182. — 1. noch eins, provincial for noch einmal.

Page 184. — 1. Ei, seh doch einer. Cf. page 58, note 3.

2. das geht nicht mit rechten Dingen zu, *something is wrong.*

3. um sie aufzuwiegeln gegen uns, note the loose colloquial order.

4. wollen köpfen lassen, note order; on lassen cf. page 5, note 6, on wollen, page 19, note 6.

Page 186. — 1. Sogleich steh' ich Euch Rede, freely, *I shall be with you directly.*

Page 187. — 1. Eurer Gelahrtheit, an older form for Ge= lehrtheit = Gelehrsamkeit (*learning*).

Page 188. — 1. in persona, Latin = *in person.*

Page 189. — 1. Agraffe, from the French *agrafe,* "a clasp."

Page 190. — 1. Jacta alea esto! Latin, *let the die be cast,* remark of Cæsar as he crossed the Rubicon, a river of northern Italy which enters the Adriatic sea below the mouth of the Po, and which was the boundary of his province.

CHAPTER XXVI

Page 192. — 1. Ei, der Tausend! Cf. page 52, note 2.

2. daß man ihm bei uns in Ulm zu viel gethan hat, *that we in Ulm were too severe on him.* Cf. page 125, note 1.

CHAPTER XXVII

Page 196. — 1. sprach dem Becher fleißig zu ("addressed diligently"), *drank copiously, did justice to the cup.*

Page 199. — 1. zusamt, provincial for zusammen.

Page 202. — 1. Sic transit gloria mundi! Latin, *thus passes the glory of the world.*

2. heimzünden, *light home,* to conduct to one's home by candle or torchlight at weddings; provincial.

CHAPTER XXVIII

Page 204. — 1. Jene Warnung. Cf. page 187, line 28 and following.

Page 205. — 1. vor alters, *as of old;* prep. and adverbial genitive forming an adverbial expression.

Page 206. — 1. in sich gekehrt sei, *lost in thought;* lit., "turned into one's self." Subjunctive of indirect discourse.

Page 207. — 1. (Es kann jedem etwas Menschliches begegnen, *something fatal may happen to any one.* Cf. Schiller's *Wilhelm Tell,* line 159.

Page 209. — 1. Impavidum ferient ruinae. Cf. page 115, note 2.

Page 210. — 1. Gut Freund! the undeclined adjective is a provincialism.

2. Sanft Nepomuk is the patron saint of Prague. Here equivalent to "by Jove," or any similar expression.

3. dritthalbtausend, note the numeral = *twenty-five hundred.*

CHAPTER XXIX

Page 216. — 1. Feldschlangen und Kartaunen, the former were the light long cannon, while the latter were heavy and short siege guns.

Page 223. — 1. zerstiebten, provincialism for zerstoben; the verb is irregular.

CHAPTER XXX

Page 226. — 1. Nirgendsheim, a word coined by the peasantry, i.e., "nowhere home;" therefore, counts with no home anywhere. So Fehlhalde and Bettelrain below.

Page 227. — 1. es wurde gelandtagt und gesprochen, *a diet was held and the matter discussed.*

2. der Gaispeter und der Bregenzer, two notorious characters in the uprising of the peasants. At Beutelsbach. on the 15th of April, 1514, Gaispeter was the leader in the scene described on page 227, line 4 ff. Bregenzer was a cutler in Schorndorf in whose house the peasant leaders had their headquarters.

Page 229. — 1. was ich Euch Leids gethan, *the harm I have done you;* the finite verb is omitted; was, *whatever.* Leids is genitive limiting was.

CHAPTER XXXI

Page 238. — 1. **Medusenhaupt,** Medusa's hair was changed into serpents by Minerva as a punishment. Medusa's countenance was then so terrible that whoever looked upon it was changed into stone. When Perseus wanted to attack Medusa, he borrowed Minerva's bright shield and fought Medusa with averted face, seeing only her image in Minerva's shield.

Heath's Modern Language Series.

GERMAN GRAMMARS AND READERS.

Nix's Erstes deutsches Schulbuch. For primary classes. Boards. Illustrated. 202 pages. 35 cts.

Joynes-Meissner German Grammar. A *working* Grammar, elementary, yet complete. Half leather. $1.12.

Alternative Exercises. Can be used, for the sake of change, instead of those in the *Joynes-Meissner* itself. 54 pages. 15 cts.

Joynes's Shorter German Grammar. Part I of the above. Half leather. 80 cts.

Harris's German Lessons. Elementary Grammar and Exercises for a short course, or as introductory to advanced grammar. Cloth. 60 cts.

Sheldon's Short German Grammar. For those who want to begin reading as soon as possible, and have had training in some other languages. Cloth. 60 cts.

Babbitt's German at Sight. A syllabus of elementary grammar, with suggestions and practice work for reading at sight. Paper. 10 cts.

Faulhaber's One Year Course in German. A brief synopsis of elementary grammar, with exercises for translation. Cloth. 60 cts.

Meissner's German Conversation. Not a *phrase* book nor a *method* book, but a scheme of rational conversation. Cloth. 65 cts.

Harris's German Composition. Elementary, progressive, and varied selections, with full notes and Vocabulary. Cloth. 50 cts.

Hatfield's Materials for German Composition. Based on *Immensee* and on *Höher als die Kirche*. Paper. 33 pages. Each 12 cts.

Horning's Materials for German Composition. Based on *Der Schwiegersohn*. 32 pages. 15 cents.

Stüven's Praktische Anfangsgründe. A conversational beginning book with Vocabulary and grammatical appendix. Cloth. 203 pages. 70 cts.

Foster's Geschichten und Märchen. The easiest reading for young children. Cloth. 40 cts.

Guerber's Märchen und Erzählungen, I. With vocabulary and questions in German on the text. Cloth. 162 pages. 60 cts.

Guerber's Märchen und Erzählungen, II. With vocabulary. Follows the above or serves as independent reader. Cloth. 202 pages. 65 cts.

Joynes's German Reader. Progressive, both in text and notes, has a complete Vocabulary, also English Exercises. Half leather, 90 cts. Cloth, 75 cts.

Deutsch's Colloquial German Reader. Anecdotes, tables of phrases and idioms, and selections in prose and verse, with notes and Vocabulary. Cloth. 90 cts.

Boisen's German Prose Reader. Easy and interesting selections of graded prose, with notes, and an Index which serves as a Vocabulary. Cloth. 90 cts.

Huss's German Reader. Easy and slowly progressive selections in prose and verse. With especial attention to cognates. Cloth. 233 pages. 70 cents.

Spanhoofd's Lehrbuch der deutschen Sprache. Grammar, conversation and exercises, with Vocabulary for beginners. Cloth. 312 pages. $1.00.

Heath's German-English and English-German Dictionary. Fully adequate for the ordinary wants of the student. Cloth. Retail price, $1.50.

Complete Catalogue of Modern Language Texts sent on request.

Ibeatb's Modern Language Series.

ELEMENTARY GERMAN TEXTS.

Grimm's Märchen and Schiller's Der Taucher (van der Smissen). Notes and vocabulary. *Märchen* in Roman type. 65 cts.

Andersen's Märchen (Super). Easy German, free from antiquated and dialectical expressions. With notes and vocabulary. 70 cts.

Andersen's Bilderbuch ohne Bilder. With notes and vocabulary by Dr. Wilhelm Bernhardt, Washington, D. C. 30 cts.

Leander's Träumereien. Fairy tales with notes and vocabulary by Professor van der Smissen, of the University of Toronto. 40 cts.

Volkmann's (Leander's) Kleine Geschichten. Four very easy tales, with notes and vocabulary by Dr. Wilhelm Bernhardt. 30 cts.

Easy Selections for Sight Translation. (Deering.) 15 cts.

Storm's Immensee. With notes and vocabulary by Dr. Wilhelm Bernhardt, Washington, D. C. 30 cts.

Heyse's L'Arrabbiata. With notes and vocabulary by Dr. Wilhelm Bernhardt, Washington, D. C. 25 cts.

Von Hillern's Höher als die Kirche. With notes by S. W. Clary, and with a vocabulary. 25 cts.

Hauff's Der Zwerg Nase. With introduction by Professor Grandgent of Harvard University. No notes. 15 cts.

Hauff's Das kalte Herz. Notes and vocabulary by Professor van der Smissen, University of Toronto. (Roman type.) 40 cts.

Ali Baba and the Forty Thieves. With introduction by Professor Grandgent of Harvard University. No notes. 20 cts.

Schiller's Der Taucher. With notes and vocabulary by Professor Van der Smissen of the University of Toronto. 12 cts.

Schiller's Der Neffe als Onkel. Notes and vocabulary by Professor Beresford–Webb, Wellington College, England. 30 cts.

Baumbach's Waldnovellen. Six little stories, with notes and vocabulary by Dr. Wilhelm Bernhardt. 35 cts.

Spyri's Rosenresli. With notes and vocabulary for beginners, by Helene H. Boll, of the High School, New Haven, Conn. 25 cts.

Spyri's Moni der Geissbub. With vocabulary by H. A. Guerber. 25 cts.

Zschokke's Der zerbrochene Krug. With notes, vocabulary and English exercises by Professor E. S. Joynes. 25 cts.

Baumbach's Nicotiana *und andere Erzählungen.* Five stories with notes and vocabulary by Dr. Wilhelm Bernhardt. 30 cts.

Elz's Er ist nicht eifersüchtig. With vocabulary by Professor B. W. Wells. 25 cts.

Carmen Sylva's Aus meinem Königreich. Five short stories, with notes and vocabulary by Dr. Wilhelm Bernhardt. 35 cts.

Gerstäcker's Germelshausen. With notes by Professor Osthaus of Indiana University, and with vocabulary. 25 cts.

Benedix's Nein. With notes, vocabulary, and English exercises by A. W. Spanhoofd. 25 cts.

Benedix's Der Prozess. With notes, vocabulary, and list of irregular verbs by Professor B. W. Wells. 20 cts.

Zschokke's Das Wirtshaus zu Cransac. With introduction, notes and English exercises by Prof. E. S. Joynes, So. Carolina College. 30 cts.